供应链采购与库存管理

李海燕　翟　佳　赵　宏　编著

科 学 出 版 社
北　京

内 容 简 介

本书可分为4个部分，共计9章，主要围绕供应链采购与库存管理概述、供应链采购、供应链库存、供应链采购与补货策略等方面进行系统介绍。在内容选取上，重点放在供应链采购与库存管理的共性概念、知识、方法和典型策略上；在写作上，每章均采用导入阅读的方式引入本章的背景和主要问题，基本知识点采用具体案例进行说明，以帮助读者理解和掌握，并增强本书的可读性和趣味性。

本书可以作为高等院校物流管理与工程类、工商管理类、管理科学与工程类本科生、研究生的教材或参考书，也适合相关领域的企业管理人员阅读参考。

图书在版编目(CIP)数据

供应链采购与库存管理 / 李海燕，翟佳，赵宏编著. — 北京：科学出版社，2019.2（2023.8 重印）

ISBN 978-7-03-057995-9

Ⅰ. ①供… Ⅱ. ①李… ②翟… ③赵… Ⅲ. ①企业管理-采购管理②库存-仓库管理 Ⅳ. ①F274②F253.4

中国版本图书馆 CIP 数据核字（2018）第 130383 号

责任编辑：张 展 雷 蕾 / 责任校对：黄明冀

责任印制：罗 科 / 封面设计：墨创文化

科学出版社出版

北京东黄城根北街16号

邮政编码：100717

http://www.sciencep.com

成都锦瑞印刷有限责任公司印刷

科学出版社发行 各地新华书店经销

*

2019年2月第 一 版 开本：787×1092 1/16

2023年8月第四次印刷 印张：16 1/2

字数：391 000

定价：58.00 元

（如有印装质量问题，我社负责调换）

前　言

正如英国著名的供应链管理专家马丁·克里斯多夫(Martin Christopher)所言，“21世纪的竞争不再是企业和企业之间的竞争，而是供应链与供应链之间的竞争”。伴随着世界经济的快速发展和全球化的浪潮，供应链管理成为企业的一种重要实践模式以及赢得竞争、挖掘利润的重要手段。鉴于此，在新的决策环境和现实需求下，采购与库存管理必须从传统面向单个企业决策的模式和技术向面向供应链决策转变，越来越多的企业开始寻求并探索面向供应链采购与库存管理的技术方法和策略，通过不断优化供应链采购与库存管理来赢得利润和竞争优势。

本书切合当前市场对供应链物流管理人才需求的特征，注重介绍供应链采购与库存管理的系统决策思维和方法，从供应链采购与库存管理概述、供应链采购、供应链库存、供应链采购与补货4个方面系统地介绍供应链采购与库存管理的理论方法与策略。

本书可分为4个部分，共计9章，具体安排如下：

第一部分，供应链采购与库存管理概述(第1章)。主要介绍供应链采购与库存管理的概念模型、特征、关键问题和挑战。

第二部分，供应链采购(第2、3、4章)。主要包括采购管理基础、供应链采购价格与成本控制、供应商管理。

第三部分，供应链库存(第5、6、7、8章)。主要包括库存管理基础、库存与供应链运作、供应链库存管理方法、供应链的安全库存与集聚效应。

第四部分，供应链采购与补货(第9章)。主要介绍供应链采购与补货策略。

本书基于管理者的视角组织及安排相关理论知识，注重商科教学的实战性和可操作性。每章的内容安排采用导入阅读方式引出本章的背景和主要问题。应用小例子和案例对主要概念、知识点、方法和策略进行说明，以辅助读者理解和掌握相关的理论知识。另外，在章后应用企业的典型案例，帮助读者通过案例讨论，系统地掌握和综合应用本章所学的知识。

本书由李海燕、翟佳和赵宏编写。其中，第1、6、8章由李海燕编写；第2、4、9章由翟佳编写；第3、7章由赵宏编写；第5章由赵宏、李海燕共同编写。罗辉、黎翔、刘燕丽参与了资料收集和文字编辑工作。李组奎、胡刘康、曹思思、熊燕参与了大量的文字和图表校对工作。

本书的编写得到了重庆理工大学核心专业课程建设以及校级规划教材建设专项经费资助，在此表示感谢。

本书在编写过程中参考了大量的文献资料，已尽可能地列在章后的参考文献列表中，但仍难免有遗漏，特别是一些资料经过反复引用已难以查实原始出处，这里特别向被漏列文献的作者表示歉意，并向所有的作者表示诚挚的感谢！

由于供应链采购与库存管理的理论、方法与技术正在迅速发展，编写此书涉及面广，技术难度较大，加上编者水平有限，因此，书中不妥之处敬请广大读者批评指正。

目　　录

第 1 章　供应链采购与库存管理概述

【引导阅读】

中国服装业的供应链采购模式与库存控制的深度思考

1. 中国服装业的一些现象

通常企业越做越大，仓库也越建越大，销售额翻了几番，账面上的流动资金却没见增长多少，几年辛苦的积累，都“跑到”仓库去了，这是服装企业最普遍的现象。通常企业都有成品仓库和原材料仓库，大一点的企业加上分公司及办事处的仓库、代理商仓库、经销商仓库，光仓库数量就已经不是小数目了。

前几年，保暖内衣行业风光无限，然后就是集体“跳水”，再到行业的几乎整体崩溃。为什么会这么快跳水？因为市场容量有限，产品卖不出去，库存积压太多，对于大部分厂家来说，不跳水肯定是死，跳水起码还能收回一部分资金。所以，一旦有品牌点燃导火索，价格大战马上一发不可收拾。南极人、俞兆林等保暖内衣行业的领导品牌今年还在到处抛售前几年的库存。

休闲服装市场这几年增长很快，中山沙溪也成为一个全国知名的休闲服装生产基地。沙溪是一个知名的休闲服厂家，2001 年销售额为一个多亿，而其仓库库存也达到了一个亿以上，几乎和销售额持平，零售市场也是如此。像广州北京路上的班尼路、佐丹奴等品牌在新品上市时价格为 80～100 元，而到换季时候则经常是以 19 元、29 元的价格疯狂大甩卖，购者云集。厂家出于处理库存、回笼资金的目的进行甩卖。而甩卖的结果往往会导致消费者对品牌价格体系产生严重怀疑。据调查，某些前几年还受消费者青睐的服装品牌，而今很少有人会以穿这样的品牌为荣。

女装的日子更难过。女装款式、面料更新很快，女性消费者谁也不愿意自己落伍，女装企业卖不出去的产品到第二年恐怕连处理都很难。现在聪明的消费者买衬衫通常都会选择在换季的时候。因为那时候必然有很多品牌会因清货而打折。

2. 中国服装业的统计数据

根据有关统计年鉴的数据分析以及“北京大学联泰供应链研究与发展中心”在 2003～2004 年对我国服装行业供应链现状的研究成果，下面给出中国服装业的一些数据统计结果。

中国服装制造业中，93.2%的企业原材料是从库存仓库里取货，只有 33.8%的企业直接从车间取货(一些企业同时从两个渠道获取原料，两者相加的比例超过 100%)；原料来源的 69%来自国内，37%来自国外；采购方式中，大宗订货的占 58%，专门订货的占 42%，93.7%的企业会基于预期的销售订单向供应商订货；生产方式中，订单生产的占 52%，批量生产的占 48%。在信息系统方面，53.5%的企业信息系统包含物料需求计划，一半左右的企业信息系统能够自动生产购买订单(50.8%)和自动接收文件(48.3%)；在生产管理方面，70%的企业采用长流水线方式生产，30%的企业采用短模块化方式生产，只有 33%的企业进行工作流程控制。

3. 深度思考

以上数据与现象之间有什么联系？中国服装业供应链中整体的库存都很大，有什么办法能够控制和降低库存？原料供应商、服装生产企业、批发商、零售店的采购模式是否合理？有没有更好的办法？这些现象与企业的生产系统及信息系统有关系吗？所有的这些现象与工作流程有关系吗？

1.1 供应链采购管理

1.1.1 传统采购模式及问题

1. 传统采购模式

传统的采购与供应链的采购存在很大的差异。图 1.1 为传统的采购业务原理示意图。传统采购的重点放在如何与供应商进行商业交易上，特点是比较重视交易过程中供应商的价格比较，通过供应商的多头竞争，从中选择价格最低者作为合作者。虽然质量、交货期也是采购过程中的重要考虑因素，但在传统的采购方式下，质量、交货期等都是通过事后把关的办法进行控制，如到货验收等，而交易过程的重点则是放在价格的谈判上。因此，供应商与采购部门之间经常要进行报价、询价、还价等谈判，并且多头进行，最后与价格最低的供应商签订合同，确定订单。

2. 传统采购模式存在的问题

传统采购模式存在的问题主要表现在以下几个方面。

(1) 传统采购过程是典型的非信息对称博弈过程。选择供应商在传统的采购活动中是一个首要的任务。在采购过程中，采购方为了能够从多个竞争性的供应商中选择一个最佳的供应商，往往会保留私有信息，因为向供应商提供的信息越多，供应商的竞争筹码就越大，对采购方越不利，而供应商也会在和其他的供应商竞争中隐瞒自己的信息。采购、供应双方都不进行有效的信息沟通，这就是信息不对称的博弈过程。

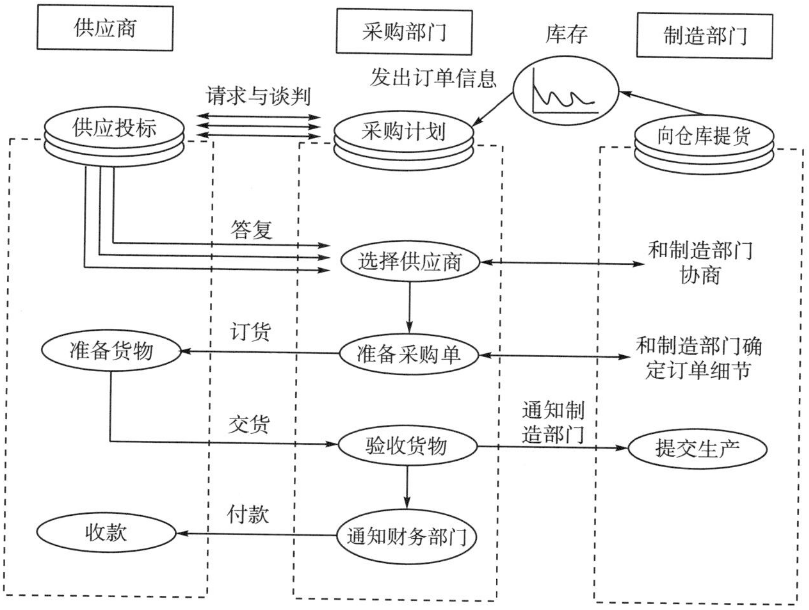

图 1.1　传统的采购业务原理示意图

(2) 传统采购过程质量控制难度大。质量和交货期是采购方要考虑的另外两个重要因素，但在传统的采购模式下，要有效控制质量和交货期只能通过事后把关的办法，因为采购方很难参与供应商的生产组织过程和有关的质量控制活动，相互的工作是不透明的。在质量控制上，采购方主要依靠对到货的检查验收，即所谓的事后把关。这种缺乏合作的质量控制导致采购部门对采购物品质量控制的难度增加。一旦出现不合格产品，即使能够检验出来，也可能会影响整个后续工作流程。

(3) 供需关系缺乏战略性合作意识。在传统的采购模式中，企业通常将供应商看作竞争对手，是一种“零和竞争”模式。因此，供应与需求之间的关系是临时性的，或者短时性的合作，且竞争多于合作。由于缺乏合作与协调，采购过程中各种抱怨和纠纷比较多，很多时间消耗在解决日常问题上，没有更多的时间用来做长期性预测与计划工作。供需之间存在的这种缺乏合作的氛围增加了许多运作中的不确定性。

(4) 响应用户需求的能力迟钝。由于供应与采购双方在信息沟通方面缺乏及时的信息反馈，即使在市场需求发生变化时，采购方也不能改变供应方已有的订货合同，因此采购方在需求减少时供大于求，而在需求增加时供不应求。然而重新订货需要增加谈判过程，因此供需方之间对用户需求的响应不能同步进行，缺乏应付需求变化的能力。

1.1.2 供应链采购管理模型

采购管理是供应链管理中的重要一环，是实施供应链管理的基础，图 1.2 为供应链的物资采购管理模型。

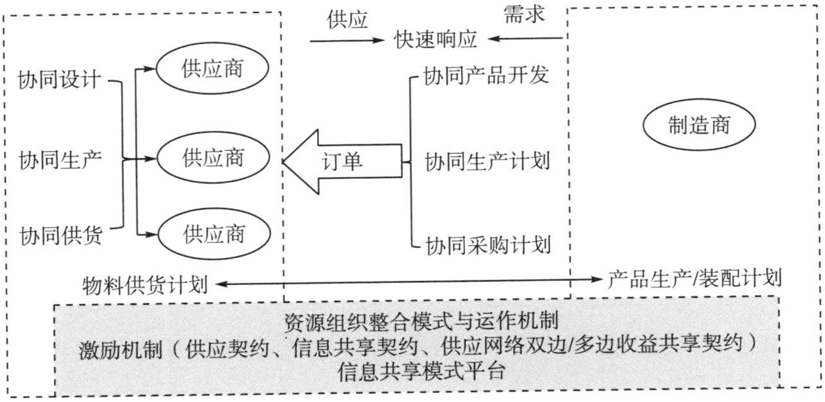

图 1.2 供应链的物资采购管理模型

在该模型中，整个采购过程的组织、控制、协调都是站在供应链集成优化的角度进行的。企业与供应商首先要建立起战略性的合作伙伴关系，与供应商在产品开发、生产和供货方面形成协同运作的机制。生产和技术部门通过企业内部的管理信息系统，根据订单编制生产计划和物料需求计划。供应商通过信息共享平台和协同采购机制，可以随时获得用户的采购信息，根据用户企业的信息预测其需求以便备货，当订单到达时可以迅速组织生产和发货，货物质量由供应商自己控制。这个模型的要点是以协同运作和信息共享降低供应链的不确定性，从而减少不必要的库存，提高采购工作质量。实现此模型的关键首先是企业与供应商建立长期的战略合作伙伴关系，其次是畅通无阻的信息交流，最后是各种供应契约的设计与执行。

设计一个适合于企业的信息处理系统是实现畅通的信息交流的关键，一般将此系统分成企业内部信息交流系统和企业外部信息共享系统。

1) 企业内部信息交流系统

虽然关于信息处理系统的解决方案有很多，但它们对采购管理的关注却很少，有的系统甚至不支持采购管理信息的处理，如现有的物料需求计划（material requirement planning，MRP）或制造资源计划（manufacturing resource planning，MRP Ⅱ）以及企业资源计划（enterprise resource planning，ERP）系统都不能很好地支持基于供应链的采购管理，甚至缺乏专门为采购管理设置的数据库，因为它们只考虑如何合理地利用企业内部的资源来提高效率，降低成本，而极少考虑利用企业外部资源来创造价值。也有一些专用的采购管理信息处理系统，但它们多是独立于其他系统之外的一个专门系统，没有很好地和企业的其他系统集成起来。因此，建立基于供应链的采购系统，需要企业的采购信息与企业管理信息系统的集成，从而为采购管理提供物料需求信息和库存信息。

2)企业外部信息共享系统

信息技术的发展为企业与供应商之间的信息交流提供了很多平台，互联网、电子数据交换(electronic data interchange，EDI)等已广泛应用于商业信息传递。EDI 是一种应用较为广泛的模式，也是一种电子数据交换规范，联系双方使用同一种规范进行数据编辑和传递，利用企业之间的计算机网络传递信息。它的优点是传递信息快，种类多，保密性好，但其费用昂贵，不适合中小型企业使用。此外，通过互联网与供应商共享信息是一种越来越普遍的选择。从效果来看，这种途径可以满足信息共享的需要，价格比 EDI 低很多，其浏览器/服务器(browser/server，B/S)结构比较适合小型供应商。随着信息技术的进一步发展，将会有更好的技术平台用于供应链合作伙伴之间的信息共享。为供应商提供信息技术的支持是必要的，因为信息平台的使用要求双方同时进行，且平台之间的兼容性是不得不考虑的内容。因此，要为供应商提供良好的信息技术支持，并保持在此领域的交流，以求整个系统的稳定。

1.1.3　供应链采购管理的特征与可持续竞争优势

1. 供应链采购管理的特征

根据美国供应协会对供应的最新阐述，把供应链管理环境下的采购定义为：企业为了追求和实现它的战略目标而进行的一系列与生产和库存紧密相连的识别、采办、获取与管理它所需的所有资源的活动。

采购作为供应链上游的主要环节，在企业和供应商之间架起了一座连接的桥梁，连接着产品的供应和生产。采购在供应链中的位置如图 1.3 所示，它一头连接着企业的内部客户，即所采购物料和服务的使用者，一头连接着外部的供应商，供应链上企业外部的价值通过采购环节向企业内部传递，最终传达到外部的客户。因此采购从供应链的角度来讲，是整个供应链控制中上游的主导力量。

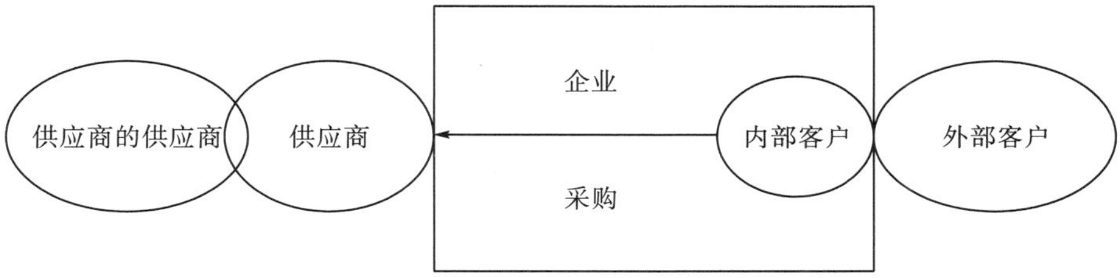

图 1.3　采购在供应链中的位置

采购管理在供应链环境下有了质的飞跃，与传统的采购职能相比，采购思想和方法发生了巨大的变化，二者差异性分析如表 1.1 所示。

表 1.1　传统采购与供应链管理环境下采购的区别

项目	传统采购	供应链管理环境下的采购
与供应商的关系	短期的、互相对立	长期的、合作伙伴
信息沟通	信息不畅，采购工作不透明	信息共享，采购过程透明
考虑因素	以价格为重点	以质量、交货期为重点
供应商的数量	多，越多越好	少，甚至一个
库存	库存量很高	库存量很低
质量控制	事后控制，难度大	事前预测，始终控制
采购批量	大批量，少频次	小批量，多频次
流程设计	先设计产品后询价	供应商参与产品设计
供应商选择标准	通过价格竞争	对供应商进行综合评价
工作目标	执行采购计划，减低材料成本	开发和管理供应商，利用外部资源
工作重点	价格谈判	协调采购过程中各个业务环节

采购管理在供应链管理的大环境下，其研究范围不断扩大，其作用也日益凸显。加强供应链管理可以提升企业的运作效率，实现供应链系统的无缝连接。供应链环境为采购管理赋予了新的内涵。供应链模式下的采购管理特征表现为以下三个方面。

1) 从为库存采购向为订单采购转变

在传统的采购模式中，采购的目的很简单，就是为了补充库存，即为库存而采购。采购部门并不关心企业的生产过程，也不了解生产的进度和产品需求的变化。因此，采购过程缺乏主动性，采购部门制订的采购计划很难适应制造需求的变化。在供应链管理模式下，采购活动是以订单驱动方式进行的，制造订单是在用户需求订单的驱动下产生的，制造订单驱动采购订单，采购订单再驱动销售订单，如图 1.4 所示。这种准时化的订单驱动模式，使供应链系统能够准时地响应用户的需求，从而降低库存成本，提高物流的速度和库存周转率。

订单驱动的采购方式有如下特点：

(1) 由于供应商与制造商之间建立了战略合作伙伴关系，建立供应合同的手续大大简化，不再需要双方询盘和报盘的反复协商，交易成本也因此大大降低。

(2) 在同步化供应链计划的协调下，制造计划、采购计划、供应计划能够并行进行，缩短了用户响应时间，实现了供应链的同步化运作。采购与供应的重点在于协调各种计划的执行，使制造计划、采购计划、销售计划保持同步。

(3) 采购物资直接进入制造部门，减少了采购部门的工作压力和不增加价值的活动过程，实现了供应链精细化运作。

(4) 信息传递方式发生了变化。在传统采购方式中，供应商对制造过程的信息不了解，也不需要关心制造商的生产活动，但供应链管理环境下，供应商能共享制造部门的信息，提高供应商的应变能力，减少信息失真。同时在订货过程中不断进行信息反馈，修正订货计划，使订货与需求保持同步。

(5) 实现了面向过程的作业管理模式的转变。订单驱动的采购方式简化了采购工作流程，采购部门的作用主要是协调供应与制造的关系，为实现精细化采购提供基础保障。

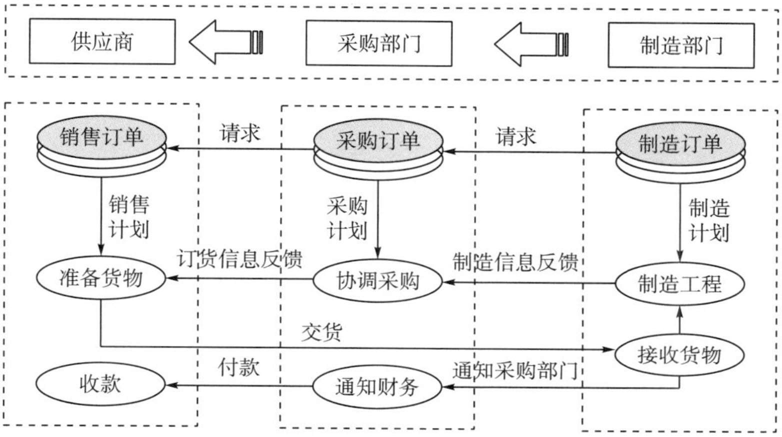

图 1.4　订单驱动的采购业务原理

2) 从采购管理向外部资源管理转变

传统采购管理可以简单地认为是买卖管理，这是一种交易式的活动，双方都缺乏一种战略性合作意识，此时，供应链管理视角下的采购不仅仅是买卖活动，对企业来说，是一种外部资源管理(sourcing)。

要实现有效的外部资源管理，制造商的采购活动应从以下几个方面着手进行改进。

(1) 和供应商建立一种长期的、互惠互利的合作关系。这种合作关系保证了供需双方能够有合作的诚意和参与双方共同解决问题的积极性。

(2) 通过提供信息反馈和教育培训支持在供应商之间促进质量改善和质量保证。传统采购管理的不足在于没有给予供应商在有关产品质量保证方面的技术支持和信息反馈。在顾客需求日益个性化的今天，产品的质量是由顾客的要求决定的，而不是简单地通过事后的质量把关就能解决的。因此在这样的情况下，质量管理的工作需要下游企业在提供相关的质量要求的同时，及时把供应商的产品质量问题反馈给供应商，以便及时改进。对个性化产品要提供有关的技术培训，使供应商能够按照要求提供合格的产品和服务。

(3) 供应商参与产品设计和产品质量控制过程。同步化运营是供应链管理的一个重要思想。通过同步化的供应链计划，使供应链的各企业在响应需求方面达成一致性的行动，增加供应链的敏捷性。实现同步化运营的措施是并行工程。制造商应该积极组织供应商参与产品设计和质量控制过程，共同制定产品质量标准等，供应商在产品开发和生产组织的早期及时了解最终客户的需求信息。

(4) 协调供应商的计划。一个供应商有可能同时参与多条供应链的业务活动，在资源有限的情况下，必然会造成多方需求争夺供应商资源的局面。在这种情况下，下游企业的采购部门应主动参与供应商的计划协调。在资源可能出现冲突的情况下，保证供应商不至于因为资源紧张而对本企业产生影响，保证供应链能够正常运行，维护企业的利益。

(5) 建立一种新的有不同层次的供应商网络，并通过逐步减少供应商的数量，建立与供应商之间的合作伙伴关系。在供应商的数量方面，一般而言，供应商越少越有利于双方的合作，但是，企业的产品对零部件或原材料的需求是多样的，因此不同企业的供应商的数目不同。企业应该根据自己的情况选择适当数量的供应商，建立稳定的供应商网络，并逐步减少供应商的数量，最终建立和少数供应商的战略合作伙伴关系。

要实现有效的外部资源管理，需要供应商从以下几个方面提供协作：①帮助拓展用户(下游企业)的多种战略；②保证高质量的售后服务；③对下游企业的问题做出快速反应；④及时报告发现的可能影响用户服务的内部问题；⑤基于用户的需求，不断改进产品和服务质量；⑥在满足自己能力需求的前提下提供一部分能力给下游企业，即能力外协。

3) 从一般的买卖关系向战略协作伙伴关系转变

供应链管理模式下采购管理的第三个特点，是供应与需求的关系从一般的买卖关系向战略协作伙伴关系转变。

在传统的采购模式中，供应商与需求企业之间是一种简单的买卖关系，因此无法解决一些涉及全局性、战略性的供应链问题，而基于战略伙伴关系的采购方式为解决这些问题创造了条件。这些问题包括：

(1) 库存问题。在传统的采购模式下，供应链的各级企业之间无法共享库存信息。因此，各级节点企业都独立地采用订货点技术进行库存决策，不可避免地产生需求信息扭曲的现象，因此供应链的整体效率得不到充分的提高。但在供应链管理模式下，通过双方的合作伙伴关系，供应与需求双方可以共享库存数据，因此，采购的决策过程变得透明，避免了需求信息失真的现象。

(2) 风险问题。供需双方通过战略性合作关系，可以降低由于不可预测的需求变化带来的风险，如运输过程的风险、信用风险、产品质量风险等。

(3) 协商效率问题。通过合作伙伴关系可以为双方共同解决问题提供便利的条件。合作双方可以为制订战略性的采购供应计划而共同协商，不必为日常琐事消耗时间与精力。

(4) 采购成本问题。基于合作伙伴关系，供需双方都可以通过降低交易成本而获得好处。信息共享避免了信息不对称决策可能造成的成本损失。

(5) 组织障碍问题。战略性的伙伴关系消除了供应过程的组织障碍，为实现准时化采购创造了条件。

2. 供应链采购对可持续竞争优势的贡献

由于商品和服务的采购对利润有重大影响，采购专员们往往非常注重采购交易谈判，以降低成本，并以此为豪。但是，仅仅关注“交易”是目光短浅的表现，因为这将会分散人们对采购更具战略性地位的注意力，即对长期竞争优势的影响。采购是通往供应基地的门户，能带来创新、质量、技术和通往新市场的途径。认识不到这一点，是采购部门重大的疏漏。

采购部门主要通过供应市场的知识(如商品购置与承包)和技能(如全球采购、协商和规范开发)来增加企业的资源。这些资源对一个企业而言是极其重要的，有时甚至是鲜有的。采购对竞争优势最为显著的贡献是通过供应基地的外在资源实现的。采购通常用以下 4 种不同的方式刺激这些资源的发展。

1) 关系投资

采购与供应商合作，可以投资专用关系型资产，如新设备或仪器，以此产生竞争优势。提供保障，并做出数量承诺可以增强供应商投资这类资产的信心，如日本汽车公司的关系投资。

丰田汽车公司、本田汽车公司等汽车制造商，在与其供应商建立长期关系、奖励良好业绩方面享有盛誉。这也促使供应商们对其进行投资。丰田汽车公司的一位供应商说道：“丰田汽车公司帮助我们大幅度提高了生产系统。起初，我们只生产一个部件；而提高改善后，丰田汽车公司向我们下了许多订单，订购了更多部件。这对我们是一种奖励，丰田汽车公司是我们最好的客户。”

“本田汽车公司对客户要求甚高，但对客户很忠诚，例如，美国汽车制造商们通常在自己的供应商制作草图的同时，还让其他供应商参与竞标草图制作，最后会把任务交给竞价最低的供应商。本田汽车公司从不这样做。”

2) 知识共享

与供应商合作创造产品和创新服务的能力越来越成为竞争力的关键。然而，这需要更高程度的知识共享和向其他企业学习的能力。通过投资开展知识共享活动，调整各种动机因素以提高透明性和互惠性，打击投机行为，各企业就能充分利用这项创新潜能。

十多年来，宝洁公司采取了开放式的创新途径，即他们所说的“联系与发展”创新模式。这一模式充分利用了企业外部的发明者和其他人员的创造性思维，使其在专业领域外的创新成为可能，通过将潜在竞争者变成采购合作方从而降低创新风险，使得价值的资金化更为迅速，这一途径已经产生了显著效果。宝洁公司宣称，其投入市场的新产品中，有35%都含有源自公司外的元素，而在其产品发展组合的提议中，有 45%发掘于外部的重要元素。

3）寻找互补性

各企业也能通过与供应商利用互补性资源共同创造竞争优势。互补性是指两个及以上的企业能实现各自无法单独实现的目标。这就需要采购部门有能力（通过挑选供应商）去发现拥有潜在互补性资源的供应商，有能力通过调整系统、步骤和文化（供应商发展和关系管理）合理配置必要的机制，进而从互补性战略资源中赢取效益。

4）建立有效管理

选择能降低交易成本并减少供应基地风险的管理结构。通过合约或建立在信任和商誉之上的自我履约协议即可实现这一目标。建立有效管理的关键在于用管理结构来调整关系和各项交易。

供应链管理结构中的另一个重要问题是，如何保护一个企业免受供应基地风险的影响。全球供应链极易受到众多因素的影响，如自然灾害、知识产权（intellectual property rights，IPR）侵权、道德违反和供应商的其他机会主义形式。没有适当的管理结构来管理上述风险，企业的名声和业绩将遭受巨大影响。

为了发展可持续竞争优势，各企业需要采取一种竞争对手难以效仿的方式，来鉴别并利用供应链中的资源，采购就是有效手段之一。

案例 1.1

协同采购，为供应链加速

对制造业和集成电路（integrated circuit，IC）行业的供应链稍加比较就会发现，两者关注的重点完全不同：制造业非常关注采购，而 IC 行业则几乎不关注，他们关注的是产能，因为该行业诸如机器之类固定资产投入非常大，一台机器经常要花几千万的成本，他们关注的是如何充分利用产能。从这个层面上来说两者是完全不同的，但是稍加注意也不难发现，现代供应链正向越来越复杂的方向发展，传统的供应链一般只包括供应商、制造商和客户 3 个主要部分。但现在，半成品的组装和测试可能已经外包，配销可能已转给第三方物流，财务由银行完成，每个公司只负责各自核心竞争力的部分。

传统供应链管理带来一系列问题，如各个交易伙伴缺少协同合作的机制；信息无法共享、管理无法协同；供应链中的库存、成本增加；对市场反应能力降低等。在 IC 行业，晶圆代工大概需要 2～3 个月，测试、封装等工序也需要 3 个星期左右，这么长的生产周期如何应对市场的剧烈变化？这就转到协同采购的问题上来了。

协同采购是一个比较大的范畴，其形式有很多种：第一种是点对点的协同；第二种是通过电子交易市集的协同，在欧美较流行，这种方式下公司内部有一个电子平台，通过一个外部平台（即 e-Market place）进行协同；第三种是协同采购平台，也是人们重点分析的方式。

在这种方式下，首先进行企业内部的资讯整合，即建立生产、销售、采购、财务等共享的 e-Hub，做到内部协同，再将供应商拉到这个平台上，建立内外协同。在这个企业与供应商共建的协同平台上，当销售情况发生变化时，能够快速地通知生产和采购，让其迅速地进行生产调整和备料，做到企业内部的快速协同；同时将企业的最近物料需求信息在第一时间发送给供应商，让供应商也能迅速进行送货、生产、备料的调整，避免盲目生产导致库存积压、成本增加。

1.2　供应链库存管理概述

库存管理始终是企业管理面临的一个问题。传统的库存管理主要是从单个企业的角度来考虑，如经济订货批量模型等。随着企业外部环境对企业影响的日益扩大，库存问题的解决必须从一个更为广义的角度来考虑。国外学者从 20 世纪 60 年代就开始了对多阶段库存控制的探索，进入 20 世纪 90 年代至今，从供应链的角度来研究库存管理成为供应链研究中的一个热点。供应链上的库存管理，就是要解决如何按照需求合理地降低整个供应链上的库存量，制定最优的订货策略，合理配置企业资源，达到最低占用资金和取得最大收益的目的。

1.2.1　供应链库存管理的概念

供应链(supply chain)是指生产及流通过程中，涉及将产品或服务提供给最终客户活动的上游与下游企业所形成的网链状结构，即由物料获取、物料加工，并将成品送到客户手中这一过程所涉及的企业和企业部门组成的一个网络。绝大多数供应链由制造和分销网络组成，通过原材料的输入转化为中间产品和最终产品，并把它分销给客户。

1)供应链库存结构

近年来，供应链管理(supply chain management，SCM)在国内外日益受到人们的关注和重视，由于库存成本占供应链成本的比例很大，许多企业开始探讨供应链环境下的库存管理问题。

供应链库存涉及供应链各节点的库存，包括输入的原材料、半成品和最终的产品。供应链库存结构如图 1.5 所示。

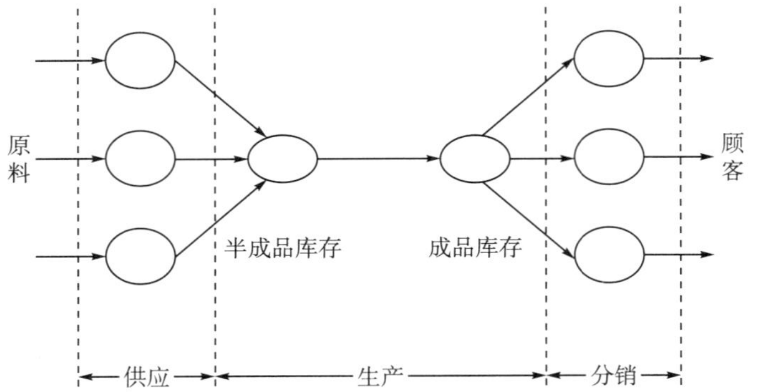

图 1.5　供应商库存结构示意图

注：图中单项箭头表示库存的流动过程，圆圈表示库存的存在状态。

2) 供应链库存管理

供应链库存管理是指将库存管理置于供应链之中，以降低库存成本和提高供应链市场反应能力为目的，从点到链、从链到面的库存管理方法。

供应链库存管理的目标服从于整条供应链的目标，通过对整条供应链上的库存进行计划、组织、控制和协调，将各阶段库存控制在最小限度，从而削减库存管理成本，减少资源闲置与浪费，使供应链上的整体库存成本降至最低。

与传统库存管理相比，供应链库存管理不再是作为维持生产和销售的措施，而是作为一种供应链的平衡机制。库存管理是供应链管理的重要内容，具体表现在以下 3 个方面。

(1) 库存在供应链中的首要作用是满足客户的随机需求，保持供应链的高度衔接性和敏捷性。

(2) 库存费用是供应链成本的主要来源。在不增加成本、不降低响应的同时，降低供应链库存量将对供应链绩效产生巨大的影响。

(3) 库存是供应链能力驱动中的重要因素之一，它对支持企业竞争策略的供应链能力设计起着重要的作用。

因此，库存管理技术是目前供应链管理技术的重要研究方向。

1.2.2　供应链中不确定性对库存的影响

供应链上主要有两种基本的不确定性表现形式，即衔接的不确定性和运作的不确定性。不确定性的来源主要有 3 个方面：供应商的不确定性、制造商的不确定性和顾客的不确定性。其中，供应商的不确定性主要表现为提前期和供货量的不确定性，其原因是多方面的，如供应商的生产系统故障而延迟生产、供应商自身的供应延迟、运输意外等；制造商的不确定性主要表现为自身生产系统的可靠性，如机械故障、计划执行偏差等；顾客的不确定性主要在于购买力的波动、从众心理和个人性格特征等。这些不确定性会对库存带来较大的影响。

1）衔接的不确定性对库存的影响

在目前的供应链运作中，衔接的不确定性集中表现为企业之间存在的独立信息体系的现象，很多时候供应链合作者从各自的利益出发进行资源的自我封闭，包括物质资源和信息资源，企业之间的合作难以摆脱短期利益的束缚，从而增加了企业之间的信息壁垒和沟通障碍，企业不得不为应付不测而建立库存，库存的存在实际上就是信息堵塞和封闭的结果。

企业各个部门和企业之间都有信息的交流与沟通，一些对于双方流程衔接的重要信息，在很多企业之间并没有实现真正的共享。信息共享程度是供应链不确定性存在的一个主要原因。目前在供应链上的信息传递有两种形式，一是传统的逐级传递，即上游供应链企业依据下游供应链企业的需求信息做生产或供应决策；二是在集成的供应链系统中，每个供应链企业都能够共享顾客的需求信息，信息不再是线性的传递过程而是网络的传递过程和多信息源的反馈过程。尽管非线性的网络信息传递必将替代线性的逐级信息传递，但在目前情况下，对支持合作的重要共享信息仍然存在人为的限制因素，这势必通过连锁反应造成对库存的影响。

随着基于信任的合作伙伴关系和跨组织的信息平台的建立，信息障碍将逐渐消除。信息平台为供应链的各个合作企业提供共同的需求信息，企业有了确定的信息需求，在制订生产计划时，可以减少为吸收需求波动而设立的库存，使生产计划更加精确、可行，对于下游企业无论上游企业能否按期交货，下游企业都能预先得到相关信息而采取相应的措施，这样企业无须过多设立库存。

2）运作的不确定性对库存的影响

建立战略伙伴关系的供应链联盟或供应链协作体可以减少供应链企业之间的衔接不确定性，同样，这种合作关系也可以消除运作不确定性对库存的影响。当企业之间的合作关系得以改善后，企业内部的生产管理也会得到极大改善。因为企业之间的衔接不确定性因素减少后，企业的生产控制系统就能摆脱这种不确定性因素的影响，使生产系统的控制达到实时、正确，也只有在供应链的条件下，企业才能获得对生产系统进行有效控制的有利条件，消除生产过程中不必要的库存现象。

在传统的企业生产决策过程中，供应商或分销商的信息是生产决策的外生变量，因而无法预见到外在需求或供应变化的信息，至少是延迟的信息，同时，库存管理的策略也是考虑独立的库存点而不是采用共享的信息，因而库存成了维系生产正常运行的必要条件。在这种情况下，当生产系统形成网络时，不确定性就会像瘟疫一样在生产网络中传播，几乎所有的生产者都希望拥有库存来应付生产系统内外的不测变化。在不确定性较大的情形下，为了维护一定客户服务水平，企业常常维持一定的库存，以提高服务水平。在不确定性存在的情况下，高服务水平必然带来高库存水平，因此，为了减少不确定性因素对库存的影响，减少企业的库存水平，企业需要增加与供应链成员之间的信息交流与共享。增加库存决策信息的透明性、可能性与实时性，这都需要企业之间的诚信合作与相互协调。

1.2.3 供应链库存管理存在的问题和挑战

过去的库存理论集中在单个企业的库存管理上，而很少从供应链角度系统解决库存问题，也很少提高到企业的战略高度。过去供应链管理的重点一般集中在各环节内部的有效性管理上，包括存储、组装等，它们之间的相互关系是以大量库存的缓冲区为中介的。经济的全球化、顾客需求的个性化、迅速变化的市场需求使得库存管理越来越复杂。当今的供应链管理要求除了考虑环节内部的优化，还必须涉及整个供应链的全局优化效应。目前，供应链环境下库存管理存在的主要问题和挑战集中在三个方面：信息整合共享方面的问题、供应链的运作问题、供应链的战略与规划问题，这些问题可以综合成以下几个方面的内容。

1) 缺乏供应链的系统观念

虽然供应链管理的整体绩效取决于各个供应链节点企业的绩效，但是各个节点企业都是相互独立的市场主体，都有各自独立的目标与使命，有些目标和供应链的整体目标是不相干的，甚至可能是冲突的。因此，这种各自为政的行为必然导致供应链整体绩效的降低。另外，一般的供应链系统都没有建立针对全局供应链的绩效评价指标，供应链上不同节点企业可能采用不同的绩效指标，有些企业采用库存周转率作为供应链库存管理的绩效评价指标，但是没有考虑对客户的反应时间与服务水平。实际上，客户满意度应该始终是供应链绩效评价的一项重要指标。

美国北加利福尼亚的计算机制造商电路板组装作业采用每笔订货费作为其压制一切的绩效评价指标，该企业将精力集中放在减少订货成本上，这种做法本身并没有不妥，但是它没有考虑这样做对供应链上其他制造商和分销商的影响，结果该企业不得不维持过高的库存以保证大批量订货生产。

同时，印第安纳的一家汽车制造配件厂却在大量压缩库存，因为它的绩效评价是由库存决定的，结果，它到组装厂与零配件分销中心的响应时间变得更长和波动不定。组装厂与分销中心为了满足顾客的服务要求也不得不维持较高的库存。

2) 供应链的结构设计未考虑库存的影响

在进行供应链结构设计时，如要在一条供应链中增加或关闭一个工厂或分销中心，一般是先考虑固定成本与相关的物流成本，至于网络变化对运作的影响因素，如库存投资、订单的响应时间等常常是放在第二位的。实际上这些因素对供应链的影响是不能低估的。例如，美国一家 IC 芯片制造商的供应链结构是这样的，在美国加工晶片后运到新加坡检验，再运回美国生产地做最后的测试，包装后运到客户手中。供应链之所以这样设计是因为考虑了新加坡的检验技术先进，劳动力素质高和税收低等因素，但是这样显然对库存和周转时间的考虑是欠缺的，因为从美国到新加坡一个来回至少要两周，而且还有办理海关手续时间，这就延长了制造周期，增加了库存成本。

3）产品设计忽视供应链的影响

现代产品设计与先进制造技术的出现使产品的生产效率大幅度提高，而且具有较高的成本效益。但是在引进新产品时，如果不进行供应链的规划，也会产生如运输时间过长、库存成本高等问题而无法获得成功。例如，美国的一家计算机外围设备制造商，为世界各国分销商生产打印机。打印机有一些具有销售所在国特色的配件，如电源、说明书等。工厂按需求预测生产，但是当打印机到达各地区分销中心时，销售效果却不一样，因为打印机是为特定国家生产的，而各国的需求是不一样的。结果造成产品积压，产生了高库存。后来，制造商对产品设计进行了调整，主要对打印机的装配过程进行了改变，工厂只生产打印机的通用组件，让分销中心根据所在国家的需求特点加入相应的特色组件，这样就减少了大量的库存，同时也使供应链具备了柔性。

4）低效率的信息传递系统

在供应链中，各个节点企业之间的需求预测、库存状态、生产计划等都是供应链管理的重要数据，这些数据分布在不同的供应链节点企业之间，要实现快速高效的响应客户需求，就必须实时传递这些数据。为此，需要改善供应链信息系统模型，通过系统集成的方法，使供应链中的库存数据能够实时、快速地传递。但目前许多企业之间还缺少必要的协调与联系，各个节点企业的信息系统并没有很好地集成起来，当上游企业需要了解下游企业和用户的需求信息时，得到的常常是延迟的和不准确的信息，影响了库存的精确度，致使短期生产计划的实施也会遇到困难。时间越长，预测误差就越大，制造商对最新订货信息的有效反应能力也就越差，从而导致库存量的增加。

5）库存控制策略简单化

无论是生产性企业还是物流企业，库存控制的目的都是为了保证供应链运作的连续性以及应付不确定性的需求。不确定性在不断地变化，决定了库存控制策略也必须是动态的。例如，有些供应商在交货与质量方面可靠性好，而有些则相对差些；有些物品的需求可预测性大，而有些物品的可预测性相对小些。库存控制策略应能反映这种情况，并能体现供应链管理的思想。但是目前供应链库存控制策略没有综合考虑诸多影响因素，过于简单化。因此，如何建立有效的库存控制方法，并能体现供应链管理的思想，是供应链库存管理的重要内容。

6）缺乏有效的合作与协调机制

供应链是一个整体，需要协调各节点企业的活动才能取得最佳的整体绩效。协调的目的是使满足一定服务质量要求的信息可以无缝地、流畅地在供应链中传递，从而使整个供应链能够实时地响应客户的需求，形成更为合理的供需关系、适应复杂多变的市场环境。如果企业间缺乏协调与合作，就会导致交货期的延迟和服务水平的下降，同时库存水平也会因此而增加。为了应付不确定性，供应链上各个节点企业都设有一定的安全库存，这是企业采取的一种应急措施。但在多厂商特别是全球化的供应链中，组织的协调涉及很多利益群体，相互之间的信息透明度不高，这就使企业不得不维持一个较高的安全库存。由于各企业互不相同的目标和绩效评价尺度都使得库存控制变得更加困难。

要实现有效的协调，各个节点企业之间就要有一种有效的激励机制。在企业内部，一般有各种各样的协调激励机制来加强部门之间的合作，但当扩大到企业之间的协调激励时，困难就很大。因此，供应链各节点企业之间缺乏有效的监督和激励机制是供应链企业之间合作不稳固的重要原因。

7) 忽视不确定性对库存的影响

供应链运营过程中存在很多的不确定性因素，如订货提前期、货物运输状况、原材料的质量、生产过程的时间、运输时间、需求的变化等。为减少不确定性因素对供应链的影响，企业应了解不确定性的来源和影响程度。供应链中的不确定性来源主要有 3 个方面：供应商供应的不确定性、制造商生产过程中的不确定性以及顾客需求的不确定性。很多企业并没有认真研究和跟踪其不确定性因素的来源和影响，造成供应链中有些企业库存积压，而有些企业库存不足的现象。

1.2.4 供应链库存管理的改进方向

基于供应链库存管理的特点和供应链库存管理存在的问题，应从以下几个方面改进并完善供应链库存管理。

1) 树立供应链库存整体观念

要在保证供应链整体绩效的基础上对各种直接或间接影响因素进行分析。要在信息充分共享的基础上，通过协调各企业的效益指标和评价方法使供应链各成员企业对库存管理达成共识，从大局出发树立“共赢”的经营理念，自觉协调相互需求，建立一套供应链库存管理体系，使供应链库存管理的所有参与者在绩效评价内容和方法上取得一致，充分共享库存管理信息。

2) 精简供应链结构

供应链结构对供应链库存管理有着重要的影响，供应链过长过宽，或供应链上各节点之间关系过于复杂，是造成信息在供应链上传递不畅、供应链库存成本过高的关键原因。优化供应链结构是保证供应链各节点信息传递协调顺利的关键，是搞好供应链库存管理的基础。因此，应尽量使供应链结构向扁平化方向发展，精简供应链的节点数，简化供应链上各节点之间的关系。

3) 有效集成供应链的各个环节

集成供应链上的各环节，就是在共同目标基础上将分散的各环节组成一个“虚拟组织”。通过协调该组织内的物流、信息流和资金流来优化组织目标和整体绩效。通过将供应链库存管理上各环节集成，可以在一定程度上克服供应链库存管理系统过于复杂对供应链库存管理效率带来的影响。

4) 采取有效的供应链库存管理方法

目前，对供应链库存管理方法的研究和实践有许多，常见的主要有以下 4 种：供应商管理库存策略(vendor managed inventory，VMI)，联合库存管理策略(jointly managed inventory，JMI)，合作预测、计划与补给策略(collaborative planning，forecasting and replenishment，CPFR)及多级库存管理与优化策略(multi-echelon inventory system，MS)。

案例 1.2

石化企业供应链配件库存管理

石化企业的生产装置多、流程复杂，温度从-100～300℃，有些部位压力高达 350Mpa 磅，决定了配件的种类、规格、材质的多样化和广泛性。同时体现出配件对安全、稳定、长期生产的影响力和重要性。因此，保障生产和控制成本构成了物资供应两大职能的矛盾焦点。库存问题，在石化企业尤为突出，以中国石化库存为例，2004 年所有五十几家企业库存物资(不含原油)价值高达 10766 亿元，年平均周转次数为 8.63。这不仅影响到企业的运行效率，而且削弱了企业的核心竞争力，严重影响了我国石化企业挑战世界先进石化巨头的实力。

1. 石化企业配件的库存问题

1) 传统的库存管理观念

传统的管理模式认为，库存可以预防不确定性的、随机的需求变动，保持生产的连续性、稳定性。保障供给是供应部门的首要职能。以前石化企业为应对不确定性，往往准备了大量的库存。

2) 企业内部各自为政

之前石化企业很少考虑供应链的影响，产、供、销没有形成“链”，企业各部门独立分隔，信息沟通体制不完善，壁垒重重，致使内部信息流动受阻，甚至扭曲、变形。车间、二级单位、供应，机动和计划部门各自掌握的信息是不完全的，车间不了解供给状况，供应部门不清楚生产经营特点，往往凭经验决策。

3) 企业外部关系松散

传统的库存管理，习惯于注重表层工作，对库存的生成、控制等机制上的深层原因，乃至工作流程的改进缺乏系统，深入的研究，企业与众多的供应商、客户没有一种固定的紧密“链”状关系，彼此是孤立的，利益是分割的，缺乏一种战略思考和共赢思想，没有资源和信息共享。

4) 库存控制策略过于单一

石化企业对配件的库存采用统一的控制策略，没有对千差万别的物资根据其特性和使用规律进行细分，基本都是采用传统单一的订货方式，从而也不能反映供给与需求的不确定性。如弯头、法兰等石化配件，在装置检修中用量十分大而在装置正常生产时却使用极少；化工原辅料正好相反。

2. 供应链环境下石化企业配件库存管理

石化企业配件管理部门认识到传统的库存管理是站在单个企业的立场上，缺乏对于供应链整体的考虑，导致出现“牛鞭效应”(详细介绍见 7.1 节) 等严重危害供应链有效运作的现象。而供应链管理模式下的库存管理的最高目标是实现供应链企业间或部门间的无缝连接，消除供应链内部高库存现象。于是，他们采用了以下配件库存策略。

1) 企业内部供应链的构建

按照供应链管理理念实现内部流程重组，在石化企业内部撤并二级供应机构，实行一级供应管理体制，建立物资供应中心，企业所有生产建设物资统一由它组织采购、储备、配送。同时，建立企业内部跨职能的物资供应联合团队，物资供应过程充分吸收机动、技术、设计、工程、财务及使用单位等，实现内部信息共享，开发和完善包括物资供应管理在内的 ERP 信息系统，实现企业范围内生产经营信息的自由流动和共享，做到车间、机动、技术、设计、工程等部门能及时了解库存信息，发布需求信息，供应部门能实时掌握车间的生产状况，共同参与需求预测，及时组织供应。

2) 制定有针对性的库存控制策略

对石化配件采用帕累托分析法，即 ABC 分类法，根据 A、B、C 三类物资的资金占用和特性，采取相应的供应链库存控制策略，以实现总库存量压缩，解放被积压的资金，使库存结构合理化。

(1) 对 A 类物资的库存控制策略。该类物资资金占用大，使用频率不高，但对装置安全、稳定，长久生产十分关键。从该类物资特性分析，适合选用 VMI 的理念来管理库存。

(2) 对B类配件的库存控制策略。该类物资资金占用较大，使用频率高、适用性强，从该类物资特性分析，适合运用JMI的理念来管理库存。

(3) 对C类配件的库存控制策略。该类物资资金占用少，使用频繁，通用性强，市场发育成熟，加工周期短，而且能够朝发夕至。从该类物资特性分析，适合运用准时化(just in time，JIT)库存控制的理念来管理库存。

针对以上三类物资，还可以采用以下方法来保障生产和降低库存。

(1) 联合储备、区域协同。供应链管理中一个很重要的概念就是风险分担。石化系统在全国按企业分布地区性整合仓储资源，合理配置物流网络，建立几个大的仓储配送中心，这对降低整个系统的库存水平，减少仓储成本，保障生产供应，实现系统的收益最大化都有好处。

(2) 签订灵活合同。对新采购物资，签订允许风险分担的合同。一是回购合同。供应商同意以协议价(比原价低一些)买回采购方剩余的物资，一方面采购方不占用储备资金；另一方面供应商从返销中也能有所盈利。二是数量灵活合同，供应商规定退货数量的上限，只要剩余物资数量不大于此上限，就可退货。

综上所述，石化企业运用供应链管理思想中的适用理念，针对不同配件特点，采用相应供应链库存管理模式，使供需双方供应链库存管理在整体上得到优化，达到双赢。

1.3　供应链采购管理与库存控制的关系及实践误区

1.3.1　供应链采购管理与库存控制的关系

采购管理与库存控制都是供应链管理中降低成本、提高效率的有效途径，是供应链管理的重要手段，两者紧密相连，不能把两者孤立起来理解。

1) 采购管理应以库存控制为工作准则

采购管理涉及的内容很多，但是其基本职能是满足需求、保障供应。在企业中，需求有两种表现形态：一种是直接需求；另一种是间接需求。其中，直接需求就是需求点的需求，此时采购的物资直接在需求点进行消耗，不设仓库库存；间接需求就是基于仓库的需求，此时没有仓库库存，采购的物资先存入仓库，再由仓库去满足各需求点的直接需求。无论是哪种需求都应进行库存控制。

对于直接需求而言，采购的任务主要是维持“零库存”运行，即采购的物资正好满足生产或销售的需要，没有多余的库存。而对间接需求而言，采购的物资应大于或等于需求点上的实时总消耗，但又不能使库存过高，就必须进行库存控制。

因此，采购管理应把库存控制作为指导思想，即除了满足各种需求，还有降低库存的要求，应将库存控制作为自己的工作准则，而工作准则就是制定和实施某项工作的依据和评价标准，也就是说库存控制的有关要求是要纳入采购的考核指标体系中的。

2) 采购管理是库存控制的重要手段

库存控制的方法和手段很多，绝不仅仅是确定订货策略，更应是从供应链的大流程出发，从库存的成因入手，重视企业管理的各个环节，从流程上进行控制，因此采购管理是库存控制的重要手段，主要体现在以下两个方面。

(1) 库存策略的选择和落实必须通过采购来实现。对于直接需求，通常由 ERP 直接发出指令，采购部门执行；对于间接需求，订货点和订货量的确定是根据库存策略来的，不同的企业可能由不同的部门对此进行决策，但都需要采购来执行。

(2) 采购管理是整体供应链库存控制的重要手段。从整体供应链的库存控制来看，采购管理应以整体库存或成本最小为出发点，供应链下游的库存控制往往与销售有关，而供应链上游的各级库存控制则必然与采购有关，特别是对于供应商的管理，这是采购的一个重要职能，而供应链库存管理的常见方法——供应商管理用户与供应商管理是直接相关的。

3) 两者都应以供应链管理为基础

虽然采购管理与库存控制是有区别的，但都应以供应链整合和优化为已任，以供应链整体的成本最低、效率最高为目标。未来的竞争不再是单个企业的竞争，而是整条供应链的竞争，因此不能追求局部最优，而应追求系统最优，且应涉及企业的各个部门，绝不是某一个部门就能完成的，因此这里再次强调采购管理与库存控制的本质更是一个流程管理的问题。

1.3.2 管理实践中常见的认识误区

在管理实践中，很多人对于采购管理和库存控制的认识存在许多误区，为了使大家正确理解这一问题，下面列举几种主要的认识误区。

1) 采购价格越低越好

许多企业片面地追求绝对的低价格，不断压缩供应商的利润空间，这是一个误区。一方面低价格可能带来质量下降；另一方面，这种死拼成本的结果最终得益的是终端客户，损害的却是该行业及相关行业的生存空间。

采购不是孤立的资源保障活动，它应与企业的市场营销战略紧密结合，绝对的低价格并不代表企业高效益，大量事实证明它只能压缩行业的利润空间，无异于自杀；如果采购以“相对的低价格”，也就是以行业内相对较低的价格执行则可避免这一问题，这是企业持续发展的保证，有助于整体供应链的健康发展。事实证明，大部分管理型企业并没有因为金融风暴时期的采购低成本而提高利润率，也没有因为 2003 年、2004 年原材料价格暴涨，成本大幅攀升而利润下跌。因此企业的采购管理体系必须渗透“相对的低价格”的采购理念。

2) 拖欠货款有利

近几年来，国内出现了拖欠货款之风，少则 3 个月，多则半年，部分财务人员甚至美其名曰“控制财务成本”。这种本位主义下的控制成本法给企业造成的是更大的采购损失以及企业的外部形象损害，这是一种狭隘的财务观念在作怪，总觉得供应商赚了自己很多钱，觉得这样做就占便宜了。然而，这直接损害的是供应商的利益，间接受损害的还是企业本身。要知道需求和供应链管理一定是一种双赢或多赢的概念，不理解这一点就谈不上供应链管理。

3) 采购只要保证“货比三家”就行

很多企业的管理者认为采购只要保证“货比三家”就行了，通常都要求负责采购的工作人员中报采购方案时要提供至少 3 家报价，管理者审批时就看有没有 3 家的比价，再选一个价格合适的(绝大多数时候是选择价格最低的那一个)。

其实，很多管理者都会发现“货比三家”的方法经常失灵：这 3 家是怎样选出来的？中间的代理商算不算数？同样类别的采购中，这次审批的 3 家和上次是不是相同？会不会有申报者通过操纵报价信息影响审批者决策的可能？

问题的根本原因是没有配套的严格的供应商管理机制，对于采购过程的管理不严密。在这种情况下，采购的管理者最终签字选择供应商，表面上拥有绝对的决策权，但由于采购人员可以自由询价，从而拥有实际的决策权。这种管理模式不改变，无论怎样“货比三家”都是徒劳的。

4) 招标“一招就灵”

招标的采购方式给人以客观、公平、透明的印象，很多管理者认为采取招标方式可以引入竞争，降低成本，也就万事大吉了。但有时候招标也不是“一招就灵”的。为什么要招标？什么情况下应该招标？还有什么情况可以采用更合适的采购方式？这涉及采购方式选择的问题。目前，常用的采购方式有很多，主要有招标采购、竞争性谈判、询价采购、单一来源采购等。

合理运用多种采购方式，还可以实现对供应商队伍的动态管理和优化。例如，最初对采购内容的成本信息、技术信息不够了解，就可以通过招标来获得信息、扩大供应商备选范围。等到对成本、技术和分包商信息有了足够了解后，就转用询价采购，不必再招标了。再等到条件成熟，对这种采购商品就可以固定一两家企业长期合作生产了。反过来，如果对长期合作的厂家不满意，可以通过扩大询价范围或招标来调整、优化供应商或对合作厂家施加压力。

5) 档案保存好，采购信息就都留下来了

有不少管理者很早就意识到采购管理存在问题，但苦于无力改进或来不及改进，于是要求相关人员把所有和采购相关的记录、文件统统存档，以待具备条件时分析信息、改进工作。但实际上，从这些保存完好的采购档案中，往往还是得不到充足有用的信息，甚至有很多重要的信息永远无法获得了。

这在很大程度上，就是由于采购工作过程不够规范所引起的。例如，规范的采购管理要求，在询价时供应商应对不同规格型号的设备单独报价，但采购人员往往把不同规格型号的设备打包。有时甚至把不同类型的设备打包询价，每次打包的方法和数量都不一样。这样一来，历次询价信息无法落实到具体产品，无从比较，在管理者决策时还是无法判断本次采购价格是高是低。

6) 库存控制就是仓库管理

在谈到所谓“库存控制”或“库存管理”的时候，很多人将其理解为“仓储管理”，很自然地和库位摆放、先进先出、账物卡一致等词语联系起来，这实际上是个很大的曲解。

传统的狭义观点认为，库存控制主要是针对仓库的物料进行盘点、数据处理、保管、发放等，通过执行防腐、温湿度控制等手段，达到使保管的实物库存保持最佳状态的目的。这只是库存控制的一种表现形式，或者可以定义为实物库存控制。

那么，如何从广义的角度去理解库存控制呢？库存控制应该是为了达到共同的财务运营目标，特别是现金流运作，通过优化整个需求与供应链管理流程，合理设置 ERP 控制策略，并辅之以相应的信息处理手段、工具，从而实现在保证及时交货的前提下，尽可能降低库存水平，减少库存积压与报废、贬值的风险。从这个意义上讲，实物库存控制仅仅是实现公司财务目标的一种手段，或者仅是整个库存控制的一个必要的环节；从组织功能的角度讲，实物库存控制主要是仓储管理部门的责任，而广义的库存控制应该是整个需求与供应链管理部门，乃至整个共同的责任。

7) 一味追求“零库存”

不少企业认识到了库存的重要性，将其视为洪水猛兽，管理中以降低库存为目标，20 世纪 80 年代更是在美国、日本和中国台湾等国家和地区掀起了“零库存”的热潮，然而真正能做到完全零库存的没有一家，“零库存”只是一种境界，一种追求，原因如下：

首先，将库存降到最低，提高物流周转的速度，提高资金利用率这一愿望本身没有什么问题。通常，将库存降到最低后该企业的库存和营运成本也降低了，但是供应链的上下游企业却增加了相应的成本，这可能成为一种成本转嫁。

其次，要实现“零库存”，该企业必须具备足够的实力和供应链管理能力，否则供应商不会牺牲自己的利益进行合作，但即使是这样，时间长了还是会影响其合作关系，通常要用其他方式补偿，这样一来该企业在这方面节省的费用还是会花出去。

再次，适度的库存是必需的，如“非典”时期，如果没有库存就会很危险。库存可以连接供应链各方的关系和利益，供应链上的各个企业都会有各自的上下游企业，而这些上下游企业还会有各自的供应商和客户，一旦情况发生波动，供应链各方都要受到影响，因此合理库存起到了重要的连接和缓冲作用，如果没有实物库存，供应链的合作就没有实际意义。

最后，库存是一个调节器，合理利用库存可以降低企业的采购成本，因此“合理库存”更有意义。例如，美国某知名咨询企业追求绝对的“零库存”理念，中国某集团公司在其指导下于2000年钢材价格仅为2350元/吨时，实行零库存管理，致使集团公司在2001年初企业订单大增而钢材价格直奔4000元/吨大关情况下，采购遭受惨重损失，更重要的是生产节奏不保。

8)库存周转率的计算

许多企业通过财务指标来进行库存控制，而财务指标中的一个重要指标就是库存周转率，库存周转率的计算公式为

$$库存周转率=销售的物料金额/会计期间的平均存货金额\times 100\% \quad (1.1)$$

实际操作中，财务人员在计算平均存货会采用如式(1.2)所示的简单方式。

$$平均存货金额=(期初库存金额+期末库存金额)/2 \quad (1.2)$$

需要说明的是，几乎每家企业每天的库存都是变化不定的。因此，这种算法是不精确的，精确的算法应是采用积分的思想精确到每一天来计算。

问题是在这种算法的误导下，为了从账面上维持一个高的库存周转率来满足期末绩效考核的目的，会导致许多不正常现象的发生，从而干扰企业的运营，如到了会计考核期末，能不入库的尽量不入库，把物料压在货运那里；进了库房的物料先不在ERP系统中反映，俗话称“不入账”；期末大出货，把能发的货先发走等。

9)库存控制就是订货策略

订货策略的选择和运用确实是库存控制的重要手段，但库存控制更应从库存的成因入手，从各个环节抓起，综合运用各种方法和手段，如精益生产(lean production，LP)、JIT、VMI等，使供应链的库存最合理，提高整体供应链的效率和竞争力。

10)ERP一定能降低库存

ERP的核心管理思想是供应链管理，正确使用ERP确实能提高工作效率、降低库存，但也有许多企业采用ERP后并没有把库存控制好，主要原因如下：

(1)ERP的误导。特别是一些国产的所谓ERP的误导，一些简单的进销存软件也被称为ERP。企业采用了所谓的ERP就可以降低多少库存，似乎库存控制靠一个软件就可以实现。即使像思爱普(System Applications Products，SAP)、BAAN这些世界级ERP领域的软件商，也在他们的功能模块里面把简单的仓储管理功能定义为“库存管理”或者“库存控制”，就使得本来不太明白的人们，更搞不清楚什么叫库存控制了。

目前市面上的 ERP 软件很多，但并非每种都是适合的，如果选择时出现了错误，还不如不用 ERP，许多企业都有过这方面的曲折经历。而发生这种错误最常见的原因是多数企业会让互联网技术(information technology，IT)经理来负责选择软件，但更合适的组合应由对企业各个业务领域和流程都比较熟悉的物料经理来负责，并由财务和 IT 部门参与。

(2) ERP 必须正确实施和使用。许多企业做不到这一点，例如，ERP 的实体应有物料编码、订货周期等基础数据的支撑，这些数据必须准确可靠，并及时维护，许多企业在这方面的工作不到位。更重要的是 ERP 的实施涉及业务流程的改变，因此这就要求企业从观念上转变并逐步把企业由职能型组织过渡为流程型组织，而这是一个艰辛的历程。

案例 1.3

采购经理的烦恼

作为一个采购经理，老王的核心使命就是用最低的价格购回质量最好的物料，而对他的考核也主要体现在采购成本的下降和采购质量合格率等单独环节上。企业的老板每到月底看财务报表，就将他叫到办公室，要求再进一步降低采购成本。原因是市场竞争激烈了，销售额增加了但净利润却在下降，主要是产品价格下降并且制造成本增加，若不降低成本，企业将面临很大的生存压力。这时老王只能实话实说，已经没办法再降了，再降就无法保证质量了，这样的恶性循环几乎每个月都要发生，老王痛苦不堪，因为他要时刻面临被炒鱿鱼的风险。

其实企业老板和老王都没有认识到问题的本质，问题并不是出在直接采购成本环节，而是采购人员没有站在整体供应链的角度去考虑问题，造成库存过大，资金占有成本大，从而引起库存成本大。为了降低采购成本，采购人员采用了集中大量的采购方式，虽然加大采购批量能使折扣加大，但由此引起了一系列的库存、运输等方面的成本增加。

【复习思考题】

1. 传统采购存在哪些关键问题，这些问题产生的原因是什么？
2. 供应链采购管理具有哪些特征，供应链采购是如何体现可持续竞争优势的？
3. 供应链不确定性对库存控制会带来哪些影响？
4. 供应链库存管理存在哪些问题，如何改进供应链库存管理？
5. 举例说明供应链采购管理和库存控制两者之间的关系。
6. 如何认识采购管理和库存控制在管理实践中常见的误区？

【案例讨论】

华忆科技供应链采购管理

华忆科技有限公司成立于 2002 年 4 月，其前身台湾忆声电子深圳有限公司成立于 1993 年，先后在台湾、深圳、马来西亚、上海、江西等地设立自己的工厂。2005 年，深圳华忆科技有限公司在职员工 1000 余人。公司主要从事车用多媒体及液晶显示器复合体、可携带式移动多媒体显示器、车用液晶显示器及其他可携式产品。其产品目前采用全部外销的模式，主要客户为全球知名的索尼、松下、三星等电子企业，在欧美市场，车载多媒体占有 1/3 的市场份额。

1) 项目起缘：市场的多变使得华忆生产经常缺料而无法在客户的交货期送达

如何在市场需求发生变化时，仍然可以及时生产出合格的产品。由行业产品(快速消费的电子产品)的特性及生产模式(按客户订单生产)等因素决定，华忆需要在某个环节发生变化时，能够让整个供应链及时得到正确的信息。面对华忆遇到的及时生产的难题，华忆高层希望采用工业园的模式，即让自己上游厂商能够及时了解华忆的生产需求计划，根据华忆的需求在工业园区内设立生产车间或租用仓库等 VMI 及中国智能物流骨干网(China smart logistic network，CSN)模式。但在这个实施的过程中，需要增加供应商的生产成本，同时受华忆的厂房空间约束，华忆高层转为对供应链管理(supply chain management，SCM)系统的解决方案达到高度认同。

2) 项目实施信息化基础：ERP 系统功能无法解决华忆面对的困难

随着公司业务的不断发展，采购部门面临越来越多的问题，如何将采购、质量、生产、财务等跟供应商有关的信息快速传递，减少供应链上的信息延迟，获得更快的反应速度，成了不得不面对的问题。仅仅依靠 ERP 系统已经无法适应公司快速发展的需要，为此采购部门开始将目光转向供应链管理，希望与明基逐鹿合作，以协同采购的方式实现供应商与企业的紧密集成，实现从采购协同，到供应体系的优化，打造高效的供应链体系，共同应对未来的挑战。

在原来的作业模式下，采购有很多信息要跟供应商交互，原来像采购订单、开票通知、日计划、库存信息等大部分都是通过邮件、传真、电话等传统方式来处理，信息传递不及时，费时费力还经常出现遗漏或缺失，同时也不能及时获得供应商的反馈，并极有可能由此造成缺料导致生产停线。

3) 项目实施：信息共享，构筑协同采购平台

项目从 2005 年 9 月 8 日启动，在双方项目成员共同努力下，历时四个多月的时间，2006 年 1 月 13 日协同采购平台正式上线运行成功。

新的供应链管理模式的重点就是必须能够统一计划源头，生产、采购都采用一个计划，使生产和采购的节奏能够很好配合，其主要特点是更注重计划、采购及供应商之间的快速有效的协调送货安排，采用了送货看板的模式，而弱化了采购订单的作用，逐渐将采购订单弱化为收货依据及财务结算依据，而不作为采购依据。

现在通过协同采购系统，采购订单直接与供应商在网上确认，采购订单网上发布，供应商上网查看并反馈确认信息；支持 VMI 的运作模式，供应商网上查询寄售库存[①]信息，根据订单和库存自行补货；供应商送货前要在网上创建送货单，送货的同时发布送货通知，借此规范了供应商送货，可以提早发现订单的缺失，同时让采购和仓库第一时间了解供应商的送货状况，有效地降低了库存；供应商自己上网查询并核对送货记录、及时开票，减轻了采购的负担，同时缩短了财务付款的处理周期。协同采购的上线，系统自动从 ERP 同步数据，不再需求传真电话，供应商可以第一时间获得相关数据，并及时反馈，节省了沟通成本。提高了作业效率。

4) 实施后的成果

实施供应链项目要有一定的信息化基础。通过 e-Procurement 系统，华忆解决了以下几方面的问题：

(1) 计划、物控、采购、供应商之间信息共享不足。通过 e-Procurement 系统将采购信息、供应商承诺交货资料、物料在途状况在计划、物控、采购和供应商之间完全共享，不再存在信息传递失真的现象。

(2) 采购手工作业效率低，采购运营成本高。通过 e-Procurement 系统辅助采购员进行采购作业，采购人员不再需要从 ERP 系统打印、传真订单，并通过电话、E-mail 同供应商进行确认、人工记录供应商反馈信息。通过 e-Procurement 系统就能够同供应商进行订单的确认作业，提示采购人员进行催料作业和进行在途物料监控，异常状况发生时系统会自动通知相关采购人员，从而使采购人员从繁重的日常低价值活动中解脱出来，改为从事更有价值的作业。同时也通过电子化的手段，降低整体的采购运营成本。

(3) 信息分散，不利于整体分析及库存控制。通过 e-Procurement 系统实施，由于信息的集成度和共享度极高，且不会出现信息失真的情况，相关人员能够很方便地进行物料采购分析和库存控制。

(4) 信息不对称、不共享造成供需循环断裂。通过 e-Procurement 系统，因为信息的共享度很高，所有人员看到的都是同一资料，对未来的到料状况能够充分把握，从而也便于相关人员进行生产计划的调整，并能够将调整完的计划顺利地进行再次供需循环，从而降低库存，提高存货周转速度。

(5) 信息分散，不利于快速反应。通过 e-Procurement 系统，信息实现了高度透明和共享，当有异常状况发生时，能够“触一发，而动全身”，公司的各个相关部门都能够进行

---

① 寄售库存是指供应商将货物(原料、半成品)存放在购买商的库存中，在货物没有被购买商使用之前，货物的所有权归供应商，购买者只有在使用货物时才支付费用。在实际运作中，采购合同一般约定。

快速调整，从而实现公司整体的快速反应，提高整体的运营效率。

总体上，采购供应链项目为华忆带来以下业务价值：构建起一个供应链管理的平台，实现了信息的快速传递，目前所有供应商都有使用交流平台，通过交流平台传递各种信息及资料；通过供应链系统大大降低采购人员的作业负担，同时减少了传统的电话、传真等低效的沟通方式使用，降低了沟通成本；改善现有的作业流程，可以及时发现并解决问题，信息反馈及时，提高工作效率、也为更进一步深化供应链管理打下了坚实的基础。最终实现与供应商之间的协同，提升整个供应链的作业效率，共同应对市场变动，通过供应链管理减少了滞留，加速了物流。

【问题讨论】

1. 根据案例，阐述在供应链环境下，企业的信息化采购方式和传统采购方式有什么区别？

2. 案例中，企业的采购部、生产部及供应链上、下游企业是如何实现协同采购及库存控制的？

3. 供应链协同采购对企业绩效的影响？如何实现供应链协同采购？

本章小结

本章主要概述了供应链采购与供应链库存的基本概念、特征及两者之间的关系。首先介绍了传统采购模式及其自身存在的问题，进一步阐述了供应链采购管理模型及供应链采购管理的特征与可持续竞争优势；其次，介绍了供应链库存管理的概念、供应链库存管理的问题及改进方向；最后，阐述了供应链采购管理与库存控制的关系以及管理实践中常见的认识误区。

在案例引用上，以“中国服装业的供应链采购模式与库存控制的深度思考”为引导案例，以引出传统采购模式存在的问题及其对库存的影响，供应链采购管理的必要性。接着，为了阐释供应链采购管理的特征与可持续竞争优势，介绍了“IC 行业协同采购”的案例；为了阐述供应链库存管理的挑战和改进做法，介绍了“石化企业供应链配件库存管理”的案例。进一步地，为了阐释供应链采购管理和库存控制的关系，介绍了“采购经理的烦恼”的案例。最后，以“华忆科技供应链采购管理”作为章后案例，以对本章重要知识点——供应链采购与库存管理的特征及问题进行总体分析和阐释。

参 考 文 献

[1] 北京大学联泰供应能研究与发展中心. 中国供应链现状：理论与实践[M]. 北京：北京大学出版社，2006.
[2] 马士华，林勇. 供应链管理[M]. 4 版. 北京：高等教育出版社，2015.
[3] 刘宝红. 采购与供应管理——一个实践者的角度[M]. 2 版. 北京：机械工业出版社，2015.
[4] 肯尼斯 · 莱桑斯，布莱恩 · 法林顿. 采购与供应链管理[M]. 莫佳艺，曹煜辉，马宁，译. 北京：电子工业出版社，2007.
[5] 卡洛斯 · 梅纳，罗姆科 · 范 · 霍克，马丁 · 克里斯托弗. 战略采购和供应链管理——实践者的管理笔记[M]. 张凤，樊丽娟，译. 北京：人民邮电出版社，2016.
[6] 王道平，侯美玲. 供应链库存管理与控制[M]. 北京：北京大学出版社，2012.
[7] 国际贸易中心（ITC 联合国贸发组织/世界贸易组织）. 如何进行供应链中的物流管理[M]. CFLP 中国物流与采购联合会，译. 北京：中国物资出版社，2005.
[8] 钱智. 物流管理经典案例剖析[M]. 北京：中国经济出版社，2007.
[9] 邓权辉. 供应链环境下石化配件库存管理[J]. 中外物流，2007，7：53-55.
[10] 谢小丹. 供应链环境下的库存管理分析[J]. 物流科技，2011，34（11）：109-111.

第 2 章　采购管理基础

【引导阅读】

物流经理半年不到走人了

硅谷的 A 公司新招了一名高级物流经理，负责整合各子公司的物流供应商。新官上任，他就在全球各地跑，考察各子公司的物流供应商，发现各子公司都有本地的货运代理，因为他们熟悉当地业务。但这样一来就造成了开支分散，规模效益不明显。加上该公司连续几年快速增长，在亚太地区的销售额接近 20 亿美元，货运开支也节节上升。

新官上任三把火，第一把火是就集中各地区的货运代理生意，重新招标。该公司的开支还不够大，于是这位经理决定加入一个采购集团，整合几个行业类似、规模类似的公司的开支，进一步增加标的额。重赏之下必有勇夫，一家货运代理以低于现价 25%的价格中标，而厄运就自此开始。

A 公司的业务是典型的多种少量型，即品种很杂、运输量很低，但货物价值高，对按时交货率、运输质量要求也很高。新的货运代理长期服务大批量行业，以量取胜，粗放经营，满足不了有些子公司的严格要求。例如，在台湾，子公司每周一给各大客户发货，发的就是上周五从总部收到的货。但为了增加机舱的利用率，新的货运代理经常把周五的货与周六的货一起装运，推迟半天或一天到达台湾。台湾在周五无法收货，周一就没货发给客户，于是就屡屡向总部投诉，宣称要增加当地库存位，一年光库存成本就增加二三十万美元。新加坡方面也是问题多多。新的货运代理换了航班，本来三天的运输现在花四天；遇上加急运输时，一天到货时间推迟到两天。

新的货运代理在投标时，不知道真实要求有这么高，报价偏低，利润达不到期望，在亏本的边缘徘徊。由于利润低，没法雇佣高质量员工，也没法保留有经验的员工，人员流动大，每次培训新人都有学习曲线的问题，运输质量问题不断，造成恶性循环。一时间货运代理成了过街老鼠，人人喊打。

物流经理面对一年的合约期限，不能与货运代理中途毁约。由于很多具体要求当时没写入合同，他也没法有效约束货运代理。这位经理倍感棘手，只有一方面打压子公司的反对声音，一方面敦促货运代理整顿改进。然而，死猪不怕开水烫，货运代理没利可图，整改也是做做样子；强势打压则进一步激起不满，反对声音一浪高过一浪，投诉的级别也越来越高。不到半年，物流经理回天乏力，只好打包走人。

在 A 公司，类似的事以前也发生过。几年前是整合仓储业务，仓储服务商在日本找了家非常便宜的仓库，甚至把货物堆在露天场所，上面堆满了鸟粪。而这些货物动辄就是几千美元的单价，用在洁净度极高的无尘室工作环境。日本子公司极度不满，客户屡屡抱怨，直接导致上位经理的辞职。不过该公司的人员变动太频繁，从以前的那位到现在的这位，短短几年时间，中间至少走了两三位经理，以前的经验教训也没有传下来。

2.1　采购的含义及发展概况

2.1.1　采购的含义

采购是各个企业所共有的职能，是企业经营的起始环节，同样也为企业创造价值。随着企业规模的不断扩大及精细管理和信息技术的广泛应用，采购的作用日益突出。它不仅是保证生产正常运转的必要条件，也为企业降低成本、增加盈利创造条件。

狭义的采购是买东西，就是企业根据需求提出采购计划、审核计划、选好供应商、通过商务谈判确定价格和交货条件，最终签订合同并按要求收货付款的过程。这种以货币换取物品的方式，可以说是最普通的采购途径，无论个人还是企业机构，其消费或者生产的需求大都是通过购买的方式来实现的。因此，在狭义的采购之下，买方一定要先具备支付能力，也就是要有钱，才能换取他人的物品来满足自己的需求。

广义的采购是指除了以购买的方式占有物品之外，还可以通过其他途径取得物品的使用权，达到满足需求的目的。广义的采购除购买之外，还可以通过租赁、借贷和交换等途径来完成。

我们可以从以下几个方面来全面理解采购的概念：

(1) 采购是从资源市场获取资源的过程。采购对于生产或生活的意义在于能够提供所需要、但是自己缺乏的资源。这些资源，既包括生活资料，又包括生产资料；既包括物质资源(如原材料、设备、工具等)，又包括非物质资源(如信息，软件、技术文化用品等)。

(2) 采购是商流过程和物流过程的统一。采购的基本作用，就是将资源从资源市场的供应者手中转移到用户手中的过程。在这个过程中，一是要实现将资源的所有权从供应者手中转移到用户手中，二是要实现将资源的物质实体从供应者手中转移到用户手中。前者是个商流过程，主要通过商品交易、等价交换来实现；后者是个物流过程，主要通过运输，储存、包装、装卸、流通加工等手段来实现。

(3) 采购是一种经济活动。采购是企业经济活动的主要组成部分。既然是经济活动就要遵循经济规律，追求经济效益。在整个采购活动中，一方面，通过采购获取资源，保证企业正常生产的顺利进行，这是采购的效益；另一方面，在采购过程中也会发生各种费用，这就是采购成本。我们要追求采购经济效益的最大化，就要不断降低采购成本，用最少的成本获取最大的效益。而科学采购是实现企业经济利益最大化的基本利润源泉。要实现科学采购，就要科学地进行采购管理。

2.1.2 采购的发展历程

采购代表人类文明关系发展的一个阶段，它使人们通过贸易交换而不是用征服、掠夺或占据的方式来获得想要的东西。采购是一种古老的商业行为。在中东地区发掘出的公元前 2800 年左右的楔形文字瓦片上，镌刻着一段记载，译文大致如下：“供方，在首领统治期间每 15 天运送 50 罐添加香料的润滑油。作为回报，他将得到 600 小计量单位的谷子。此订单将无限期延续，直至采购方或其子嗣取消订购为止。”

尽管采购的历史悠久，但高效采购的重要性在 20 世纪中叶后才得到广泛承认，供应链采购战略近些年才出现在理论和实践中。

Reck 和 Long 归纳了采购的 4 个发展阶段。只有通过这 4 个阶段，采购才能成为市场竞争的有力武器(见表 2.1)。

表 2.1 采购职能发展中的各个策略性阶段

阶段	定义和特征	
第 1 阶段 被动阶段	定义	采购职能还未以战略为指导，而主要是对采购的需求做出初始反应
	特征	• 大量时间用在快速解决日常运作事务上 • 由于采购职能透明度低，其信息交流以功能性和单个性为主 • 供应商的选择根据价格和获取方便程度而定
第 2 阶段 独立阶段	定义	采购职能已采纳最新的采购技巧和方式，但其战略方向仍未与企业整体的竞争战略接轨，因此称为“独立”阶段
	特征	• 绩效仍主要以降低成本和提高效率来衡量 • 在采购和技术培训方面建立了协调关系 • 高级管理层意识到采购专业发展的重要性 • 高级管理层意识到在采购过程中有机会为创利做出贡献
第 3 阶段 支撑阶段	定义	采购职能通过掌握采购技巧和产品，支持企业的竞争战略，巩固企业的优势地位
	特征	• 采购被划归在销售计划小组中 • 供应商被看作是一种资源，强调其经验、动力和态度 • 市场、产品和供应商的动向时刻被注视和分析
第 4 阶段 综合阶段	定义	采购的策略已完全与企业整体战略接轨，并在企业其他职能中形成一股综合力量，制定并推行一个战略的计划
	特征	• 已有了为采购专业人员——主管提供的交叉功能培训 • 与其他职能部门的信息交流渠道已通畅无阻 • 专业的发展重点放在竞争战略的成分上 • 用对企业成功的贡献来衡量采购绩效

2.1.3 采购的地位

在传统思维里，采购就是拿钱买东西，目的就是用最少的钱买到最好的商品。但是随着市场经济的发展、技术的进步、竞争的日益激烈，采购已由单纯的商品买卖发展成为一种职能，一种可以为企业节省成本、增加利润、获取服务的职能。总体而言，采购由战术地位提高到了战略地位。采购的地位包括价值地位、供应地位、质量地位。

1) 采购的价值地位

采购成本是企业成本管理中的主体和核心部分，采购是企业管理中“最有价值”的部分，在工业企业的产品成本构成中，采购的原材料及零部件成本占企业总成本的比例随行业的不同而不同，大体在30%～90%，平均水平在60%以上。从世界范围来说，对于一个典型的企业，一般采购成本(包括原材料、零部件)占 60%，工资和福利占 20%，管理费用占 15%，利润占 5%，而在中国的工业企业中，各种物资的采购成本要占到企业销售成本的 70%。而现实中，许多企业在控制成本时将大量的时间和精力放在占总成本不到 40%的企业管理费用及工资和福利上，而忽视其主体部分——采购成本，因此往往事倍功半、收效甚微。

2) 采购的供应地位

从供应的角度来说，采购是整体供应链管理中“上游控制”的主导力量。

在工业企业中，利润与制造及供应过程中的物流和信息流流动速度成正比。在商品生产和交换的整体供应链中，每个企业既是顾客又是供应商，为了满足最终顾客的需求，企业都力求用最低的成本将高质量的产品以最快的速度供应到市场，以获取最大利润。从整体供应链的角度来看，企业为了获得尽可能多的利润，都会想方设法加快物料和信息的流动，这样就必须依靠采购的力量，充分发挥供应商的作用，因为占成本 60%的物料及相关的信息都发生或来自供应商。供应商提高其供应可靠性及灵活性、缩短交货周期、增加送货频率可以极大地改进工业企业的管理水平，如缩短生产总周期、提高生产效率、减少库存、增强对市场需求的应变力等。

3) 采购的质量地位

质量是产品的生命，采购物料不只是价格问题，更多的是质量水平、质量保证能力、售后服务、服务水平、综合实力等。有些商品看起来买得很便宜，但经常维修、不能正常工作，大大增加了使用的总成本；如果买的是假冒伪劣商品，就会蒙受更大的损失。

一般企业将质量控制按时序划分为采购品质量控制、过程质量控制及产品质量控制。由于产品中价值的 60%是通过采购由供应商提供的，毫无疑问，产品的质量很大程度上受采购品质量控制的影响。也就是说，保证企业产品“质量”要靠企业内部的质量控制，更要靠对供应商的质量控制。这也是“上游质量控制”的体现，上游质量控制得好，不仅可以为下游质量控制打好基础，而且可以降低质量成本，减少企业来货检验费用等。经验表明，企业要是能将 1/4 甚至 1/3 的质量管理精力用在供应商的质量管理上，那么企业自身的质量(过程质量及产品质量)水平起码可以提高 50%以上。可见，通过采购将质量管理延伸到供应商质量控制，是提高企业自身质量水平的基本保证。

2.2 采 购 战 略

2.2.1 采购战略的含义与作用

所谓采购战略，是指采购管理部门在现代采购理念的指导下，为实现企业战略目标，通过供应环境的分析，对采购管理工作所做的长远性的谋划和方略。在目前的企业采购中，采购的战略地位并没有得到重视，大多数企业仍采用由生产部根据生产的需要填写请购单，由行政部审批后，交给采购部这种采购流程。采购部的日常工作就是等待生产部和其他物资需求部门的请购单，然后再到市场上去寻找供应商。目前的市场对于大部分商品来说是买方市场，因而从常规状态下来看，采购部的工作非常轻松，所以在国内很多公司，对于采购部的重视程度远不如销售部等其他部门，总以为采购部是花钱的，采购工作很容易，在这样的背景下，重视采购战略的企业很少。其实，采购的作用并不仅如此，虽然采购成本在不同行业中的比例不同，但总体来说，采购成本是非常高的。据有关数据统计，降低 1%的采购成本相当于增加 10%的销售额。把销售额增加 10%，对于一个成熟的市场来说，是很难的事情。但把采购成本降低 1%，对于目前社会的采购水平来说，确是容易做到，因此，企业应该重新审视采购的角色和地位，把采购工作提升到战略的高度，制订对应的采购战略。

2.2.2 采购战略的内容

根据一般企业的特点，采购战略主要包括以下 5 个方面。

1) 采购活动定位

对于大中型企业来说，可能有成千上万的物品需要采购。若采取相同的方法来管理，就要考虑最复杂和最困难的情况，从而采取最繁杂的管理方法，进而加大了采购环节的管理成本。为了保证生产经营活动的顺利进行，又要尽可能降低采购成本，可依据物资对业务影响的重要程度和供应市场的复杂程度将采购活动分为 4 类，其分类模型如图 2.1 所示。

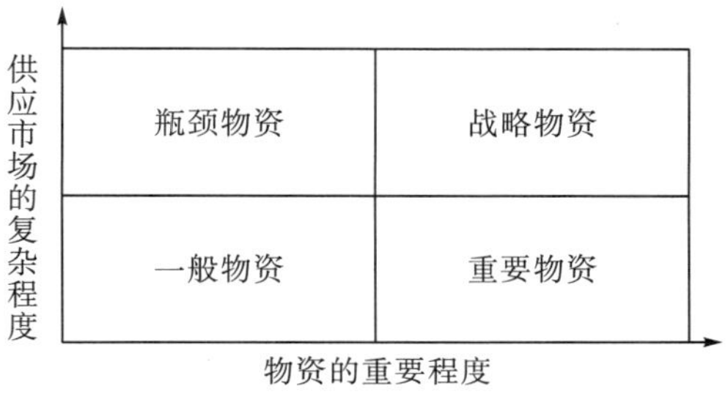

图 2.1 采购活动的分类模型

(1) 战略物资是指需求量大、价值昂贵，属于生产经营的关键性物资，其质量、价格和供应的可持续性对企业生产经营有重大影响。能够提供战略性物资的合格供应商不多，企业要想改为自制也不是短时间能够做到的。此类物资，需要平衡总体采购成本。

(2) 重要物资是指对企业生产经营很重要，价值昂贵、库存占有资金大、市场供应充足、企业选择余地大的物资。此类物资，采购方通常处于采购过程的有利地位，采购谈判过程中可以利用优势地位，实现利益最大化。

(3) 瓶颈物资是指企业对该类物资需求量不大，但是其质量对企业的生产影响很大，由于供应紧缺，企业对其没有多少讨价还价的余地。此类物资，采购重点需要评估监控供应风险。

(4) 一般物资是指本身价格不高，种类繁多，供应市场上容易获得的物资。此类物资宜采用简单有效的采购管理，降低采购过程成本。

以小米科技有限责任公司为例，主要采购产品分类如图 2.2 所示。①

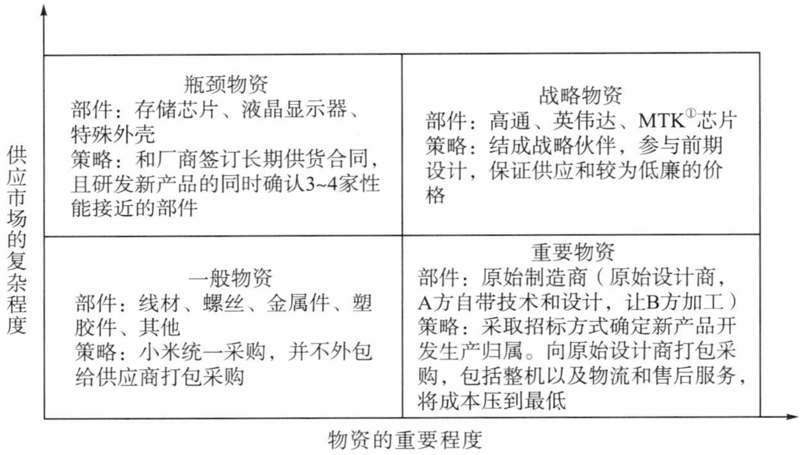

图 2.2　小米科技有限责任公司主要采购产品分类

2) 自制与外购决策

自制与外购决策是生产企业采购战略中的重要决策内容。生产企业在开发生产新产品，或自身生产能力和成本改变，或供应商的竞争能力和成本改变时，需要进行自制与外购决策。这项决策要同企业的核心业务相适应，同企业的总体战略相适应，还要受产品技术水平、工艺水平、生产能力、开发能力、投资能力、与供应商关系等诸多因素的影响。自制与外购的比较如表 2.2 所示。

① MTK，台湾联发科技有限公司。

表 2.2　自制与外购的比较

自制的好处	外购的好处
避免了与供应商的交易费用	减少存货成本
便于生产流程的协调	保证可替换资源
利用剩余劳动力和设备做出边际贡献	精力集中到企业的核心业务上
获得稳定的质量	降低投资风险
增加或保持企业规模	有利于获得规模效益
专门设计等私有信息不被泄露	易于增强效率和创新性

自制与外购的决策可采用费用转折点法。

【例 2.1】某厂生产一种产品，由于设备能力不足，某种零件需外购解决，每只单价为 10 元。如果自制需要增加设备，假定每年需增加固定费用 20000 元。自制时，估计该零件的单位可变费用为每只 5 元。该厂全年需此零件 5000 只，试问是外购还是自制该零件划算？

解：外购费用与自制费用相等时，即平衡点的产量。

设平衡点的产量为 N，则有外购费用：

$$W_1 = 10N$$

自制费用：

$$W_2 = 20000 + 5N$$

若 $W_1 = W_2$，则有

$$N = 4000$$

因为 $5000 > N = 4000$，所以 $W_1 > W_2$，应自制该零件。

3) 供应商管理战略

对供应商的管理是采购管理过程中的一项重要工作。企业可以从希望与供应商建立关系类型的角度对潜在供应商进行评估。针对某一特定采购物资，企业能够与供应商建立的关系类型应与该物资在采购活动定位模型中所处的位置相对应，该位置反映了企业所面临的风险和支出水平。对候选供应商，可以对之采用态势分析的方法，通过将一个供应商的优势和劣势与企业自身的优势和劣势对比，使企业了解双方之间有哪些优势和劣势可以相互弥补。企业通过对双方的相互关系进行分析，对供应商之间的关系可能给企业带来什么样的市场机会或产生什么样的威胁有一个总体的评价。

4) 采购成本战略

采购管理对于贯穿所有活动的成本地位具有潜在的重大影响。采购中的许多变革或策略都能够降低成本，迈克尔·波特提出了下列降低采购成本的策略：

(1) 采购投入的规格更准确地符合需要。

(2) 运用采购政策增加讨价还价的能力。保持足够的货源以确保竞争性；选择那些相互有竞争的供应商，在它们之间分配订单；随着时间变动给供应商一定的成交比例，不使供应商认为这是自己的一种权利；不时征求新的供应商的提议，以测定市场价格和搜集技术情报；用承包年采购量、分期交货来代替经常性的小批量采购，以加强采购规模；寻求与姊妹经营单位合伙采购的机会；任命高素质的采购经理，以采取更高级的采购方式；在信息上投资，以求更好地了解供应商的成本和供应市场状况；追求技术开发，以减少甚至消除那些因不能降低单位成本而不得不进行昂贵投入的需要。

(3) 选择适当的供应商并管理它们的成本。

5) 采购控制战略

好的战略需要周密的计划和执行，并要加强有效的管理和控制，才能实现战略目标。而建立专业化的采购团队，对于采购的绩效考核、采购流程的精心设计等都是保证有效管控的重要手段。因此，根据采购组织及管控模式确定适宜的采购岗位，制定清楚明确的岗位说明书和采购职责描述，依据企业战略和目标设立采购组织和个人的考核指标体系，才能保证战略计划有效实施。

案例 2.1

联合快递的采购战略

埃米莉·史密斯坐在她的办公室，眺望窗外，陷入深思。作为专营包裹速递业务的联合快递公司采购部经理，她的职责是制订影响公司业务的所有供应管理战略及处理相关事务。此时，埃米莉刚与负责供应链管理的副经理伯尼一起离开员工会议现场，会场的一切还历历在目。

会议一开始，伯尼就将采购小组与营销小组进行了比较，这对供应经理们来说并不是件令人鼓舞的事情。伯尼说他与营销副经理开了一整天的战略联盟会议，会议就以客户为中心的营销策略的重要性和创建性达成共识。伯尼说当轮到他描述公司现在和未来的采购策略时，他感到与营销部的客户中心的策略相比较，真的很尴尬。然而员工们知道伯尼并不是只为了讲出他的尴尬，用一名员工的话来说："伯尼是为了激励我们。"

伯尼说联合快递的采购战略常常不一致，有时甚至是相互冲突的。例如，一组要与一个供应商发展伙伴关系时，另一组却要对这个供应商"尽力压价"。一组要与单个供应商签订采购合同，而另一组却坚持每个采购项目都要选择两个以上的供应商。有关长期还是短期供应合同的激烈讨论让伯尼头疼。伯尼最后以这段话结束了会议："我们的底线是取得一致的行动。面对一项采购要求，每个采购小组都在自顾自地依其现时的需要改变原来的规则。我们的行动不具有一致性。我们没有制订保证整个公司成功的战略。我们在自己的范围内思考和行动，而没有考虑整个公司的要求。埃米莉，我希望你和你的下属马上考虑一下这个问题。”

埃米莉对伯尼的话感到无所适从，尤其是他关于整个联合快递追求广泛多样化采购战略的要求。虽然采购小组制订的采购战略有时看起来不一致，但每项采购决定也往往是对不同情况的合理应对。尽管她这么想，但她也明白联合快递无疑会从统一的采购战略制订程序或采购战略制订框架中受益。而这一程序必须对每个采购小组都具有实用性。埃米莉也明确了有必要对采购要求进行细分的观点，细分采购就需要每个采购小组制订一套合理的应对策略。联合快递真的应该以相同的方式购进低成本的办公用品和高成本的运输服务吗？

2.3　采购计划与预算

2.3.1　采购计划

1. 采购计划的概念

采购计划是为了维持正常的产销活动，对在某一特定的期间内应在何时购入何种、多少材料的一种预先安排。一般情况下，在生产企业中，采购计划是根据生产计划编制的，而在流通企业中，采购计划则是根据销售计划编制。

2. 决定采购计划的基础资料

1) 生产计划

根据企业的销售预测及人为判断，就可以拟定销售目标和销售计划。销售计划表明各种产品在不同时间的预期销售数量，而生产计划则是依据销售数量，加上预期的期末存货减去期初存货来制定的。

2) 用料请单

一般生产计划只列出产成品的数量，而不能表示某一种产品需用哪些物料，以及数量多少，因此必须借助于物料清单(bill of material，BOM)。物料清单是由研究发展或产品设计部门制成的，根据物料清单可以精确地计算出制造每一种产品的物料需求。物料清单上所列的耗用量即通称的标准用量，与实际用量相互比较，可作为用料管理的依据。

3) 存量卡

如果产成品有存货，那么生产数量不一定要等于销售数量。同理，若材料有库存，则材料采购数量也不一定要等于材料需用量。因此，企业首先必须建立物料的存量卡，以表明某一物料目前的库存状况；然后依据需求数量，考虑购料的时间和安全库存量，算出正确的采购数量；最后才开具请购单，进行采购活动。

2.3.2 采购计划的编制

采购计划的编制主要有以下几个环节：

1. 准备订单计划

准备订单计划主要分为 4 个方面的内容：

(1) 了解市场需求。市场需求是启动生产供应程序的基础，要想制订比较准确的订单计划，企业首先必须掌握市场需求计划或者是市场销售计划，进一步分解市场需求便可得到生产需求计划。企业的年度销售计划一般在上年的年末制定，并报送至各个相关部门，同时下发到销售部门、计划部门、采购部门，以便指导全年的企业运转，然后再根据年度计划，再制定季度、月度的市场销售需求计划。

(2) 了解生产需求。生产需求在采购中也被称为生产物料需求。生产物料需求的时间是根据生产计划而产生的，通常生产物料需求计划是订单计划的主要来源。为了便于理解生产物料需求，采购计划人员需要深入分析生产计划以及工艺常识。在 MRP 系统中，物料需求计划是主生产计划的细化，其主要来源于主生产计划、独立需求的预测、用料清单、库存信息。编制物料需求计划的主要步骤包括：决定毛需求；决定净需求；对订单下达日期及对订单数量进行计划。

(3) 准备订单背景资料。准备订单背景资料是非常重要的一项内容。订单背景是在订单物料的认证完毕后形成的，订单背景资料主要包括：订单物料的供应商消息、订单比例信息(对有多家供应商的物料来说，每一个供应商分摊的下单比例称为订单比例，该比例由供应商管理人员规划并给予维护)、最小包装信息、订单周期(从下单到交货的时间间隔，一般以天为单位)。

(4) 制定订单计划说明书。制定订单计划说明书也就是准备好订单计划所需要的资料，其主要内容包括：订单计划说明书(物料名称、需求数量、到货日期等)、附件，如市场需求计划、生产需求计划、订单背景资料等。

2. 评估订单需求

评估订单需求是采购计划中非常重要的一个环节。只有准确地评估订单需求，才能为计算订单容量提供依据，以便制订出好的订单计划。它主要包括以下三个方面的内容：

(1) 分析市场需求。市场需求和生产需求是评估订单需求的两个重要方面，订单计划不仅仅来源于生产计划。一方面，订单计划首先要考虑企业的生产需求，生产需求的大小直接决定了订单需求的大小；另一方面，制订订单计划还要兼顾企业的市场战略以及潜在的市场需求等，此外，制订订单计划还需要分析市场资料的可信度。

(2) 分析生产需求。分析生产需求是评估订单需求前要做的工作。需要研究生产需求的产生过程，再分析生产需求量和要货时间。例如，企业根据生产计划，对零部件的清单进行检查。每周都有不同的毛需求量和入库量，于是就产生了不同的生产需求，企业要对不同时期产生的不同生产需求进行分析。

(3) 确定订单需求。根据对市场需求和对生产需求的分析结果，就可以确定订单需求。通常来讲，订单需求的内容是：通过订单管理，在未来指定的时间内，将指定数量的合格物料采购入库。

3. 计算订单容量

计算订单容量是采购计划中的重要组成部分。只有准确地计算好订单容量，才能对比需求和容量，经过综合平衡，最后制定出正确的订单计划。计算订单容量主要有以下 4 个方面的内容：

(1) 分析供应资料。对于采购工作来讲，所要采购物料的供应商的信息是非常重要的一项信息资料。如果没有供应商供应物料，那么无论是生产需求还是紧急的市场需求都无从谈起。举一个简单的例子，某企业想设计一家练歌房的隔音系统，隔音玻璃棉是完成该系统的关键材料，经过考察，该种材料被垄断在少数供应商的手中。在这种情况下，企业的计划人员就应充分利用这些情报，在下达订单计划时就会有的放矢了。

(2) 计算总体订单容量。总体订单容量是多方面内容的组合，主要包含两个方面：一是可供给物料的数量，二是可供给物料的交货时间。举一个例子来说明这两方面的结合情况：A 供应商在 12 月 31 日之前可供应 5 万个特种按钮（Ⅰ型 3 万个，Ⅱ型 2 万个），B 供应商在 12 月 31 日之前可供应 8 万个特种按钮（Ⅰ型 4 万个，Ⅱ型 4 万个），那么 12 月 31 日之前Ⅰ和Ⅱ两种按钮的总体订单容量为 13 万个，其中，Ⅱ型按钮的总体订单容量为 6 万个。

(3) 计算承接订单容量。承接订单是指某供应商在指定的时间内已经签下的订单。仍以前一个例子先例：A 供应商在 12 月 31 日之前可以供给 5 万个特种按钮（Ⅰ型 3 万个，Ⅱ型 2 万个），若是已经承接Ⅰ型特种按钮 2 万个，Ⅱ型 2 万个，那么对Ⅰ型和Ⅱ型物料已承接的订单量就比较清楚[Ⅰ型(2 万个)＋Ⅱ型(2 万个)=4 万个]。

(4) 确定剩余订单容量。剩余订单容量是指某物料所有供应商剩余的可供物料的总和，可以用下面的公式表示：

$$\text{物料剩余订单容量}=\text{物料供应商总体订单容量}-\text{已承接订单量} \tag{2.1}$$

4. 制订订单计划

制订订单计划是采购计划的最后一个环节，也是最重要的环节，主要包括以下 4 方面：

(1) 对比需求与容量。对比需求与容量是制订订单计划的首要环节，只有比较出需求与容量的关系，才能科学地制订订单计划。如果经过对比发现需求小于容量，即无论需求多大，容量总能满足需求，则企业要根据物料需求制订订单计划。如果供应商的容量小于企业的物料需求，则要求企业根据容量制订合适的物料需求计划。这样就产生了剩余物料需求，需要对剩余物料需求重新制订计划。

(2) 综合平衡。综合平衡是指综合考虑市场、生产、订单容量等要素，分析物料订单需求的可行性，必要时调整订单计划，计算容量不能满足的剩余订单需求。

(3) 确定余量计划。在对比需求与容量时，如果容量小于需求，就会产生剩余需求，对于剩余需求，需要提交计划制订者处理，并确定能否按照物料需求规定的时间及数量交货。

(4) 给出订单计划。制订订单计划是采购计划的最后一个环节，订单计划做好之后就可以按照计划进行采购工作了。一份订单包含的内容有下单数量和下单时间两个方面。

$$\text{下单数量}=\text{生产需求量}-\text{计划入库量}-\text{现有库存量}+\text{安全库存量} \tag{2.2}$$

$$\text{下单时间}=\text{要求到货时间}-\text{认证周期}-\text{订单周期}-\text{缓冲时间} \tag{2.3}$$

2.3.3　采购预算

1. 采购预算的含义

预算是一种用金额表示的计划，采购预算是采购部门根据采购计划所制订的采购频率以金额来表现的形式。采购预算依据销售预算和生产预算，并考虑资金周转速度等因素，同时也受企业整个年度资金预算的约束。

预算过程从审查采购目标开始，到分解为实现这些目标所要完成的具体工作计划和预测所需的各种资源，再到根据这些资源确定采购预算。采购预算的制订与采购调查、采购计划密切相关，因此，采购预算的时间范围应与采购计划保持一致，不能过长或过短，长于计划期的预算没有实际意义，会造成人力、物力和财力的浪费；而过短的预算又不能保证采购计划的顺利执行。

2. 采购预算的作用

(1) 促进采购计划的顺利执行，减小企业的经营风险与财务风险。采购预算的基础是采购计划，采购预算能促使采购经理提前制订采购计划，避免企业盲目发展，遭受不必要的经营风险和财务风险。

(2) 便于各部门之间的协调，利于企业总体目标的实现。企业可通过编制采购业务预算，为采购部门和其他职能部门在计划期间的工作分别制定目标，明确各个部门的权利、责任和义务；各部门通过执行预算，明确自己在整个企业所处的地位与作用，使各部门在工作时能从全局出发，协调合作，以利于企业总体经营目标的实现。

(3) 有利于部门之间合理安排有限资源，保证资源分配效率。受到各种条件的限制，企业所获得的可分配的资源和资金是有限的，企业通过编制采购预算和其他业务预算，能够充分考虑各部门的资源需求，并合理安排，保证资源得到最充分的利用，实现以最少的投入获得尽可能多的经济效益。

(4) 有利于企业对采购成本进行监督、控制。业务预算是分析、控制各项经济活动的工具，采购部门认真编制切实可行的采购预算，并严格执行，可以避免不必要的开支，降低采购成本。

3. 采购预算的类型

采购部门中主要有 4 个领域受到预算控制，即原料采购预算；维护、修理和运营(maintenance repair operation，MRO) 物品采购预算；资产采购预算及采购运作预算。

(1) 原料采购预算。原料采购预算就是确定用于生产既定数量的产品或提供既定水平的服务所需要的原材料的数量和成本。通过它可以推断出用于原料采购所需要的资金，这对原料的投资很关键，预算的金额是根据生产或销售的预期水平及计划期的原料估计价格来确定的，所以，需求量的预期与价格的预测的准确性直接关系到原料采购预算金额的准确性。

(2) MRO 物品采购预算。MRO 物品一般是指不进入最终产品的零件和用品，属于间接材料，包括办公用品、实验用品、润滑油、小工具、机器修理等，MRO 物品预算是为维护、修理和运营活动所需用料提供采购预算，一般预算期为 1 年。

(3) 资产采购预算。资产预算是指确定企业固定资产的采购数量及其成本。因为固定资产的采购通常是企业支出中较大的部分，所以固定资产采购成本的高低对于企业采购成本的高低有着重大影响，而严格、准确的固定资产预算是确保固定资产采购成本降低的基础。

(4) 采购运作预算。采购运作预算是指对采购运作过程中发生的所有费用进行确定。运作费用包括工资、供热费、电费、电话费、传真费、邮费、电子数据处理成本、购置办公设施和办公用品的费用、旅游与招待费用、参加研讨会和专业会议的人员的教育费用、商业杂志订阅费等。在制订运作费用预算时要以下一个会计年度的预期业务和行政工作量为基础，同时参考过去的运作费用支出情况。

4. 制订采购预算的依据

采购预算是采购计划顺利实施的保证，制订采购预算的依据有以下两个方面：

(1) 物料标准成本。在制订采购预算时，由于难以准确预测计划采购物料的价格，一般以标准成本代替计划采购物料的价格，标准成本是指在正常和高效率的运转情况下制造产品的成本，而不是指实际发生的成本。标准成本可以根据过去的采购资料来确定，或由工程技术人员根据生产流程严密精确地计算，企业可以用标准成本来对实际成本加以控制。

(2) 价格预期。虽然对预购物料的价格进行预测难度很大，但企业仍需从影响价格变动的因素入手，尽可能准确地对物料价格进行预测。影响价格变动的因素有很多，包括生产物料所用的投入品的价格、该物料的市场供求状况、国家的经济形势、汇率变化等因素。采购人员应认真分析，力求把握准确的价格预期。价格预期判断不准确，会造成采购预算的偏差。

5. 采购预算的编制步骤

采购预算的编制同其他类型预算的编制过程一样，也包含以下几个步骤：

(1) 明确企业及部门的战略目标。预算的最终目的是保证企业目标的实现，采购部门在编制预算前首先要了解企业总的发展目标和本部门的目标，以确保两者之间相互协调，保证采购部门设立的预算标准能够很好地体现企业目标的要求。

(2) 制订详细的工作计划。采购部门要根据本部门的目标制订出具体的工作计划，列出在未来计划期内详细的工作计划表，将其作为制订预算明细的依据。

(3) 确定所需的资源。根据详细的工作计划表，采购部门就可以对所需支出进行估计，确定为完成这些具体工作所需要的人力、物力和财力资源。

(4) 提出准确的预算数。这一步是预算编制的重点，也是预算编制的难点之一，因为确定采购预算要面临大量的不确定因素。采购预算的数量可以依据以往的经验来判断，也可以借助数学工具和统计资料通过科学分析来预测。目前，企业普遍的做法是将采购目标与历史数据相结合来确定预算数，即通过对历史数据和未来目标逐项分析，使收入和成本费用等各项预算合理并切实可行。

(5) 汇总。最初的预算来自各个分单元或各个岗位，需要把这些最基层的预算数字层层汇总，形成总体预算。

(6) 提交预算。将编制好的预算提交企业负责人审批。

(7) 修改预算。采购预算是关于预计支出的动态模型，它反映的是未来的采购支出。由于企业外在环境总是处于不断变化之中，因此，采购部门需要根据实际情况的变化不断修改采购预算，以确保预算能最大限度地反映实际的支出情况。

案例 2.2

耐奇苹果公司采购预算编制

1. 公司背景

耐奇苹果公司是纽约北部的一家苹果加工厂，主要生产苹果酱和苹果派的馅心；该公司向当地的果农采购麦克考斯和格兰尼斯两种品种的苹果；如果当地苹果的生产量低于预期值，公司将在现货市场上进一步采购；如果收获的苹果高于公司所能处理的数量时，多余的苹果也可以在现货市场上售出。

2. 公司预算过程

耐奇苹果公司的预算过程中包括三个关键的构成部分，即采购、销售和生产，其中，生产预算如表 2.3 所示，采购预算如表 2.4 所示。一旦关于这三项要素的预算得以确定，即可确定最终存货的预算数，可以编制直接人工及制造费用的预算。而直接人工预算、制造费用的预算和直接材料预算可决定销售产品成本的预算。

表 2.3　耐奇苹果公司财务年度的生产预算表

名称	预算数/箱	麦克考斯苹果/千磅①	格兰尼斯苹果/千磅
苹果酱	130000	7800	5200
苹果派的馅心	63000	3150	1890
总计	—	10950	7090

表 2.4　耐奇苹果公司财务年度的苹果采购预算表

项目	数量/千磅		售价/(美元/千磅)		成本/万美元		总计/万美元
	麦克考斯苹果	格兰尼斯苹果	麦克考斯苹果	格兰尼斯苹果	麦克考斯苹果	格兰尼斯苹果	
长期采购合同	10900	8000	380	310	414.2	248.0	662.2
市场采购	50	(910)	450	300	2.25	(27.3)	(25.05)
总计	10950	7090	—	—	416.45	220.7	637.15
单位成本(美元/千磅)	—	—	380.32	311.28	—	—	—

2.4　采购运作模式

2.4.1　集中采购与分散采购

依据采购活动的主体，对象及其采购范围等特征，采购运作模式可分为集中采购模式和分散采购模式。美国高级采购中心(CAPS Research)研究指出：没有数据表明集中采购是唯一趋势。集中与分散，主要由经济环境和业务需求决定。

1. 集中采购

集中采购是指企业在核心管理层建立专门的采购机构，统一管理企业所需物品的采购

① 1 千磅≈0.454 吨

业务，即企业生产中所需物资的采购任务都由一个部门负责，其他部门(包括分厂、分公司)无采购职权。跨国公司全球采购部门的建设是集中采购的典型应用。它以组建内部采购部门的方式统一管理分布于世界各地分支机构的采购业务，减少采购渠道，通过批量采购获得价格优惠。集中采购模式如图 2.3 所示。

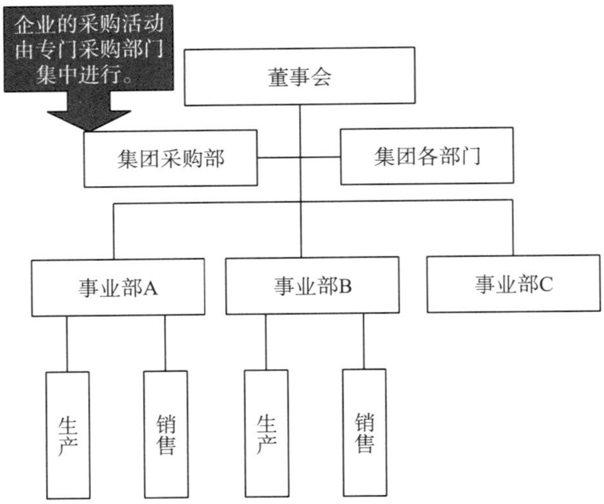

图 2.3　集中采购模式

集中采购模式的优点主要有以下几个方面：

(1) 可以降低企业采购费用，集中采购可以使采购数量增加，增加与卖方的谈判筹码，比较容易获得价格上的折让和良好的服务。

(2) 有利于实现采购作业及采购流程的规范化和标准化，提高采购效率。

(3) 有利于对采购工作实施有效控制，集中采购有利于对各部门和工厂所需物品的信息归集，进行统筹安排，减少采购次数，综合调配物资，防止采购过剩。

(4) 可以统一组织供应，合理配置资源，最大限度地降低库存。

(5) 有利于降低人力资源的耗用，推进员工的专业分工，降低采购作业的成本。

(6) 有利于采购方与供应商之间建立良好的合作关系，在技术开发、货款结算、售后服务支持等诸多方面进行合作，对于供应商而言，不必同时与采购方的多个内部机构打交道，而只需要和采购经理联系即可，可以推动供应商的有效管理。

集中采购模式也存在不足，主要表现在以下方面：

(1) 采购流程过长，时效性差，难以适应零星、地域性及紧急性的采购。

(2) 非共同性物料集中采购，难以得到数量折扣利益，集中采购的价格优势无从体现。

(3) 采购主体与使用主体相分离，缺乏激励，很难衡量采购绩效。

集中采购适用于企业各部门集中生产办公，能缩短决策时间的情况。若企业的生产规模不大，采购物品品种单一，没有很大差别，集中采购就能体现它的优越性。

集中采购的对象通常包括：

(1) 大宗货物或批量物品，价值高的物品。

(2) 关键零部件、原材料或其他战略资源，保密程度高、产权约束多的物品。

(3) 容易出问题或已出问题的物品。

(4) 最好是定期采购的物品，以免影响决策者的正常工作。

2. 分散采购

分散采购是指由各单位自行设立采购部门负责采购工作，以满足部门生产需要。分散采购的组织主体是各预算单位，其采购范围与分散程度相关，一般情况下，主要是特殊采购项目。分散采购是集中采购的完善和补充，有利于采购环节与存货、供料等环节的协调配合，有利于增强基层工作责任心，使基层工作富有弹性和成效。分散采购模式见图 2.4。

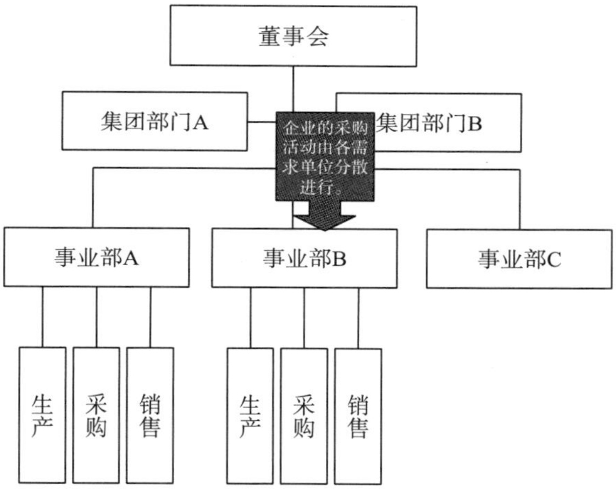

图 2.4　分散采购模式

分散采购模式可以有效地完善和补充集中采购模式的不足：

(1) 有利于增强采购主体的自主权，增强基层工作的责任心、积极性。

(2) 有利于采购各环节的协调配合，且手续简单、过程短、直接快速，同时占用资金和库存空间较小。

(3) 有利于缩短采购时间，使采购工作不延迟，有效应付紧急之需，能够满足采购对及时性和多样性的需求。

(4) 如果企业集团各公司或部门比较分散，还有利于采购物品的分散储存，分散经济责任，各采购部门可因地制宜，灵活制定采购规则。

实行分散采购也有缺点：

(1) 采购权力分散，不利于企业统一核算，易于导致暗箱操作。

(2) 采购数量分割，无法获得价格优惠，不利于采购成本的有效降低。

(3) 监控效果较差，不便于监督管理，可能会造成供应中断，加大采购成本，影响生产活动的正常进行。

分散采购适合于那些规模较大，需要因地制宜地采用不同采购活动的企业，如大型生产企业或大型流通企业或实行事业部制的企业。

分散采购的对象通常是：

(1) 批量小、价值低、总支出在产品经营费用中所占比重小的物品。

(2) 市场资源有保证，易于送达且物流费用较少的物品。

(3) 新产品开发、研制、试验所需要的物品。

2.4.2 联合采购

联合采购，是指一种由多个企业因相同需求而形成的采购联盟的采购模式。这种模式具有降低采购价格、节约管理费用、节省前期投入、建立战略合作、共享库存资源、减少运输费用的优势。作为一种新兴的采购模式，在欧美等国已被广泛应用。

1. 联合采购的优势

联合采购的优势包括：

(1) 价格优惠，降低采购成本。由于联合采购数量巨大，通常都会引起投标厂商的激烈竞价，因此，企业不仅可以得到特别优惠的采购价格，而且还可以降低各联合企业的采购费用。

(2) 统筹管理，降低管理费用。如果参与联合采购的企业所采购的物品相同、在采购及质量保证的相关环节的要求上相同，就可以在管理上实施联合，归口管理相关工作，促进信息交流、提高采购绩效。同时，联合后的费用可以由各企业分担，从而使费用大大降低。

(3) 联合运输、降低运费。企业在运输环节上的联合，可通过合并小重量的货物运输，使单次运量加大，从而可以以较低的运费率计费，减少运输费用支出。

(4) 统筹仓储，减少库存积压、资金占用。通过实施各企业库存资源的共享和物品的统一调拨，可以大幅度地减少备用物品的积压和资金占用，提高各企业的紧急需求满足率，减少因物品供应短缺造成的生产停顿损失。

2. 联合采购的劣势

联合采购的劣势包括：

(1) 采购作业手续复杂。由于参与的企业较多，因此联合采购的过程需要许多的沟通与协商，手续复杂，主办单位工作量大。

(2) 采购时机与条件未必能配合所有联合企业。如有些企业库存较少，希望到货时间越快越好；反之，库存较多的企业则希望到货时间越慢越好。

(3) 造成联合垄断。参与联合采购的企业可能利用联合采购，控制进出货品的数量，配合联合采购的付款条件，达到操纵市场价格的目的，形同联合垄断，对消费者或下游工业用户造成不公平的交易。

3. 联合采购的具体形式

(1) 采购战略联盟体。采购战略联盟是指两个或两个以上的企业出于对整个国际市场的预期目标和企业自身经营目标的考虑，采取一种长期联合与合作的采购方式。这种联合是自发的、非强制性的，联合各方仍保持各个企业采购的独立性和自主权，彼此依靠相互间达成的协议以及经济利益的考虑联合成松散的整体。

(2) 通用材料的合并采购。这种方式主要运用于有互相竞争关系的企业之间，通过合并通用材料的采购数量和统一归口采购来获得大规模采购带来的低价优惠。在这种联合方式下，每一项采购业务都交给采购成本最低的一方去完成，使联合体的整体采购成本低于各方原来进行单独采购的成本之和，这是这些企业的联合准则。这种合作的组织策略主要分为虚拟运作策略和实体运作策略。虚拟运作策略的特点是组织成本低，它可以不断强化合作各方最具优势的功能和弱化非优势功能。

(3) 基于行业协会的联合采购。基于行业协会的联合采购是指企业通过行业协会的牵头实施联合采购。由于行业协会对行业的专业知识和本行业的市场信息掌握得比较全面，因此，采购的物品不仅能够充分利用规模效益，降低采购成本，而且还能保证质量。

(4) 第三方运营的联合采购模式。这种模式的优点是由于第三方是一个专业性的组织，通过其进行联合采购，企业可以享受到专业化的服务，比独立采购有优越性。

案例 2.3

联信公司的集中采购策略

美国联信公司(Allied Signal，1999 年与 Honeywell 合并为 Honeywell International)是美国一家生产空间电子设备和汽车零件的公司，年均产值 118 亿美元。公司在价格斗争上采取了双管齐下的战术：一方面，和新的供货者建立联系时，公司要求一次性地大幅度降价，同时还要他们承担每年下降零件成本 6%的义务；另外还要增加送货次数，以降低自动储存系统(automated storage system，AS)的库存量。当然协议不是单边的，AS 在协议中也同意逐年增加订货量，以帮助生产者。

1993 年，联信与 Baja Orient(一家为联信货车厂制造铝铸件的公司，以下简称 BO)签订了长期合同。联信也要求每年降价 6%。然而 1994 年遇到了一个意想不到的问题：占每件铸件成本五分之一的铝价上升了 50%以上。为了帮助 BO 克服铝价上涨，联信决定扩大订货量，由 1991 年的 50 万美元增加到 1994 年的 600 万美元，使 BO 在 1994 年完成了下降价格 6%的指标。以后联信又决定再向 BO 增加压缩机外壳铸件的订货。供货者尽管付出了代价，但最终还是得到了回报，供需双方建立了良好的合作关系。

联信一年要消费消耗品 8 亿美元，公司将需要购买的主要物品集中起来，每年向各供应商协商，然后选择一家价格最低的供货商，集中向其订货，极大地降低了费用。以阀门、管子和接头为例，1993 年联信所属的 150 个厂家曾向不少于 400 家的供货者订货。1994 年公司所有这些业务集中安排在一个公司的合同中，总量为 1 千万美元。这样，无止境的日常订货手续不见了，工厂通过电子订货，能在 48 小时内收到订货。供货者每月给每个工厂送去账单。如此安排，使联信每月削减了消耗品费用 5 千万美元，而管理费用也削减了 100 多万美元。

2.5 采购方法

2.5.1 招标采购

招标采购是一种使用越来越广泛的采购方法，已经受到人们越来越多的关注。本节主要介绍招标采购的一些基本做法及有关招标投标法方面的知识。

1. 招标采购的含义

所谓标，是指标书，就是任务计划书、任务目标。所谓招标采购，是指通过招标方式寻找最好的供应商的采购方法，它是政府及企业采购中的基本方式之一。招标采购最大的特征是公开，凡符合资质规定的供应商都有资格参加投标。

从招投标业务活动来看，我国建设工程的招投标较多一些，也开展得早一些。在采购领域，机电设备的招标采购走在前头，而企业在物资采购中使用招投标的方式相对比较少。政府采购的兴起与盛行，为招标采购提供了一个广阔的市场。因为政府采购的批量大，要求公开、公正和公平，所以随着政府采购的广泛开展，招标采购有了较大的发展。

2. 招标采购的适用范围

招标采购一般是一项比较庞大的活动，涉及面广，耗费人力、财力、物力较多，因此一般只适宜于比较重大的或者影响比较深远的项目。如寻找比较长时期供应物资的供应商；或寻找一次批量比较大的物资供应商；或寻找一项比较大的建设工程的工程建设和物资采购供应商等。对于小批量物资采购和比较小的建设工程，则不宜采用招标方法。

3. 招标采购的种类

招标分为公开招标和邀请招标，其中，公开招标是指招标人以招标公告的方式邀请不特定的法人或者其他组织投标；邀请招标是指招标人以投标邀请书的方式邀请特定的法人或者其他组织投标。

2018 年 6 月 1 日起施行的《必须招标的工程项目规定》如表 2.5 所示。豁免招标和豁免公开招标的工程项目如表 2.6 所示。

表 2.5　必须招标的工程项目

范围	规模
公用事业；基础设施	施工单项合同估算价在 400 万元人民币以上
全部或部分使用国有资金	重要材料采购设备，单项合同估算价 200 万元人民币以上
外国政府、国际组织援建	勘察、设计、监理等服务的采购，单项合同估算价 100 万元人民币以上

注：范围、规模两条件同时具备才需要招标。

表 2.6　豁免招标和豁免公开招标的工程项目

招标→直接发包	公开招标→邀请招标
①涉及国家秘密、国家安全、抢险救灾的； ②以工代赈需要使用农民工的； ③施工主要技术采用不可替代的专利或专有技术(只有一家能做)的； ④已通过招标方式选定的特许经营项目投资人依法能自行建设的； ⑤采购人依法能够自行建设的； ⑥在建工程追加的附属小型工程或者主体加层工程，原中标人仍具备承包能力，并且其他人承担会影响施工或者功能配套要求的。	①项目技术复杂或有特殊要求，或受自然地域环境限制，只有少量潜在投标人可供选择的； ②采用公开招标方式的费用占项目合同金额的比例过大的。

1) 公开招标

公开招标又叫竞争性招标，是指由招标人在国家指定的报刊、信息网络或其他媒体上发布招标公告，邀请不特定的企业单位参加投标竞争，招标人从中选择中标单位的招标方式。

公开招标有不同的形式，常见的有按照招标步骤不同形成的单一步骤招标采购和两阶段招标采购，以及按照竞争程度不同形成的国际竞争性招标和国内竞争性招标。

(1) 单一步骤招标采购。单一步骤招标采购是指按照一般的招标程序进行的一步到位的招标采购方式。通常所讲的公开招标采购就是单一步骤招标采购方式。这种招标是在物资采购和建设项目没有特殊要求和规定的前提下，按照规范的步骤一次性完成。

(2) 两阶段招标采购。两阶段招标采购是一种特殊的招标采购方式，即对同一采购项目进行两次招标。第一次招标是采购单位要求供应商提交不含价格的技术标，目的是征求各供应商对拟采购项目在技术、质量或其他方面的建议。第二次招标是采购单位根据第一阶段征求的建议修改招标文件，要求供应商按修改后的招标文件提交最终的技术标和价格标。对大型、复杂或技术升级换代快的货物，如大型计算机、通信设备，以及特殊性质的土建工程，事先准备好完整、准确的技术规格有困难的，可采用两阶段招标采购方式。

(3) 国际竞争性招标。国际竞争性招标是指在世界范围内进行招标，国内外合格的投标商都可以投标。它要求制作完整的英文标书，在国际上通过各种宣传媒介刊登招标公告。世界银行规定，我国利用世界银行贷款的工业项目在100万美元以上的，要采用国际竞争性招标方式。

(4) 国内竞争性招标。国内竞争性招标是指在国内进行招标，要求用本国语言编写标书，在国内的媒体上登出广告，公开出售标书，公开开标。国内竞争性招标通常用于合同金额较小(世界银行规定在50万美元以下)、采购品种比较分散、分批交货时间较长、劳动密集型、商品成本较低而运费较高、当地价格明显低于国际市场等类型的采购。

公开招标的优点有以下几个方面：

(1) 公平。公开招标，使对该招标项目感兴趣又符合投标条件的投标者都可以在公平竞争条件下，享有中标的权利与机会。

(2) 价格合理。由于公开竞争，各投标者凭其实力(规格符合、成本最低)争取合约，而不是人为或特别限制规定售价，价格比较合理，且公开招标，各投标者均可自由竞争，因此招标者可获得最具竞争力的价格。

(3) 改进品质。因公开投标，各竞争投标者的产品规格或施工方法不一，可以使招标者了解技术水平与发展趋势，促进品质的改进。

(4) 减少徇私舞弊现象。各项资料公开，办理人员难以徇私舞弊，可以避免利用人情关系，减少作业困扰。

(5) 了解来源。透过公开招标方式可获得更多投标者的报价，扩大供应来源。

公开招标的缺点主要表现在以下几个方面：

(1) 采购费用较高。公开登报、招标文件制作与印刷、开标场所布置等，均需花费大量财力与人力；一旦中标无效，花费更大。

(2) 手续烦琐。从招标文件设计到签约，每一阶段都必须周详准备，并且要严格遵循有关规定，不允许发生差错，否则会造成纠纷。

(3) 可能产生串通投标。凡金额较大的招标项目，投标者之间可能串通投标，不实或任意提高报价，给招标者造成困扰与损失。

(4) 可能造成抢标。报价者或有现货急于变现，或有特权掩护，或基于销售或业务政策方面考虑等，而报出不合理的低价，可能造成恶性抢标，以致带来偷工减料、交货延误等风险。

(5) 衍生出的其他问题。事先无法了解投标企业或未能预先做有效的信用调查，可能会衍生出意想不到的问题，如倒闭、转包等。

2) 邀请招标

邀请招标是指由招标单位选择一定数目的供应商，向他们发出投标邀请书，邀请他们参加投标竞争，也称有限竞争性招标或选择性招标。一般选择3～10个投标企业参加较为适宜。

邀请招标的优点主要有以下几个方面：

(1) 节省时间和费用。由于被邀请参加投标的竞争者有限，可以节省资料搜集及规范设计等的时间和费用，且无须登报或公告，工作量可大幅度降低，提高每个投标者的中标机会，缩短招标有效期，节约招标费用。

(2) 比较公平。因为是基于同一条件邀请单位投标竞价，所以机会均等。虽然不像公开招标那样不限制投标单位数量。但公平竞争的本质相同，只是竞争程度较低而已。

(3) 减少徇私舞弊行为。邀请招标虽然可以事先了解可能参加报价的单位，但因仍需竞争才能决定，因此可以减少徇私舞弊行为。

邀请招标的缺点主要有以下几个方面：

(1) 可能存在串通投标。邀请招标串通投标的机会较大，很可能事先分配或轮流供应，而不能做到真正竞价或合理报价。尤其当投标单位规模不一时，竞争能力必有差异，可能出现弱肉强食、被大企业操纵的局面。

(2) 容易造成抢标。虽然投标单位报价竞标，也很有可能造成恶性抢标。有些投标单位甚至先以牺牲押金方式，以超低价格抢标，然后争取时效，在毁约重购时，谈妥串通投标，获取更多利益。

(3) 供应规格不一。由于可能由多家分配或轮流得标，所以供应的规格会有所差异，以致影响生产效率，增加损耗。

4. 招标采购的运作程序

招标采购是一个复杂的系统工程，它涉及各个方面各个环节。完整的招标采购过程可以分为策划、招标、投标、开标、评标、定标 6 个阶段。

1) 策划

招标活动是涉及范围很大的活动。因此，开展招标活动，需要进行认真、周密的策划。招标策划应做好以下 5 个方面的工作：第一，明确招标的内容和目标，对招标采购的必要性和可行性进行充分的研究和探讨；第二，仔细研究并确定招标书的标的；第三，对招标的方案、操作步骤、时间进度等进行研究决定，如是采用公开招标还是邀请招标，是自己亲自主持招标还是请人代理招标，分成哪些步骤，每一步怎么进行等；第四，讨论研究评标方法和评标小组；第五，把通过上述讨论形成的方案计划组织成文件，交由企业领导层讨论决定，取得企业领导决策层的同意和支持，有些甚至可能还要经过公司董事会的认可。

2) 招标

招标阶段是指采购方根据已经确定的采购需求，提出招标采购项目的条件，向潜在的供应商或承包商发出投标邀请的行为，是招标方单独操作的。在这一阶段，采购方需要做的工作主要有：确定采购机构和采购要求，编制招标文件，确定标底，发布采购公告或发出投标邀请，进行投标资格预审，通知投标商参加投标并向他们出售标书，组织召开标前会议等。招标人有权自行选择招标代理机构，委托其办理招标事宜；招标人具有编制招标文件和组织评标能力的，可以自行办理招标事宜。

招标文件应当包括招标项目的技术要求、资格审查标准、投标报价要求和评标标准等所有实质性要求和条件以及拟签订合同的主要条款。招标文件应当载明投标有效期，投标有效期自投标截止时起计算。招标文件中要求投标人提交投标保证金的，投标保证金不得超过招标项目估算价的2%且最高不得超过80万元人民币，投标保证金有效期应当与投标有效期一致。

国有资金项目招标应当设定最高投标限价，但不得设定最低投标限价。投标文件可以自行决定是否设定标底。有标底的，标底应当在开标时公布。标底仅作为评标参考，不得规定以接近标底作为中标条件，也不得规定投标报价超出标底上下浮动范围作为否决投标的条件。

招标人不得以不合理的条件限制或者排斥潜在投标人，不得对潜在投标人实行歧视待遇。

投标人少于三个的，招标人应当重新招标。

3）投标

投标文件应当对招标文件提出的实质性要求和条件做出响应。其中，投标文件内容需要经过认真研究、详细论证，因为这些内容是要和许多供应商竞争评比的，既要领先，又要合理，还要有利可图。

投标文件要在规定的时间准备好，包括一份正本、若干份副本，并且分别封装签名盖章，信封上注明“正本”“副本”字样，直接送达或寄到招标单位。

投标人在招标文件要求提交投标文件的截止时间前，可以补充、修改或者撤回已提交的投标文件，并书面通知招标人。补充、修改的内容为投标文件的组成部分。

联合体投标是指两个以上法人或者其他组织可以组成一个联合体，以一个投标人的身份共同投标。联合体投标的资格审查要求如下：

(1) 大型或结构复杂的工程，可以接受联合体投标(其他工程不能接受联合体)。

(2) 招标人应当在资格预审公告、招标公告或者投标邀请书中载明是否接受联合体投标。

(3) 资格预审的项目，联合体应当在提交资格预审申请文件前组成。联合体每个成员均应满足招标项目要求的资格条件。资格预审后联合体增减、更换成员的，其投标无效。

(4) 同一专业的不同单位组成联合体，按资质等级较低的确定联合体资质(注意：不同专业不按较低)。

(5) 联合体各方在同一招标项目中以自己名义单独投标或者参加其他联合体投标的，相关投标均无效。

4）开标

开标是采购机构在预先规定的时间和地点将投标人的投标文件正式启封揭晓的行为。

开标由招标人组织，邀请所有投标人参加。开标时，由投标人或其推选的代表检查投标文件密封情况，经确认无误后，由工作人员现场拆封，宣读投标人名称、投标价格和投标文件的其他主要内容。开标结束后，由开标组织者编写一份开标纪要，并存档备查。

5) 评标

评标由招标人依法组建的评标委员会负责。评标委员会由招标人的代表和有关技术经济等方面的专家组成，成员人数为 5 人以上单数，其中，技术、经济等方面的专家不得少于成员总数的 2/3。一般招标项目可以采取随机抽取方式选择评标委员会成员，特殊招标项目可以由招标人直接确定。与投标人有利害关系的人不得参与相关项目的评标，委员会已经参与的应当更换。评标委员会成员的名单在中标结果确定前应当保密。招标人应当采取必要的措施，保证评标是在严格保密的情况下进行的。任何单位和个人不得非法干预影响评标的过程和结果。评标委员会可以要求投标人对投标文件中含义不明确的内容作必要的澄清或说明，但是澄清或说明不得超出投标文件的范围或改变投标文件的实质，评标委员会应当按照招标文件确定的评标标准和方法，对投标文件进行评审和比较。

设有标底的，应当参考标底。评标委员会完成评标后，应当向招标人提出书面评标报告，并推荐 1～3 名中标候选人，并标明排序。招标人根据评标委员会提出的书面评标报告和推荐的中标候选人确定中标人，招标人也可以授权评标委员会直接确定中标人。

评标委员会成员不得私下接触投标人，不得收受投标人的财物或其他好处。评标委员会成员和参与评标的有关工作人员不得透露对投标文件的评审和比较、中标候选人的推荐情况以及与评标有关的其他情况。

6) 定标

定标是采购方决定中标人的行为。定标是采购方的单独行为，但需要由使用机构或其他人一起进行裁决。在这一阶段采购方所要进行的工作主要有：确定中标人；向中标人发出中标通知书，并同时将中标结果通知所有未中标的投标人，向他们退还投标保证金及同期存款利息。

以上是一般情况下招标采购的全过程，其中招标程序的时间要求如表 2.7 所示。

表 2.7　招标程序的时间要求

程序	时间
招标人发出(第一份)招标文件	提交投标文件截止时间至少 20 日前
招标人发售资格预审、招标文件	≥5 天
招标人澄清、修改招标文件	提交投标文件截止时间至少 15 日前
中标候选人公示	≥3 天
签订合同	发出中标通知书后 30 日内

2.5.2 非招标采购

非招标采购是指除招标采购方式以外的采购方式。达到一定金额以上的采购项目一般要求采用招标采购方式，但招标方式并不是最经济的，如需要紧急采购或采购来源单一时，则需要采用非招标采购。另外，在招标限额以下的采购活动也不需要采用招标采购。非招标采购主要有议价采购、询价采购、直接采购和定点采购等。

1) 议价采购

议价采购是指基于专利或特定条件，与个别供应商进行洽谈的一种采购方式。因不公开竞标或不当众竞标，而是买卖双方面对面讨价还价，所以称为议价采购。

议价采购是由采购商向供应商发询价表，邀请供应商报价；如供应商报价基本达到预期价格标准，即可签订采购合同，完成采购活动。议价采购主要适用于需求量大、质量稳定、定期供应的大宗物资的采购。

2) 询价采购

询价采购也就是货比三家，是指采购组织向国内外有关供应商(通常不少于三家)发出询价单让他们报价，然后在报价的基础上进行比较并确定中标供应商的一种采购方式。这种方式适用于采购现货或价值较小的、标准规格的设备或小型的土建工程。

3) 直接采购

直接采购是指在特定的采购环境下，不进行竞争而直接签订合同的采购方法，适用于不能或不便进行竞争性招标、竞争性优势不存在的情况，如有些货物或服务具有专卖性质，只能从一家制造商或承包商处获得。

4) 定点采购

定点采购一般是通过招标确定定点供应商，期限基本上是一年，在一年中，所确定的采购设备、货物或服务，按照日常提出的供货或服务需求，由定点供应商根据合同规定进行供货和服务，定期结算和支付。

案例 2.4

上海石化的招标采购

1. 背景

中国石化上海石油化工股份有限公司是国有控股公司。为了降低制造成本，公司除了减员分流增效，还对物资供应系统进行了改革，推行招标采购。通过招标采购，既降低了采购成本，又增进了团结。

2. 招标采购体系

1) 自行招标采购

以邀请招标采购为主。在长期的采购实践中，根据控制总量、提高质量、优胜劣汰、公正廉明的准则形成了具有 228 家成员的资源市场。

2) 关键设备采购——委托专业招标公司招标采购

根据物资的特点，将招投标具体分为进口设备、备件和材料、国内制造的大型设备等几大类。大型设备的招投标就委托专业招投标公司，如上海机电设备招标公司、中国石化国际事业公司等进行招标采购。其他备件材料自行招标采购。

【复习思考题】

1. 采购战略的含义是什么？实施采购战略对企业有哪些作用？
2. 什么是采购计划？影响采购计划的因素有哪些？
3. 集中采购与分散采购各有哪些优点和缺点？分别适用于什么条件？
4. 招标采购的主要程序有哪些？

【案例讨论】

混合采购在多个方面绩效最差

笔者曾看到过 Corporate Executive Board 的一份研究，讲的是集中采购和分散采购，以及两者的混合体：混合采购(图 2.5)。

由图 2.5 可知，集中采购的优点是在整个公司实施统一的流程、系统和策略，便于一致性；需求整合以后，规模效益增加，有了更强的议价能力，利于降低成本；决策离主要的决策者更近，容易战略聚焦。集中采购的缺点是远离用户，对用户要求往往不能完全了解，特别是独特的需求；需求变动了，集中采购的响应速度也比较慢。

分散采购呢，优点是贴近需求，能更好地与用户部门沟通，对需求的响应速度快，能更好地满足本地需求。但分散采购带来规模优势的丧失，议价能力下降，标准化程度也更低，采购运营的效率更低。

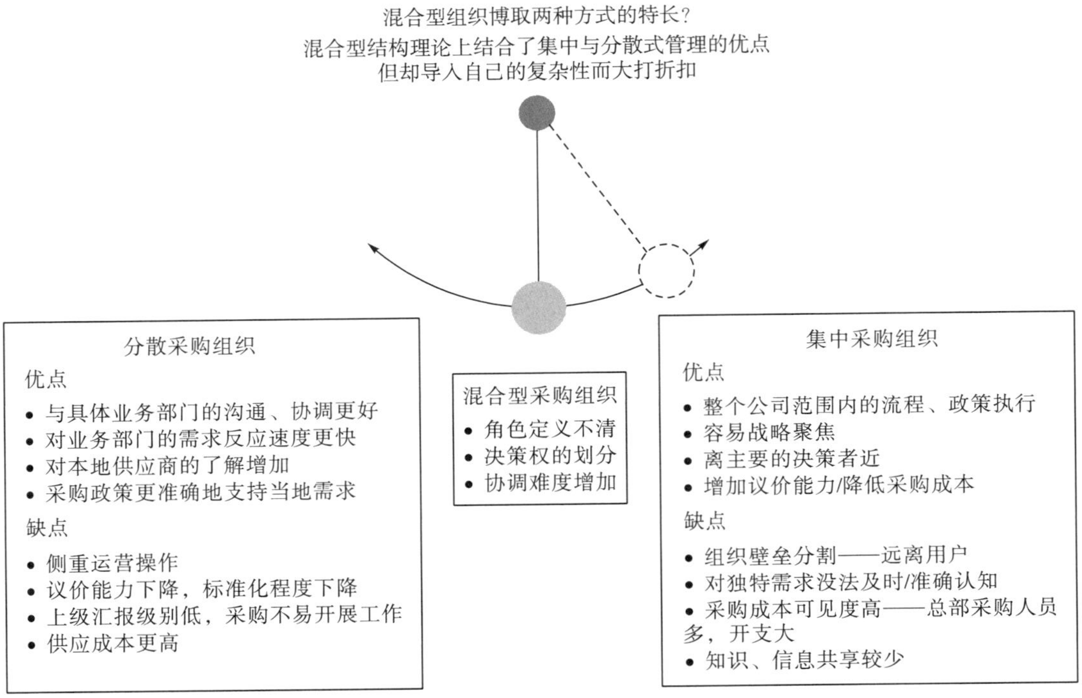

图 2.5　三种采购形式的特点

于是，很多公司想，我们来个混合结构，美其名曰“总部领导”：由总部制定政策、流程和系统，取得标准化优势；由事业部、分公司(基层)来按照统一的方法论，选择和管理供应商，贴近用户部门，更好地满足需求。这看上去很理想，其实有很多问题，比如角色定义不清，决策权划分不清，协调难度增加等。

这也体现在采购的整体绩效上。如图 2.6 所示，Corporate Executive Board 调查不同的采购组织下，4 种主要的采购绩效。“平均节支”是年度降本。因为规模效益，集中采购的节支比例最高，而分散采购最低，混合结构居于中间。这都符合常理。“平均花费在采购上的费用”主要指采购部门的成本，如员工的报酬、信息系统的维护等。集中采购的费用最低，没什么稀奇。按道理，分散采购的费用应该最高，但统计结果是混合结构的反倒更高。这估计跟混合模式下，责任、角色划分不清，沟通困难等，导致采购的效率低下，采购本身的成本更高。

“平均实际可控开支”统计的是所有开支中，有多大比例可由采购直接控制，如花了 100 元，有多少钱是纳入采购的控制，由采购决策的。不出意料，集中采购下，采购的控制能力最强；但混合模式控制能力最弱，有点出人意料。也就是说，混合模式下，总部和事业部的采购职能作为整体，控制力度反倒最弱。“采购合规”不是国内常说的“合法合规”，而是合同的履行。集中采购下，一大问题是总部选了供应商，签好了合同，基层以各种理由不用，所以这一指标应该比分散采购的低——分散采购下，选择权和管理责任都归事业部，所以履约率最高。混合结构按道理应该居中，但实际上最差，低于集中采购，再一次说明混合采购的不理想。

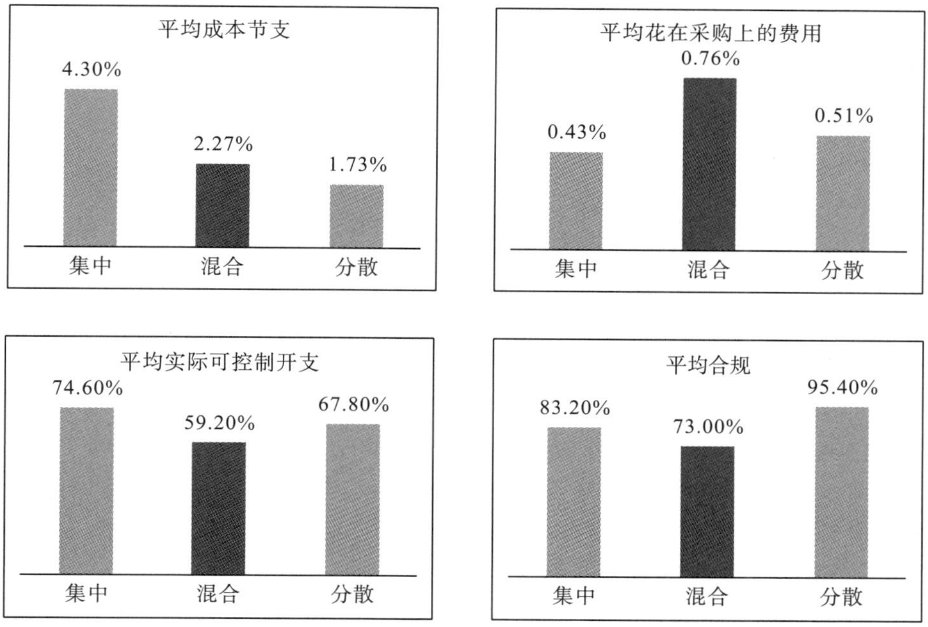

图 2.6 不同采购组织在多个指标上评比

需要说明的是，上述研究有两个缺陷：一是样本较小，只有三四十个企业；二是公司规模较大，一般都是财富 500 强规模的企业(虽然没有看到具体的规模统计，但是该研究机构的客户一般都较大，因为那些较大的企业才能用得起这个研究机构，来做这样的研究)。但是，整个研究反映出的混合采购的问题，还是比较符合常识。这从战略学上也能找到答案：企业要么追求差异化战略，要么追求低成本战略，这是两个极端，但不能“骑墙”，走中间路线，否则的话就会夹在中间——战略之大忌。这也像打太极拳一样，身体重心要不落在前脚，要不落在后脚，但就不能落在中间——双重之下，就容易被对方击倒。

本 章 小 结

本章概括性地介绍了采购管理的基础内容。首先，介绍了采购的含义、发展历程以及采购的地位；其次，介绍了采购战略的含义、作用以及内容；再次，介绍了如何进行采购计划编制和采购预算；最后，介绍了几种采购运作模式和采购方法。

在案例方面，首先，以“物流经理半年不到走人了”为例引出采购管理的问题；然后，以“联合快递的采购战略”为例分析了采购战略的内容，以“耐奇苹果公司采购预算编制”为例阐述了采购预算编制、以“联信公司的集中采购策略”为例说明了集中采购策略、以

“上海石化的招标采购”为例介绍了不同种类招标采购的适用情况；最后，以 Corporate Executive Board 的研究结论，阐述了混合采购在多个方面绩效最差。

参 考 文 献

[1] 张晓华，魏晓安，陶水莲. 采购与库存控制[M]. 武汉：华中科技大学出版社，2017.

[2] 徐杰，鞠颂东. 采购管理[M]. 3 版. 北京：机械工业出版社，2014.

[3] 赵予新. 采购与供应管理[M]. 北京：中国财富出版社，2017.

[4] 马佳. 采购管理实务[M]. 北京：清华大学出版社，2015.

[5] 刘宝红. 采购与供应链管理—— 一个实践者的角度[M]. 2 版. 北京：机械工业出版社，2015.

[6] 宫迅伟. 中国好采购[M]. 北京：机械工业出版社，2018.

[7] 宫迅伟. 如何专业做采购[M]. 北京：机械工业出版社，2015.

[8] 黄培清，揭晖，许定. 购买中的潜力[J]. 工业工程与管理，1998，3(1)：27-29.

[9] 马士华，林勇. 供应链管理[M]. 5 版. 北京：机械工业出版社，2016.

[10] 霍红，华蕊. 采购与供应链管理[M]. 2 版. 北京：中国财富出版社，2014.

[11] 曹翠珍. 供应链管理 [M]. 2 版. 北京：北京大学出版社，2016.

[12] 韩小霞，王钢，马建国，等. 供应链管理[M]. 北京：清华大学出版社，2016.

[13] 李耀华，林玲玲，孙红霞，等. 供应链管理[M]. 3 版. 北京：清华大学出版社，2018.

[14] 王宇航. 集中采购与分散采购的优缺点及其适用条件分析[J]. 知识经济，2014，1：47.

[15] 1 号店宣布将与京东实现联合采购[J]. 物流技术与应用，2007(10)：184.

[16] Reck R F，Long B. Purchasing：a competitive weapon[J]. Journal of Purchasing and Materials Management，1998，24(3)：2-8.

[17] 刘宝红. 混合采购在多个方面绩效最差[DB/OL]. http://kzcd.chuandong.com/article.aspx？id=4417. 2015，5.

第3章　供应链采购价格与成本控制

【引导阅读】

一味压低采购价格之后

天成公司将一位采购员提升为供应链业务经理。没过多久，就听到这位经理到处宣扬，他将一些零件从一家供应商转移到另一家，价格降低了多少，每年能节省多少采购成本，他还准备调整整个供应商群，将节省多少采购成本。下面来看一下这家公司自从新的采购政策出台以后出现的一些新问题。

首先，供应商按时交货率下降。新经理为了实现降低采购成本的目标，挑选用量最大的零件，重新进行询价，这样的方法当然会得到好的价钱。但是他忘了，原供应商还有很多其他的零件在该公司使用，这些零件用量很低但价钱还维持在高用量时的水平，毫无疑问供应商在亏本，只能靠那些大用量的零件来弥补。调整的直接结果是供应商的整体赢利大幅下降，该公司成为他们不赢利或少赢利的客户，其经营重心转移到其他更赢利的客户，导致供应商对该公司的按时交货率、质量和服务水平大幅降低，例如，在新经理上任之前，所有供应商的季度按时交货率都在96%以上，而上任后没几个月，有好几家供应商的按时交货率均已跌破90%。

其次，失去了供应商的信任与协作。企业需要不断地开发新的产品，新的产品需要新的零部件，企业在开发新产品的过程中，往往需要借助供应商的力量。前任经理采取的政策是，新零件在开发阶段经过一轮竞价后，进入量产阶段不再进行第二轮竞价。这样，供应商就不用担心辛辛苦苦帮助开发的成果转入到竞争对手手中，因此在开发阶段都非常乐意投入工程技术支持，对新产品的按时交货率也大幅度提高。有的供应商还专门设立针对该公司的技术人员，随时提供技术支持。新的供应链业务经理则进行第二轮竞价，打破了这一政策的连续性，直接破坏了买卖双方的信任基础。

最后，因为采购价格过低，个别供应商以次充好，出现严重的质量事故，导致企业蒙受重大损失。一个典型的例子是，有一家供应商的部件没法转移给其他供应商来做，因为这组零件对最终产品的性能影响很大，更换供应商的风险大，需要重新进行供应商资格认证，而产品设计部门不愿花费时间和承担风险，那该怎么办？这位新上任的供应链经理采用了强势态度对待现有供应商：不管怎么样，降价15%，至于怎么降，那是供应商自己的事。供应商如果没法在人工成本上省，那就只能在材料上下功夫。但是，主要原材料镍的价格在一年内翻了两倍，该供应商已经多次提出涨价要求。材料利用率上也没潜力可挖，因为供应商已经做到多个零件一起加工，边角料的浪费也已经降到了最低。于是，找便宜材料成了供应商生存的唯一出路。最后该供应商为达到15%的降价目标，采用法国产的同类镍合金代替原来使用的德国产的镍合金。等零件装配到最终产品上，运给客户，客户反映性能不达标。这是大问题，影响到自己客户的生产线，耽误工时。而这巨大的损失，即便是将这家供应商卖了也都不够赔，产品部门兴师问罪，几百个产品已经发到全球各地，若更换零件，光零件的成本就是几十万，还有巨大的物流成本，同时客户的信任危机和未来生意损失等都是无法估量的。而有趣的是，这位供应链业务经理却认为通过降低采购价格帮助公司省了那么多钱，应该得到晋升才对。至于这么大的质量事故，他觉得这是质量部门的事，跟自己无关。那么，到底新上任的供应链业务经理有没有错呢？

3.1　采购价格

3.1.1　影响采购价格的主要因素

影响采购价格的主要因素有市场供需状况，产品所处的市场结构类型和经济环境。

1. 市场供需状况

市场供需状况是影响采购价格最直接的因素。几乎所有类型的商业定价都会受到经济学家所说的价格机制(供求理论)的影响，当资源紧缺，供不应求时，供应商就会涨价；反之，则降价。均衡价格意味着在均衡价或市场价上，需求的数量和供应的数量正好相等。在多数自由市场经济系统中，均衡价格的定价过程有助于决定生产什么和不生产什么。

2. 产品所处的市场结构类型

根据不同市场结构类型下产品竞争激烈程度的不同，供应商通常会采取不同的价格决策。

(1) 完全竞争市场。完全竞争(perfect competition)市场结构的特点是产品完全相同(标准的)，新的竞争者进入市场的障碍非常小。价格仅仅是供给与需求的函数，单个的卖方或买方都不足以控制市场，影响市场价格。当然，卖方可能为出售更多的商品而降低价格，但长期下去会造成收入损失。

(2) 垄断竞争市场。垄断竞争(monopolistic competition)市场的特征是众多的生产者出售相似而又有些差别的产品。理论上，众多的生产者提供如此大量的不同产品，单个生产者的行为对整个市场的影响非常有限，甚至几乎没有影响。因为单个生产者不能控制整个行业，所以买方能够依靠其采购需求的数量影响卖方。

(3) 寡头竞争市场。寡头竞争(oligopolistic competition)市场的特征是仅有少数几个大型竞争者在同一行业中竞争。一个竞争者的市场战略与定价策略对行业中其他竞争者有直接影响。在我国，寡头竞争行业包括钢铁、汽车以及电信行业等。在寡头行业，一家企业可以作为价格领导者提高或降低价格，其余企业则可随之改变价格或保持原有价格水平。如果其余企业并不随之调价，则最初改变价格的企业很可能不得不回到原来的价格。国际贸易与竞争的加剧为许多行业创造了更多的选择机会，使市场控制力由生产者向采购者转移。

(4)完全垄断市场。完全垄断(perfect monopoly)市场是市场结构体系的另一个极端。通常认为垄断者是没有竞争对手的大型生产者，但现实中并不存在纯粹的垄断。政府或准政府机构管制的现存的自然垄断(如公用事业)属于完全垄断。在历史上，进入垄断行业的障碍是巨大的，以至于新的竞争者不可能进入。然而，由于政府放松管制或替代物料、产品或服务的出现，一般被视做垄断的行业正面临着越来越多的竞争。在完全竞争和完全垄断市场，买方对价格的影响力最小。在完全竞争市场，供给与需求的力量决定价格，而在完全垄断市场，生产者控制价格。绝大部分工商业采购市场结构处于两种极端市场结构之间，买方拥有的卖方市场竞争结构知识越多，就会在确定价格与谈判战略时做更好的准备。

依据上述市场结构特征可知，市场竞争的范围从垄断情况下的一个供应商变化到完全竞争情况下的多个供应商。传统的采购认为垄断是不利的，而竞争是有利的，因此政府就限制垄断，做出了许多立法规定。但与这一观点相反的意见则认为保持规模经济比补偿垄断产生的问题更为重要。在今天，许多购买者认为如果买方和供应商能够紧密合作起来一起工作的话，一些不必要的成本就可以从价格中删除。如果一起工作，他们能剔除贯穿整个供应链节点企业中的不必要成本。他们采取的合作方法是：减少供应链中供应商的数量、联合开发新产品、拥有反应迅速的供应商、使用一体化的数据库、帮助主要供应商。在许多发达国家，许多购买组织越来越注重这些合作方法，他们选择奉行持续改进政策的供应商，并且更关心产品和服务价格之外的“如何除去不必要的成本”。他们认为，和合适的供应商伙伴在一段时间内紧密合作，可以通过消除不必要的成本和没有效率的行为来降低价格。这样，如果购买商和供应商一起紧密合作的话，当价格机制和市场因素一起决定总体价格的时候，他们就能减去不必要的成本，从而降低价格，增加利润。

3.经济环境

通常经济环境决定市场是有利于卖方还是有利于买方。当生产率很高(生产紧张)且生产需求旺盛的时候，供给因素与需求因素共同创造了有利于卖方的价格条件。此时，买方通常想使价格或价格的增长低于行业平均水平，当一个行业处于下降时期的时候，买方可借此机会通过谈判获得有利的供给方案。

宏观经济会影响价格。例如，利率水平会影响生产性投资的资本总成本，从而影响供应商的内部回报率。甚至本国货币对其他货币的汇率都会影响价格，特别是在国际采购中，劳动力市场供给紧张，成本增加，采购价格上升。拥有经济环境的知识对于确认影响产品供求的市场因素很有帮助。了解当前的市场环境，预测未来市场环境不仅有助于制订采购预算与物料的预测，还能为将来制订价格谈判战略提供有益的借鉴。

除上述中宏观因素，卖方的生产成本、产品规格、定价策略等都会对采购价格产生影响。供应商产品成本的构成以及供应商的常见定价方法将在后续的章节做进一步介绍。

3.1.2 供应商产品成本的构成

像沃尔玛采购部门这样知道一双袜子需要多少纱线，以及纱线的成本是多少，不是每个企业采购部门的采购员都能做到的。事实上采购员要想知道供应商的实际成本并不容易。通常情况下，供应商不太愿意与采购方分享内部成本数据，这时采购方应借助于供应企业公开的财务资料，如对于公开交易的企业，可以利用从其网站上的财务报告中获得相关信息，主要包括资产负债表、损益表、现金流量表及年度报告，而对于未公开交易的企业如一些私有企业，则很难获取或估计成本数据，这时可借助于社会同类企业的一些成本数据作为参考。

例如，某供应商提供给采购商的报价是 30 元/单位，从社会同类企业的财务报告信息中可估计这类产品的毛利是 15%，因此，30 元的价格中估计利润是 4.5 元，扣除供应商应得的合理利润后，剩余的 25.5 元包括直接原材料成本、直接人工成本和生产间接费用。对于物料成本，可以通过这些物料的当前价格信息以及所需物料的数量估计出来，如通过调查和估算，得出物料成本是 4 元，即价格的 13.3%；直接人工成本可以通过社会同类企业的合理成本得出，假设为 3 元；25.5 元的成本中扣除直接物料成本和直接人工成本后，得出营业费用间接成本为 18.5 元。这时零售商应分析供应商在每单位价格为 30 元时，支付 18.5 元作为营业费用间接成本是否合理。通常营业费用可以用人工成本的一个百分比表示，对劳动密集型行业，这一比例可能低到 150%，对资金密集型行业，则高达 600%，本例中营业费用对人工成本的比例则达到了 617%，很显然，营业费用比预测偏高。清楚了问题所在后，采购方在与供应商进行价格问题的谈判时，就可以占据主动。

在谈判中，采购商可以从以下几个方面与供应商展开讨论。

(1) 设备使用情况。由于生产设备的利用率直接影响供应商的成本结构，因此应考察在当前情况下，供应商是否是满负荷生产，是否可以通过提高设备的利用率来改善其成本结构。

(2) 供应商的劳动力情况。供应商的劳动力成本影响成本结构。此外，劳动力的素质，如职工的质量意识和责任心对成本结构都有一定的影响。

(3) 管理能力。每一成本都是采取某种管理行为的结果。管理可以通过很多方式来影响成本，如以最有效的方式指挥劳动力，实现物料生产能力的长期改进，规定企业的质量要求和管理技术等。管理的效率与能力会对企业的成本结构产生有形或无形的影响。

(4) 采购效率。供应商采购工作的好坏直接影响其物料成本，因此在评价供应商时，应考察他们在采购物料时所用的工具和技术。采购商通过对供应商的报价、供应商的成本分析及与供应商的讨论，会发现供应商的报价是否合理，是否可以通过改善供方企业内部管理来降低商品成本。

对于能获得财务损益表的供应商，采购员可以通过如下公式获得成本信息。

$$产品销售收入-产品生产成本=产品销售毛利 \tag{3.1}$$

$$产品销售毛利-(销售费用+管理费用+财务费用)=产品销售利润 \tag{3.2}$$

$$产品销售利润-所得税=净利润 \tag{3.3}$$

其中，产品生产成本包括原材料费用和工人(或直接劳动力)成本；销售费用包括市场营销、广告及销售部门的固定资产折旧等费用；管理费用包括企业内所有管理人员的工资、部门费、固定资产折旧、能耗等；财务费用包括利息、汇兑收支等。

3.1.3 供应商定价方法

通常，供应商会对自己的产品制定一个合适的价格，采购时应充分了解供应商定价的方法，做到“知己知彼、百战不殆”，这些方法主要包括成本导向定价法、竞争导向定价法和顾客导向定价法三种类型。

1. 成本导向定价法

以产品单位成本为基本依据，再加上预期利润来确定价格的定价方法即为成本导向定价法。因为成本导向定价法操作简单，又能保证一定的利润，所以是供应企业最常用、最基本的定价方法。成本导向定价法又衍生出了总成本加成定价法、目标收益定价法、边际成本定价法、盈亏平衡定价法等几种具体的定价方法。

1) 总成本加成定价法

总成本加成定价法是把所有为生产某种产品而发生的耗费均计入成本的范围，计算单位产品的变动成本，合理分摊相应的固定成本，再按一定的目标利润率来决定价格。其计算公式为

$$单位产品价格=单位产品总成本\times(1+目标利润率) \tag{3.4}$$

成本加成定价法的优点在于：首先，这种方法简化了定价工作，便于企业开展经济核算；其次，若某个行业的所有企业都使用这种定价方法，他们的价格就会趋于相似，因而价格竞争就会减到最少；最后，在成本加成的基础上制定出来的价格对买方和卖方来说都比较公平，卖方能得到正常利润，买方也不会觉得受到了额外剥削。

2) 目标收益定价法

目标收益定价法又称为投资收益率定价法，是指根据企业的投资总额、预期销量和投资回收期等因素来确定价格。采用目标收益定价法确定价格的基本步骤如下。

(1) 确定目标收益率。

$$目标收益率=1/投资回收期\times 100\% \tag{3.5}$$

(2) 确定单位产品目标利润额。

$$单位产品目标利润额=总投资额\times目标收益率/预期销量 \tag{3.6}$$

(3) 计算单位产品价格。

$$单位产品价格=企业固定成本/预期销量+单位变动成本+单位产品目标利润额 \tag{3.7}$$

与成本加成定价法相似，目标收益定价法很少考虑市场竞争和需求的实际情况，只是从保证生产者的利益出发制定价格，除此之外，先确定产品销量，再计算产品价格的做法完全颠倒了价格与销量的因果关系，把销量看成是价格的决定因素，在实际中很难行得通。尽管如此，对于需求比较稳定的大型制造业，供不应求且价格弹性小的商品，市场占有率高、具有垄断性的商品，供应商经常会采用目标收益定价法。

3) 边际成本定价法

边际成本是指每增加或减少单位产品所引起的总成本变化量。由于边际成本与变动成本比较接近，而变动成本的计算更容易一些，所以在定价实务中多用变动成本替代边际成本，而将边际成本定价法称为变动成本定价法。

边际成本定价法是以单位产品变动成本作为定价依据，确定可以接受价格的最低界限。当价格高于变动成本时，企业出售产品的收入除完全补偿变动成本，尚可用来补偿一部分固定成本，甚至可能提供利润。边际成本定价法改变了售价低于总成本便拒绝交易的传统做法，在竞争激烈的市场条件下具有极大的定价灵活性，对于有效地应对竞争、开拓新市场、调节需求的季节差异、形成最优产品组合发挥着巨大的作用。

4) 盈亏平衡定价法

在销量既定的条件下，企业产品的价格必须达到一定的水平才能做到盈亏平衡、收支相抵。既定的销量就称为盈亏平衡点，这种制定价格的方法称为盈亏平衡定价法，如图 3.1 所示。

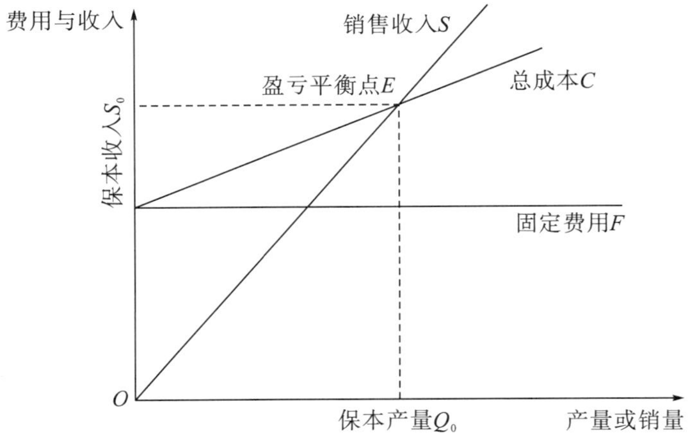

图 3.1　产品的成本与盈亏平衡

科学地预测销量和已知固定成本、变动成本是盈亏平衡定价的前提。设销售价格为 P，在盈亏平衡点 E，保本收入 S_0 等于总成本，即 $P \times Q_0 = F + C_V \times Q_0$，其中，$C_V$ 为单位可变成本，变形得 $P = F / Q_0 + C_V$。以盈亏平衡点确定价格只能使企业的生产耗费得以补偿，而不能得到收益。因此，在实际中均将盈亏平衡点价格只是作为价格的最低限度，通常再加上单位产品目标利润后才将其作为最终市场价格。有时，为了开展价格竞争或应付供过于求的市场格局，企业通常采用这种定价方式以取得市场竞争的主动权。

2. 竞争导向定价法

在竞争十分激烈的市场中，企业通过研究竞争对手的生产条件、服务状况、价格水平等因素，依据自身的竞争实力，参考成本和供求状况来确定商品价格，这种定价方法就是通常所说的竞争导向定价法，主要包括以下几种具体操作方法。

(1) 随行就市定价法。在垄断竞争和完全竞争的市场结构条件下，任何一家企业都无法凭借自己的实力在市场上取得绝对的优势，为了避免竞争特别是价格竞争带来的损失，大多数企业都采用随行就市定价法，即将本企业某产品价格保持在市场平均价格水平上，利用这样的价格来获得平均报酬。此外，采用随行就市定价法，企业就不必去全面了解消费者对不同价差的反应，也不会引起价格波动。

(2) 竞争定价法。这种方法常用于寡头垄断市场。寡头垄断市场一般存在于具有明显规模经济性的行业，如较成熟的市场经济国家的钢铁、铝、石油化工以及汽车等行业，其中少数占有很大市场份额的企业是市场价格的主导力量，而其余的小企业只能随行就市。寡头垄断企业之间存在很强的相互依存性及竞争，此时垄断企业的价格如果定得太高则不利于竞争而且会给其他小企业以发展的机会，但如果定得太低则失去了垄断利润，所以任何企业进行产品定价时都必须要考虑到竞争对手的反应，这是一种体现博弈思想的定价方法。

(3) 投标定价法。在国内外，许多大宗商品、原材料、成套设备和建筑工程项目的买卖和承包，以及出售小型企业等，往往采用发包人招标、承包人投标的方式来选择承包者，确定最终承包价格。一般来说，招标方只有一个，处于相对垄断地位；而投标方有多个，处于相互竞争地位。标的物的价格由参与投标的各个企业在相互独立的条件下来确定。在买方招标的所有投标者中，通常中标者是报价最低的供应商，在招投标定价过程中，供应商往往陷入一种两难的境地：价格定得过高，似乎有利可图但是拿不到订单；价格定得过低，拿到了订单，但是没有利润，有时候甚至还要亏本。这就迫使供应商正视企业的生产成本和赢利能力，定出合理的价格，所以投标定价法是对采购商比较有利的一种定价方法。

此外，还有许多以竞争为导向的定价方法，如撇脂定价法，即在新产品刚投放市场时定出比较高的价格，等到高额利润回收时（撇走牛奶中最值钱的奶油），同时在其他竞争者模仿产品问世的时候，迅速降低价格，打击竞争者，在电子产品市场中这种做法最为常见。

3. 顾客导向定价法

根据市场需求状况的差异来确定价格的方法叫作顾客导向定价法，又称市场导向定价法或需求导向定价法。需求导向定价法主要包括理解价值定价法、需求差异定价法和逆向定价法。在零售领域常见于对奢侈品(如玉器、古玩等)的定价，可根据消费者对该物品价格的理解进行定价。在企业的供应和采购关系中，当标的物是具有一定技术独到性和创新性的大型机器设备及其备件时，供应商就会根据采购商的理解价值进行定价。

此外，还有一些根据需求定价的方法，如歧视定价法，又称差别定价法，这是根据不同人群、不同地点、不同时间有差别地进行定价的方法，生活中的飞机票、电费等的价格就是对不同的时间和人群差别定价的典型应用。

3.1.4　采购价格的确定

尽管价格是采购中一个非常重要的因素，应予以重视，但也不能因此只考虑价格而忽视其他因素。影响采购总成本的因素远不止价格一个，其他如了解供应市场状况，考察供应商，采购价格调查本身所耗费的人力、物力和财力也是采购成本的重要组成部分，所以采购部门在进行价格认证的过程中要把握好尺度。

1. 采购价格调查

采购部门在解读供应商的报价前，必须对所采购的商品的市场竞争情况、供应商成本构成、供应商定价方法等有一个基本的了解。然而一个企业所需要的原材料，少的有八九种，多的达万种以上，且同种原材料的不同规格在价格上可能相差非常悬殊，所以对于采购部门而言，了解所有原材料的价格，是一项非常庞大而艰巨的工作。为了解决这一问题，在实践中一般提倡用ABC分类库存控制法(简称ABC分类法)对采购品进行分类，在价格调查过程中区别对待，这种方法具有一定普适性，在采购中也可以采用。具体来说，将数量上占20%，且价值上却占总体70%～80%的原材料定为A类，在价格调查过程中需要特别关注，投入主要精力；而将数量上占60%～80%，且价值上占10%左右的原材料定为C类，C类产品基本上不需要在采购价格的确定上花费精力；B类在A类与C类之间。根据一些企业的实际操作经验，考虑到物料和重要程度，可以把下列6大项目列为主要的采购价格调查范围。

(1) 主要原材料，其价值占全部总值的70%～80%。

(2) 常用材料、器材，属于大量采购项目。

(3) 性能比较特殊的材料、器材(包括主要零配件)，一旦供应脱节，可能导致生产中断。

(4) 突发事件紧急采购。

(5) 价格波动性强的物资、器材采购。

(6) 计划外资本支出、设备器材的采购，数量巨大，对经济效益有着深远影响的。

2. 采购价格确定方式

(1) 询价。即采购方根据需求采购物品并向供应商发出询价或征购函，请其正式报价的一种采购方法。通常供应商寄发报价单，内容包括交易条件及报价有效期等，询价经采购方完全同意接受，买卖契约才算成立。询价采购时，采购方通常向多个供应商询价，在收到报价后选择最有利的供应商。

(2) 招标确定价格。招标的方式是采购企业确定价格的重要方式，其优点在于公平合理。因此，大批量的采购一般采用招标的方式。采用招标方式的基本条件是，所采购商品的规格要求必须能表述清楚、明确、易于理解；必须有两个以上的供应商参加投标。

(3) 谈判确定价格。谈判是确定价格的常用方式，也是最复杂、成本最高的方式。谈判适合各种类型的采购。

案例 3.1

供应商具体定价的 10 个方法应用

1. 分割法

用很小的单位报价，例如，茶叶每千克 10 元报成每 50 克 0.5 元，大米每吨 1000 元报成每千克 1 元等。如巴黎地铁的广告是：“只需付 30 法郎，就有 200 万旅客能看到您的广告。”

2. 特高价法

某地有一商店进了少量中高档女外套，进价 580 元一件。该商店的经营者见这种外套用料、做工都很好，色彩、款式也很新颖，在本地市场上还没有出现过，于是定出 1280 元一件的高价，居然很快就卖完了。

3. 低价法

先将产品的价格定得尽可能低一些，使新产品迅速被消费者所接受，优先在市场取得领先地位。由于利润过低，能有效地排斥竞争对手，使自己长期占领市场。这是一种长久的战略，一些资金雄厚的大企业会采取此战略。对于一个生产企业来说，将产品的价格定得很低，先打开销路，把市场占下来，然后再扩大生产，降低生产成本。

4. 安全法

价值 10 元的东西，以 20 元卖出，表面上是赚了，却可能赔掉了一个顾客。

安全定价通常是由成本加正常利润构成。例如，一条牛仔裤的成本是 80 元，根据服装行业的一般利润水平，期待每条牛仔裤能获 20 元的利润，那么，这条牛仔裤的安全价格为 100 元。定价安全，价格适合。

5. 非整数法

有一年夏天，一家日用杂货店进了一批货，每件卖 1 元，可购买者并不踊跃。无奈商店只好决定降价，但考虑到进货成本，只降了 2 分钱，价格变成 9 角 8 分。想不到就是这 2 分钱之差竟使局面陡变，购买者络绎不绝，货物很快销售一空。售货员欣喜之余，慨叹一声，只差 2 分钱呀。

6. 整数法

美国的一家汽车制造商曾公开宣称，要为世界上最富有的人制造一种大型高级豪华轿车。这种车有 6 个轮子，长度相当于两辆凯迪拉克高级轿车，车内有酒吧间和洗澡间，价格定为 100 万美元。为什么一定要定 100 万美元的整数价呢？这是因为，高档豪华的超级商品的购买者，一般都有显示其身份、地位、富有、大度的心理欲求，100 万美元的豪华轿车，正迎合了购买者的这种心理。

7. 弧形数字法

通过对国外市场调查发现，在生意兴隆的商场、超级市场中商品定价时所用的数字，按其使用频率的高低排序，依次是 5、8、0、3、6、9、2、4、7、1。

这种现象不是偶然出现的，究其根源是顾客消费心理的作用。带有弧形线条的数字，如 5、8、0、3、6 等似乎不带有刺激感，易为顾客接受；而不带有弧形线条的数字，如 1、7、4 等比较而言就不大受欢迎。所以，在商场、超级市场商品销售价格中，8、5 等数字最常出现，而 1、4、7 则出现次数相对较少。

8. 分级法

法籍华裔企业家林昌横生财有道，在制定产品销售价格时，总是考虑顾客的购买能力。例如，他生产的皮带，就是根据法国人的高、中、低收入定价的。低档货适合低收入者的需要，定在 50 法郎左右，用料是普通牛羊皮，这部分人较多，就多生产些。高档货适合高收入者的需要，定在 500～800 法郎，用料贵重，有蟒皮、鳄皮，但是这部分人较少，就少生产些。有些独家经营的贵重商品，定价不封顶，因为对有些人来说，只要是他喜欢的，价格再高也会购买的。中档货就定在 200～300 法郎。

9. 调整法

德国韦德蒙德城的奥斯登零售公司，经销任何商品都很成功。例如，奥斯登刚推出 1

万套内衣外穿的时装，定价超过普通内衣价格的 4.5～6.2 倍，但照样销售很旺。这是因为这种时装一反过去内外有别的穿着特色，顾客感到新鲜，有极强的吸引力。可是到 1988 年 5 月，当德国各大城市相继大批推出这种内衣外穿时装时，奥斯登却将价格一下骤降到只略高于普通内衣的价格，同样一销而光。这样，又过了 8 个月，当内衣外穿时装已经不那么吸引人时，奥斯登又以“成本价”出售，每套时装的价格还不到普通内衣的 60%，这种过时衣服在奥斯登还是十分畅销。

10. 在不变化中求变化法

许多商品在市场上流通已经形成了一个人所共知的基本价格，这一类商品一般不应轻易涨价。在我国，火柴每盒 2 分，这个习惯价一直稳定了 20 多年。1984 年湖南省的火柴涨至每盒 3 分，一段时间，当地消费者宁愿买 2 分一小盒的旅行火柴，也不愿买本省的火柴。但是，如果商品的生产成本过高，又不能涨价该怎么办呢？有些商家采取一些灵活变通的办法，如用相对廉价的原材料替代原来较贵的原材料；或者采取减少用料，减轻分量等，如将冰棒做得小一点，将火柴少装几根。

3.2　采 购 成 本

3.2.1　采购成本的含义和重要性

众所周知，企业的根本目的就是追求利润最大化。在确保其他条件不变的情况下，最大限度地降低采购成本，将直接增加企业的总利润，为企业赢得竞争优势。不同行业采购价格降低对总成本的影响如表 3.1 所示。因此，采购成本管理是采购管理中的一项重要工作。

表 3.1　不同行业采购价格降低对总利润的影响

公司名称	采购成本降低/%	利润提高/%
飞利浦(PHILIPS)	2	12.10
国际商业机器公司(IBM)	2	14.00
可口可乐	2	3.58
康师傅	2	15.80
大众	2	64.34
沃尔玛	2	47.73
IT 行业	2	25.41

1. 采购成本的含义

采购成本是指企业在生产经营过程中，因采购活动而发生的相关费用，即在采购过程中购买、包装、运输、装卸、存储等环节所支出的人力、物力、财力等货币形态的总和。

2. 采购成本控制的意义

采购成本在企业销售收入中所占份额的比重较大是实行采购成本控制的主因。加拿大管理学教授迈克尔·W·特里西韦通过研究发现，对企业来说，库存费用约为销售额的3%，运输费用约为销售额的3%，采购成本占销售收入的40%～60%。而对一个国家来说，供应系统总成本占国民生产总值的10%以上，所涉及的劳动力也占总数的10%以上。也有研究表明，在发达国家，原材料采购成本一般占产品单位成本的40%～60%，大型汽车制造企业的外购件成本占销售额的50%以上。

由于采购成本在企业总成本中占的比重较大，采购成本的变化对利润的影响非常明显。因此，采购成本控制应成为企业降低成本的主要环节。特别是在市场竞争日益激烈的情况下，企业面临着产品销售价格不断下降的巨大压力，通过扩大销量来增加利润也愈加困难。在这种情况下，加强采购成本控制成为企业增加利润的重要途径，采购环节将成为企业的又一重要利润源泉。

1) 采购成本对利润的影响

采购成本是指所采购物资的价值和采购费用的总和，采购成本构成了企业成本的主要部分。采购费用主要指企业在物资采购过程中所发生的各种耗费，包括由采购方所承担的运输费用、入库前的挑选整理费用、保管费用、定额范围内的途中损耗等。制造全球化促使企业与供应商之间的联系更加紧密。市场全球化促使包括材料获得、加工、装配和分销在内的制造活动分布在整个世界。与此同时，供应成本占企业总成本的比例越来越大，其重要性也越来越突出。采购自然成为降低成本的主要环节，其增加利润的效果要远远大于在其他方面采取的措施。

2) 采购环节成为重要的利润源泉

长期以来，采购部门一直被认为是成本中心，理由是采购部门不断地购买原材料，花费企业大量的资金，是花钱的部门。然而，一种新的观念正在被一些企业特别是欧美公司所推崇，即采购部门也是企业的利润中心。这种观念兴起的原因是在白热化的市场竞争中，企业的利润空间已经非常小了，绝大部分行业进入了薄利期，而企业为了得到生存发展所需的足够的利润，不得不通过加强管理来压缩成本以增加利润空间。在实践中许多企业发现，采购环节是一个重要的利润源泉，加强采购管理可以降低企业的库存、避免潜在的断料风险，并且通过优化供应商网络、充分利用供应商的资源、降低原材料的成本等，有效地减少企业的采购成本，从而降低产品的总成本。企业在相同的销售价格的情况下，利润空间得到了扩大。

3.2.2　采购成本的组成

在采购活动中，采购成本主要由购入成本、订货成本、存储成本及缺货成本 4 部分构成。

1. 购入成本

某项物品的购入成本始终要以进入仓库时的成本来计算，对于外购物品来说，单位外购成本应包括购价和运费。

2. 订货成本

订货成本是指企业向外部供应商发出采购订单的成本，是企业为了实现一次购买活动所支出的各种费用。订货成本中有一部分与采购次数无关，如常设采购机构的基本开支等，称为订货的固定成本；另一部分与采购的次数有关，如差旅费、通信费等，称为订货的变动成本。

更详细地说，商品的订货成本包括以下几个方面：①请购手续成本，请购所花的人工费用、事务用品费用、主管及有关部门的审查费用；②采购成本，估价、询价、比价、议价采购、通信联络、事务用品等所花的费用；③进货验收成本，检验人员的验收手续所花费的人工费用、交通费用、检验仪器仪表费用等；④进库成本，物料搬运所花费的成本；⑤其他成本，如会计入账、支付款项等所花费的成本，检查库存水平的成本等。

3. 存储成本

存储成本通常也称为持有成本，指企业为存储物料所耗费的成本，主要包括资金成本、保险费用、陈旧成本、仓储成本、税金等费用。

(1) 资金成本。资金成本通常指资金的使用费用，或者反映该资金被占用后失去赢利能力或时间的机会成本。物料的存储需要购入资金，那么这笔投入的资金就丧失了其他有效使用这笔资金的机会，资金成本即指丧失了这笔资金有效使用带来的赢利。

(2) 保险费用。保险费用一般是根据风险评估或承担风险的程度直接征收的。风险评估或承担风险的程度取决于物料和存储设施这两方面的性质，如容易被偷的高价值物料及易燃的危害性物料将会导致相对较高的保险费用。保险费用还受到存储设施内的预防措施的影响。

(3) 陈旧成本。陈旧成本是指存储的物料发生了耗损并且得不到保险的补偿，这笔费用的计算是根据过去的经验确定的，如物料容易发生变质、破损、报废、被盗、价值下跌等，这些都应计入物料陈旧成本中。

(4) 仓储成本。物料的存储数量增加，仓储成本也会增加，其中主要是搬运成本和仓储运营成本的增加。仓库的租金、各种管理费用(如保安费、消防费、维修费、盘点费等)都是仓储成本。

(5) 税金。当物料存储在仓库中时，许多国家把存货列入应交税的财产，因此，存货越多税金也越高。在一般情况下，税金是根据一年内某个特定日期的存货水平或某一段时期内的平均存货水平征收的。有些地方对存货税金不做任何评估。

物料存储成本的一般构成如表 3.2 所示。

表 3.2　物料存储成本

要素	资金成本	保险费用	陈旧成本	储存成本	税金	合计
平均数/%	15	0.05	1.2	2	1	19.25
范围/%	8 ~ 40	0 ~ 2	0.5 ~ 2	0 ~ 4	0.5 ~ 2	9 ~ 50

4. 缺货成本

采购成本中的缺货成本是指因持有物料或采购供应不及时而造成的物料短缺，以致影响生产进度所引起的成本，如停工待料，有了物料之后的加班，生产计划的变动，信誉的损失，延迟交货，失销，失去客户及为了使物料不至于短缺而产生的安全存货等成本。

1) 延期交货成本

延期交货有两种形式：一是缺货可以在下次规划订货中得到补充；二是加急订货延期交货。

如果延期交货属于第一种形式，企业实际上没有什么损失。但如果经常延期交货，客户可能就会转向其他企业。

如果延期交货属于第二种形式，那么就会发生特殊订单处理和送货费用。延期交货的特殊订单处理费用比规划补充的普通处理费用要高。由于延期交货经常是小规模装运，送货费相对要高，且延期交货可能需要长距离运输。另外，可能需要利用快速、昂贵的运输方式运送延期交货的货物。因此，延期交货成本可根据额外订单处理费用和额外运费来计算。

2) 失销成本

由于缺货而没有及时向客户交货，尽管一些客户可以允许延期交货，但仍会有一些客户转向其他企业订货，在这种情况下，缺货导致失销。失销给企业造成的损失主要包括直接损失、机会损失和失去客户的损失。

(1) 直接损失，即失去这种产品销售机会的利润损失，可以通过这种产品的利润乘以客户的订货数量来确定。但有时客户的订货数量很难确定，例如，许多客户习惯电话订货，在这种情况下，客户只是询问是否有货，而未指出要订多少货，如果这种产品缺货，那么客户就不会说明需要多少，企业也就不会知道损失的总量。

(2)机会损失。当初负责这笔业务的销售人员的时间、精力的浪费，就是机会损失。

(3)失去客户的损失。由于缺货而失去客户，也就是说，客户会转向另一家企业，如果失去了客户，企业也就失去了未来一系列收入，这种缺货造成的损失很难估计，需要用管理科学的技术及市场营销研究方法分析和计算。除了利润损失，还有由于缺货造成的信誉损失。信誉的度量，在采购成本管理中常被忽略，但它对企业未来的销售及经营活动非常重要。

案例 3.2

番石榴浓缩汁的成本

Acreage Foods 是美国一家主要的跨国食品加工企业，该企业每年都需要向菲律宾的番石榴加工商进口番石榴浓缩汁。番石榴浓缩汁产于菲律宾一个偏远的地区，目前离岸价(free on broad，FOB)为 0.29 美元/磅，用银箔进行内包装后(50 磅为一纸箱，每个托盘堆 40 个纸箱，每个集装箱可装 20 个托盘)，通过海运运出。海运费为每集装箱 2300 美元，集装箱到了美国港口，再以每集装箱 250 美元的运费运至本地仓库存储。美国海关收取货物本身价格(不含运费)15%的关税。该公司每月需要 1 集装箱番石榴浓缩汁。

集装箱在本地存储到需要提货加工时为止，月库存费用为每托盘 5.5 美元，此外仓库收取每托盘 6 美元的管理成本。Acreage Foods 公司的资本成本为 18%。当需要提货时，由本地运输公司将番石榴浓缩汁从仓库运至 Acreage Foods 公司的加工地，运费为每集装箱 150 美元，每托盘质量控制成本为 2 美元。

购买和存储的过程中，番石榴浓缩汁会以 3%的比例损耗，供应商不对损耗进行补偿。有时候，一些以前未发现的腐坏变质的番石榴浓缩汁要撤掉并回收，每次产品回收会发生的现付成本是 20000 美元，供应商不承担该笔费用。公司记录表明，这种事件平均每 8 个月发生一次。此外，公司会计政策要求划出全部采购总额的 15%作为管理成本。计算该公司采购每磅番石榴浓缩汁的总成本。如果该公司的目标是降低采购该原料的总成本，讨论公司在该原料采购成本控制上的可选策略。

3.3　采购价格分析

3.3.1　倒推价格分析

采购商进行报价分析时可以使用倒推价格分析法来预估供应商成本，这种分析法也称为应有成本分析法，即如果供应商以适当的方法分摊成本，依据这些估计产品成本应该是多少，从而判断供应商的报价是否合理。采购商使用这种方法时通常是假设供应商使用的是成本加成定价法。根据成本加成定价法，供应商制定价格的标准是补偿全部可变生产成本和部分的固定成本，并产生一定的利润。

在倒推价格分析中，采购商有时不得不使用内部技术来估计，或依靠历史经验与判断来估计，或依靠公开的财务资料来分析供应商的主要成本数据。这些财务资料包括损益表、现金流量表和公司年报等。但即使是财务资料，也是整个企业的财务情况，因此对于某一产品或生产线的成本信息仍需进行分析。采购商需要把价格分解成物料、劳动、营业费用和利润等不同成本科目。

3.3.2　学习曲线

1 学习曲线的含义

学习曲线(learning curve) 也被称为练习曲线(practice curves)。过去，这个术语一直被用来指由于学习作用带来的单位产出对直接劳动需求的减少。劳动力构成一般是最容易收集到的数据，因为企业用直接劳动时间详细说明产品或项目。这个术语源于“二战”时期的飞机工业，当产量上升时，生产每架飞机的劳动时间会极大地下降。随后的研究表明，在许多行业都存在这种现象。学习曲线体现了熟能生巧。后来，随着人们对学习作用认识的深入，发现学习作用不仅会降低劳动需求，还能带来流程改进等。因此，学习曲线也被称为更广义的经验曲线，用来表示单位产品生产成本与所生产的产品累计产量之间的关系。随着产品累计产量的增加，单位产品的成本会以一定的比例下降(图 3.2)。

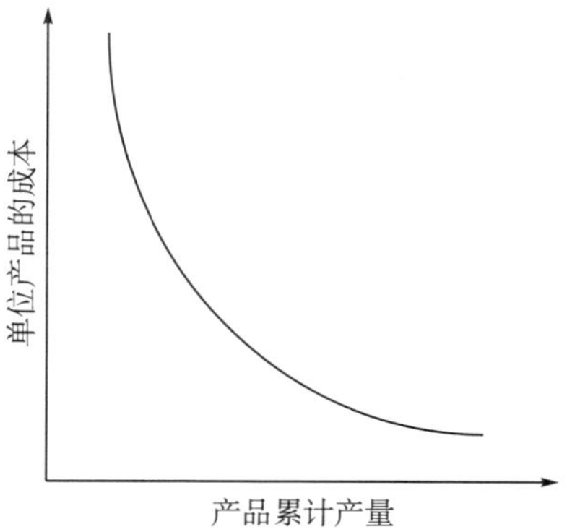

图 3.2　学习曲线示意图

例如，85%的学习率表示每当产量翻一番，生产单位产品所需要的直接人工成本为原成本的 85%，即能够降低 15%；90%的学习率表示产量的加倍会使得直接人工成本变为 90%，即降低 10%。学习曲线的一个原则就是随着产量的翻番，直接劳动的需求会以观测的和预测的比率下降。改善率随情况的不同而不同。

学习曲线是分析采购成本、实施采购降价的一个重要工具和手段。如果供应商发生了学习进步，由此而来的利益必须有所归置，或流入供应商的利润，或成为采购商的成本节约预算。如果供应商在履行采购合同责任时取得了学习进步而采购商并没把进步考虑在内，供应商就会获取由于学习进步得到的全部财政收益。如果双方为合作关系，采购商和供应商可以共同努力，分享由学习曲线得到的收益和生产率进步。

2. 学习曲线或经验曲线的构成

学习效应为什么能促进预期成本的降低？学习曲线和更广义的经验曲线的基础又是什么？ 常见的学习效应可以归结为两类：个人学习和组织学习。所谓个人学习，是指当一个人重复地进行某一产品生产工作时，由于动作逐渐熟练，或逐渐摸索到一些更有效的作业方法后，做一件产品所需的工作时间(即直接劳动时间)会随着产品累积数量的增加而减少，产品的报废率和更正率会逐步降低。组织学习是指管理方面的学习，指一个企业在产品设计、工艺设计、自动化水平、生产组织以及其他资本投资等方面的经验累积过程，也是一个不断改进管理方法，提高人员作业效率的过程，从而带来相关生产成本的下降。

3. 运用学习曲线的时机

并非所有流程或产品都能从学习中获得收益或得到改善。实际上，不正确的应用会导致低估实际生产成本。因此，只有在特定的运转条件下，才能运用学习曲线。

当供应商使用一种新的生产流程或第一次生产一种产品时，可以运用学习曲线分析。当供应商员工开始熟悉新流程时，生产效率通常会得以提升。学习曲线分析也适用于以下两种情况：①供应商第一次生产一种技术上非常复杂的产品；②产品需要很高的直接人工成本。运用学习曲线，必须保证在产品生产初期人员的相对稳定性。如果一家公司的人事变动非常快，那么这些工人可能不会呈现出预期的学习率。例如，20 世纪 60 年代，道格拉斯飞机公司(Douglas Aircraft Company)刚开始生产 DC-6(一种活塞动力商用客机)，由于劳动力市场的紧俏，公司经历了较大的人事变动。公司最终没能实现预期的劳动力效率。结果，超出计划成本这一问题的出现使公司陷入了财政紧张。

学习曲线要求所收集的成本和劳动力数据必须准确，尤其在生产初期。初始生产数据通常为进行有关预期进步率和计划价格降低程度的谈判提供基础。

4. 学习曲线示例

学习曲线的例子会变得非常复杂，尤其是想运用对数尺度来表示单位产品与劳动需求的关系时。表 3.3 表示随着所采购产品数量的增加相关的直接劳动数据。

表 3.3　供应商学习曲线数据[1]

(A) 单位	(B) 总的劳动时间/小时	(C) 单位产品的平均劳动时间/小时	(D) 学习率/%
1	20.0	20.0	—
2	34.0	17.0	15.0
4	58.0	14.5	14.7
8	100.0	12.5	13.8
16	168.0	10.5	16.0
32	288.0	9.0	14.3
64	493.0	7.7	14.4

这个简单的例子表明相对稳定的学习率给平均劳动需求带来的影响：

A 列：一定时期内的总产量。在这个例子里，总产量为 64 单位。

B 列：生产一定单位数量的产品所需的总累计劳动时间(total labor hours，TLH)。表 3.3 表明，此供应商用 288 小时的劳动时间生产 32 单位的产品，但只用了 493 小时就使产量翻了一番。

C 列：一定产量总的劳动时间除以总产量单位数，得到的结果表示每单位产量所需的平均劳动时间。

D 列：产量每增加一倍所产生的学习率。产量从 1 单位提高到 2 单位所对应的学习率为平均劳动时间(20TLH－17TLH)÷(20TLH)=0.15 或 15%。从 2 单位到 4 单位所对应的学习率为(17TLH－14.5TLH)÷(17H)=0.147 或 14.7%。每个产量每次的学习率都可用类似的方法得到。这个分析表明供应商对这种产品的学习曲线大约为 85%，意味着当产量翻番时，生产单位产品所需的直接劳动时间平均降低 15%，厂商在生产初期能获得最大的学习进步，因为此时的学习效应最大。

若想成功地应用学习曲线，需要知道什么时候及该如何运用这种技巧。采购商的目标是利用这种工具识别产量逐渐增加时的预期劳动成本。一般地，若没有一些生产的初步数据，分析者很难识别学习率。如果没有数据，一种方法就是依靠以往得到的学习率或之前观察到的供应商的学习率。

5. 学习曲线不适用的场合

学习不连贯，即曲线已不能与比较精确的实际数据相吻合；工作所需的劳动力含量较低，生产成本÷数量不能抵消阶段性学习的开支，或不能抵消建立学习曲线率所需数据的工作开支；生产大规模自动化，人工的输入相对只占很小一部分。

① 平均改善率：15%或 85%的学习曲线

3.3.3 作业活动成本分析

随着直接成本在企业制造总成本中占据的比例越来越小，依据直接成本比例分配间接费用就显得不合理了。20 世纪 80 年代基于作业活动的成本分析法(ABC 成本法)的诞生使得确定供应商提供产品的间接费用的分摊上更为合理。在作业成本制度下，成本被划分为单位基础和非单位基础两类。作业成本法认为一些成本是随着生产单位数的变动而变动，同时也认为许多非单位基础成本会随其他作业(除生产量)的变动而变动。例如，如某公司成本可用三对变量解释：单位水准作业动因即销售量、批量水准作业动因即生产准备次数以及产品水准作业动因即工程小时数，则其总成本为

$$\text{总成本}=\text{固定成本}+(\text{单位变动成本}\times\text{销售量})+(\text{生产准备成本}\times\text{生产准备次数})+(\text{工程成本}\times\text{工程小时数}) \tag{3.5}$$

需要明确的是，作业成本下的固定成本与传统不同，一些成本原来被确定为固定成本，实际上却是随着作业动因的变动而变动。从根本上来说，作业成本法试图通过追踪间接成本产生的原因把间接成本转变为直接成本。它通过对间接成本的动因确认，将间接成本分摊到产品中。成本动因可能包括订单的数目、装设备的时间、规格、工艺改进等。这个确认的过程可以使管理人员能够识别并把握时机节省开支，并且能帮助经理人做出更好的设计决策。

对采购人员来说，利用作业成本分析可以帮助消除不产生价值增值的作业，减少诱发成本的作业次数来降低供应商成本。为了实现这些目标，采购人员必须从供应商那里收集信息，这些信息包括特定作业、成本动因和动因频率。

在成本分析中，采购商往往要求供应商在报价时提供详细的产品分类数据，同时采购商自己也要进行成本分析，逐个考察供应商提供的信息与自己公司进行的成本分析之间的差异以谋求一致。这里有两大难点：①有些供应商不愿意在报价中提供包含详尽成本细目的信息；②有些成本分析可能比较复杂、耗时耗力。当需要进行大量的计算和分析时，就需要雇佣专职的成本分析人员来进行成本分析，这些人员需要如供应商按成本定价时那样分析成本与价格，因此，他们需要具备和供应商同样的生产经验、专业知识以及相关的估价知识。

案例 3.3

综合采购成本分析

采购员 Smith 需要采购 10 件特殊的电子模块。这种电子模块曾经采购过两次。历史记录显示：第一次采购时以每件 1500 美元的价格采购了 5 件，第二次采购时以每件 1350 美元的价格又采购了 5 件。Smith 要求供应商对本次采购报价，供应商给出了下面的价格明细(表 3.4)。

表 3.4　价格明细

明细	直接人工成本 18 小时/单位(14.50 美元/小时)	间接制造费用(占直接人工的 100%)	原材料成本（详细清单见表 3.5）	管理费用(占售出商品成本的 10%)	利润	合计
单价/美元	261	261	395	90	100	1107

供应商指出对 5 件模块的原始估算中采用了 90%的学习曲线。采用 90%的学习曲线是因为对劳动力研究表明，这个改进比率在整个生产过程中是可以实现的。生产第一批 5 件所用的实际时间是：工程技术和规划(20 小时)，以及用于生产(96 小时)。这个时间与初始估算的时间一致。当采购方要求供应商提供生产第二批 5 件产品所需求的时间时，供应商告诉采购方这项信息暂时还没有，因为第二批产品还在生产过程中。

直接人工的工资水平是：技术和规划人员的平均工资为 20 美元/小时，熟练的车间职工的平均工资是 11 美元/小时，非熟练的车间职工的平均工资是 8.54 美元/小时，并且据估计工资将以 10%的速度增长，物料清单如表 3.5 所示。

表 3.5　物料清单

数量/件	10	1	5	5	1	1	杂项		合计
材料说明	电阻器	电容器	二极管	变压器	包装	集成电路	各种小项目	约 10%的废品率	
单位价格/美元	1.2	15	4	24	150	40	3	35	395

间接费率的分摊和管理费用由供应商的会计部门每半年修改一次。这种修改是以最近的经验为依据的。废品率是依据所有产品的经验得出的。工程和规划结果已经分摊到第一次采购。即使需要技术和规划，也只是需要很少的一部分。采购方的人事部门指出，工资增长率 6%是比较合理的。采购记录表明，变压器供应商的价格如表 3.6 所示。

表 3.6　变压器价格

数量/件	1～5	6～10	11～25
单位价格/美元	40	30	24

根据以上事实和数据，结合学习曲线和作业活动成本理论，试分析供应商的报价合理吗？

3.4　采购成本控制

3.4.1　控制采购成本的战略性思考

从整体采购成本角度看，采购成本发生在企业生产运营的每一个角落，蕴于企业管理的每一个环节，所以对采购成本的控制，不应该过多地局限在采购领域、采购性费用和采购规模效益三个方面。应该从战略角度思考降低采购成本的新思路和新方法。

1. 运用价值链分析方法

价值链分析将采购视为互为联系的若干活动的集合体，通过分析各项活动的成本，使成本控制与其相关活动紧密联系在一起。价值链分析包括以下两点。

(1) 内部价值链分析。内部价值链分析关注的不仅是生产过程，更是生产之前和之后的作业，以找出它们之间的内在联系，最终达到降低产品成本的目的。

(2) 外部价值链分析。主要是与供应商和顾客之间的关系分析。供应商不仅提供连接内部价值链所需要的各种产品或服务，而且在其他方面也影响着采购成本，如供应商多批次、小批量发货可以降低采购商的库存量。顾客也会影响成本，如那些订货量少、事先不确定的顾客成本比那些订货量大、事先确定的顾客成本要高。

2. 重视无形成本动因

成本动因是指导致成本发生的因素，通常包括有形成本动因和无形成本动因两部分。有形成本动因是指容易看见的因素，如采购价格、运费等，相当于成本冰山中浮出水面的部分。而无形成本动因则是指不易发现或需要展开分析的因素，如管理中出现的各种问题，相当于成本冰山中沉入水下的部分，这部分占的比例相当大。重视无形成本动因的分析能为采购降低成本、增强竞争力提供契机。从无形成本动因着手来加强成本管理，创造采购竞争优势正是战略成本管理的精髓所在。

3. 通过资源共享降低采购成本

资源可以分为共享和非共享资源两大类。对于共享资源，产品的成本与分摊资源费用的产品数量有关，分享这类资源的产品数量越多，分摊到单位产品中的成本就越低。如采购固定资产就是典型的共享资源，除了固定资产，还有产品的研究开发费用、信息使用费用、信息传播费用、建立和使用销售渠道的费用、交易费用、市场开发费用等。增加使用这些共享资源的规模和频率，可以降低产品成本。

4. 利用信息管理系统降低采购成本

在信息时代，降低采购成本的思路和方法应建立在以计算机为中心的信息管理系统的基础上。因此，采购首先要建立起以电子计算机和因特网为中心的高效信息管理系统。在此基础上可以采用的方法有：①利用电子数据交换系统进行市场交易，降低交易成本，缩短交易时间；②利用因特网收集和发布信息，降低采购成本；③利用计算机集成制造系统(computer integrated manufacturing system，CIMS)，将采购全部生产经营活动所需的信息(市场需求信息、资源信息、管理信息等)，以及整个生产经营过程(从产品设计、物料采购、生产计划、制造到销售和服务)进行系统的有机管理和控制；④利用自动订货系统提高效率。

3.4.2 控制采购成本的主要方法

1. 价值分析法

价值分析(value analysis，VA)法，是降低成本、提高经济效益的有效方法。这里的价值是反映费用支出与获得功能之间的比例，用公式表示为价值=功能÷成本。所谓价值分析，是指对产品或服务分别从功能和成本的角度展开分析，以最低的成本可靠地实现产品或服务的必要功能，从而提高产品或服务的价值。价值分析特别适用于新产品开发，针对产品或服务的功能加以研究，通过简化、变更、替代等方法，达到相应功能又降低成本。价值分析适用于对现有产品的功能、成本做系统的研究与分析。

2. 谈判

谈判(negotiation)是买卖双方为了各自目标，达成彼此认同的协议过程。然而使用普通的谈判方式，通常只能降低采购价格幅度的3%～5%。如果希望达成更大的降幅，则需综合运用价格分析、成本分析、价值分析等方法。

3. 早期供应商参与

早期供应商参与(early supplier involvement，ESI)是指在产品设计初期，供应商参与新产品开发小组。通过供应商早期参与的方式，使新产品开发小组依据供应商提出的性能规格要求，尽早调整战略，借助供应商的专业知识来降低成本。

美国密歇根州立大学一项全球范围内的采购与供应链研究结果表明，在所有降低采购成本的方式中，供应商参与产品开发最具潜力，成本降低可达42%，利用供应商的技术与工艺则可降低成本的40%，利用供应商的配合开展即时生产可降低成本的20%，通过供应商改进质量可降低成本的14%，而通过改进采购过程以及价格谈判等仅可降低采购成本的11%。欧洲某专业机构的另一项调查也得出类似结论：在采购过程中，通过价格谈判降低成本的幅度一般在3%～5%，通过采购市场调研比较优化供应商平均可降低成本的3%～5%，通过发展伙伴型供应商并对供应商进行综合改进可降低成本的10%～25%，而通过供应商早期参与产品开发则可降低成本的10%～50%。

4. 杠杆采购

杠杆采购(leveraging purchases)主要针对杠杆型物资，是一种通过集中扩大采购量而增加议价空间的方式，其可以避免部门间各自采购，造成组织内不同单位向同一个供应商采购相同零件却价格不同但彼此并不知道的情形，无故丧失节省采购成本的机会。

5. 联合采购

联合采购(consortium purchasing)主要发生于非营利事业单位的采购，如医院、学校等，通过统计不同采购组织的需求量，获得较好的折扣价格。这类采购方法也被应用于一般商业活动中，如第三方采购(third-party purchasing)，专门替那些需求量不大的企业单位服务。

6. 面向便利采购的产品设计

在产品的设计阶段就要考虑原材料取得的便利性(design for purchase，DFP)，充分利用供应商的标准与技术，以及使用工业标准零件，大大减少设计所需的技术支援成本，减少原材料获取的成本，同时也可能降低生产成本。

7. 价格与成本分析

价格与成本分析(cost and price analysis)是专业采购的基本方法和工具，了解成本结构的基本要素对采购者非常重要。如果采购不了解所买物品的成本结构，就不能算是了解所买物品是否为公平合理的价格，同时也会失去许多降低采购成本的机会。

8. 标准化采购

实施规格的标准化，为不同的产品项目或零件使用共同的设计和规格，降低订制项目的数目，取得规模经济效应，降低制造成本。然而，标准化采购(standardization)只是标准化工作的其中一环，标准化还有许多其他内容，如包装、运输及操作过程的标准化等，应扩大标准化的范围，获得更大的效益。

9. 目标成本法

管理学大师彼得·德鲁克(Peter F. Drucker)在《企业的五大致命过失》(*Five Deadly Business Sins*)一文中提到，企业的第三个致命过失是定价受成本的驱动(cost-driven pricing)。大多数美国公司以及几乎所有的欧洲公司，都是以成本加上利润率来制定产品价格的。然而，他们刚把产品推向市场，便不得不开始削减价格，重新设计那些花费太大的产品，并承担损失。由于受到旧思考模式的影响，美国民生电子业不复存在，德国的豪华型轿车被丰田(TOYOTA)和日产(NISSAN)挤出了美国市场。目标成本法(target costing)对这种旧的思考模式提出了批评，它要求在产品研发投入市场前首先考虑市场乐意支付的价格和在这种价格下满足企业赢利要求的成本目标值。

目标成本规划的核心工作是制定目标成本，并且通过各种方法不断地改进产品与工序设计，最终使得产品的设计成本小于或等于其目标成本。这个工作需要包括营销、开发与设计、采购、工程、财务与会计，甚至供应商与顾客在内的设计小组或工作团队共同完成。

案例 3.4

厂商协同降低采购成本

2002 年，美心公司与大多数高速发展的企业一样，开始面临增长瓶颈。掌门人夏明宪毅然采取以利润换市场的策略，大幅降低产品价格。然而，降价不久，风险不期而至，原材料钢材的价格突然飙升。美心公司面对两难抉择：继续低价销售——卖得越多，亏得越多；涨价销售——信誉扫地，再难立足。此时降低成本，尤其是原材料的采购成本就成了美心公司生死攸关的“救命稻草”！

夏明宪向采购部下达指令：从现在开始的三年内，企业的综合采购成本，必须以每年平均 10%的速度递减。这让美心采购部的员工们有点傻眼，甚至不服气：此前美心公司的“开架式采购招投标制度”属国内首创，既有效降低成本，又杜绝暗箱操作，中央电视台都为此做过专题报道。而且此举已经为美心公司节约了 15%的采购成本，还有什么魔法能够让青蛙变得更苗条？在夏明宪的带动下，美心员工开始走出去，从习惯坐办公室到习惯上路，超越经验桎梏，于不知不觉中形成了一套降低成本的管理模式。

1) 联合采购，分别加工

针对中小供应商，美心公司将这些配套企业联合起来，统一由其出面采购原材料。由于采购规模的扩大，综合成本减少了 20%！配套企业从美心公司领回原材料进行加工，生产出来的半成品直接提供给美心公司，然后凭验收单到美心公司财务部领取加工费。同时随着原材料成本的降低，配套企业也更具竞争力，规模扩大，价格更低，形成良性循环。

2) 与原材料供应商构建战略伙伴

针对上游的特大供应商即国内外大型钢铁企业，美心公司的做法是收缩采购线，率先成为其中一两家钢厂的大客户乃至于战略合作伙伴。而钢厂面向战略合作伙伴的价格比普通经销商低 5%～8%，比市场零售价低 15%。于是仅 2002 年的一次采购，美心公司就比同行节约近 1000 万元的成本。随着采购规模的与日俱增，美心人开始有了和钢厂进一步谈判的砝码。应美心公司要求，钢厂定期提供钢材的价格动态，并为美心公司定制采购品种。如过去钢板的标准尺寸是 1 米，而门板尺寸是 90 厘米，其中 10 厘米就只能裁下来扔掉。现在钢厂为美心公司量身定制 90 厘米钢板，大大减少了浪费，节约了成本。比如，他们还专门为美心公司开发了一种新材料门框，品质相同，价格每吨可节约 600 元。

3）新品配套，合作共赢

对于新配套品种的生产，由于配套企业需要增加大量投资，导致新配套产品与其他配套产品相比，价格大幅增加。美心公司就以品牌、设备、技术、管理等软硬件向生产方入股，形成合作，合作条件为美心公司自己使用的产品，价格只能略高于生产成本。这样一来，合作方在新品的生产上减少了投入，降低了风险，同时，美心公司也降低了配套产品的采购成本，增加了收入。于是各方受益，皆大欢喜……

4）循环取货，优化物流

美心公司还与配套企业携手合作，从物流方面进行优化。由于不同配套企业的送货缺乏统一的标准化管理，在信息交流、运输安全等方面，都会带来各种各样的问题，花费双方很大的时间和人力资源成本。美心公司明白，配套企业物流成本的提高，将直接转嫁到配套产品的价格上。于是美心公司聘请了一家第三方物流供应商，由他们设计配送路线，然后到不同的配套企业取货，再直接送到美心公司的生产车间。这样一来，不仅节约了配套企业的运送成本，提高了物流效率，更重要的是，把这些配套产品直接拉到生产车间，保持了自身较低的库存，省去了大量的库存资金占用。

美心公司通过与原材料供应商及配套企业的携手合作，使原材料厂商拥有了稳定的大客户，配套企业降低了生产风险，而自身则在大大降低成本的同时，扩大了产销量，形成了各方皆大欢喜的共赢局面。2002 年，美心门的产销量同比翻了一番，美心的综合采购成本下降了 17%，比全行业的平均水平低 23%！美心公司成为唯一在原材料价格暴涨时期维持低价政策的企业，企业形象如日中天，渠道建设终于根深叶茂。

【复习思考题】

1. 什么是采购价格？影响采购价格变动的主要因素有哪些？
2. 采购成本由哪些元素组成？
3. 进行作业活动成本分析对控制采购价格有什么意义？
4. 如何利用学习曲线对采购价格进行分析？
5. 控制采购成本的方法有哪些？

【案例讨论】

上海电机厂控制原材料采购成本的措施

上海电机厂是全国制造汽轮发电机和大中型直流电机的重点骨干企业，曾为我国的经济建设和现代化建设做出了巨大的贡献。然而，随着哈尔滨、湘潭、沈阳等地的电机厂异军突起，已经追上甚至把它远远抛在了后面。究其原因，上海电机厂的产品价格一般要高于竞争对手 15%～25%。上海电机厂目前年产值约 10 亿元人民币，净利润 5000 万元人民币，而采购资金大约占 50%，即 5 亿元。可以说，原材料是电机厂成本的主要因素，如果原材料成本能够下降，将大大提高其产品在市场上的竞争优势。如果可以在原材料采购上降低 10%，即 5000 万元人民币，相当于再增加 10 亿元产值，可见，在原材料采购上大有文章可做。为此，上海电机厂采取了以下措施对原材料采购成本加以控制。

(1) 对采购部门所有员工进行思想教育和培训，教育员工与管理人员建立反腐倡廉的道德思想；培训员工在采购中的成本意识、商业意识和经济税务知识。采购人员不是拿着支票本付钱就可以过逍遥日子了，而是要具备一定的技术知识和商业知识，对起伏波动的材料市场做出正确判断，懂得在形形色色的供应商中间周旋，讨价还价，一切以企业利益为重。通过对采购人员的教育，使他们从根本上认识企业的存亡与采购人员的一举一动息息相关，同时，加大对采购部门的考核制度，从部门主管开始，层层落实，如果一个环节出了差错，则一同追究上级主管的责任，同时终止与该供应商所有的业务往来，并且对该采购员进行工资和奖金扣罚，情节严重的令其下岗。

(2) 通过不同部门之间的相互监督，控制采购人员的行为。以前的采购人员与供应商订立采购合同，供应商直接凭合同到财务部领取货款，虽然财务部也有核价人员，但核价人员毕竟对市场上原材料供应情况不熟悉，难以做出有效的判断，形同虚设。而现在，厂部决定给财务部配备专业的核价人员。专业的核价人员不断地学习和掌握市场动态，通过信息网络以最快的速度了解最新的市场价格，再根据所掌握的信息对供应商的合同进行严格而规范的核价，凡高于市场平均价 10%的原材料，必须查明原因，经过公司成立的价格审核小组确认，存在特殊原因的，才可以购进。核价员和采购员会从相同目的和不同的出发点来看待原材料采购。核价员一旦发现价格问题，当即上报厂部领导，并将供货合同退回采购部门。而采购员如果发现有不合格供应商的给付款，则一同追究核价人员和财务部主管的责任，严重者令其下岗。这样一来，可以使采购部与财务部相互牵制，相互监督。

(3) 不允许任何部门以任何理由对原材料和零部件进行指定。以前，某些零部件的供应商以不正当的手段联系设计部门，使技术人员在产品设计过程中对零部件供应商进行指定。例如，冷却器是直流电机上价值最大的零部件，其价值要占到总材料成本的 30%以上。很多冷却器厂家为了分食这块市场，展开了激烈的竞争。在价格、性能等条件不相上下的情况下，冷却器厂商为了保住自己的市场份额，在产品之外也做了许多“努力”，与技术人员和采购人员达成私下协议，这些高额的交际成本从何而来呢？最终还是落到了电机的成本上。上海电机厂曾经的一个最大的冷却器供应商，产品价格要高出其他同类产品 20%左右。现在，厂部专门召集有关商务、技术人员召开专题会，禁止以任何理由对任何原材料和零部件进行指定。还有些供应商为了推销自己的产品找到电机厂的客户，要求客户在与上海机电厂签订订货合同上注明，要求上海电机厂采购其产品。针对这种情况，厂部决定，属于客户直接指定的供货商，上海电机厂要收其货款的 10%作为配套费。

(4) 与竞争对手不断联系，监督供货商。在电机行业中，不同的厂家所使用的原材料和零部件是相同的，因此，同一供应商经常同时是好几家电机制造厂的供应商。因此，要在同行业中经常联系以了解和监督相同的供应商的行为，如果发现在同样的付款方式、相同原材料和零部件的同一供应商，销售给其他电机厂的价格低于其销售给上海电机厂的，上海电机厂将拒付货款，并不再与其发生业务往来。上海电机厂近期专门组织一些主要原材料和零部件的供应商认真学习和执行这一制度。

(5) 与一些强大而重要的供应商建立战略联盟。目前，电机制造中使用的硅钢片在国内基本上来自武汉钢铁集团公司(简称武钢)、宝钢集团有限公司(简称宝钢)、太钢集团(简称太钢)，而这些硅钢板供货商的产品在市场上销路很好，供不应求。从某种意义上来说，电机厂的发展受到了这些供应商的限制，与这些供应商建立战略联盟尤为重要。针对这一情况，厂部决定，电机厂哪怕再缺乏资金、再困难都不能拖欠这些供应商的货款。另外，武钢、宝钢、太钢近年来都在上大的工程项目，在这些项目中，电机设备是必不可少的。上海电机厂每次在这些项目招标中都以最优价格积极投标，并且在项目执行当中，都严格保质保量，按时交货，而且承诺在设备的安装调试和以后的售后服务中均积极主动。上海电机厂已经做好了充分的思想准备，为这些项目来制造电机是不准备盈利的，有的甚至要亏本。上海电机厂这样做的目的就是要保证硅钢片的货源不能因为市场的供不应求而受到影响。

(6) 对于外协的一些零部件，电机厂要指定供应商。以前，电机厂的零部件外协成本居高不下，有时甚至远远高于市场价和自己做的成本。针对这一情况，电机厂决定为这些外协加工寻找物美价廉的合格供应商，争取从原材料采购的源头节约成本。

【问题讨论】

1. 控制原材料采购成本对上海电机厂具有什么重要意义？
2. 上海电机厂采用了哪些措施来控制原材料采购成本？
3. 上述措施中，是否存在不足的地方？你认为还有哪些措施可以帮助上海电机厂控制采购成本？

本章小结

围绕供应链的采购价格和成本控制，本章首先介绍了影响采购价格的主要因素、供应商产品成本的构成、供应商定价方法、采购价格的确定；其次，阐述了采购成本的含义及其重要性，采购成本的组成；进一步地，介绍了采购价格分析方法，主要有倒推价格分析法、学习曲线法、作业活动成本分析法；最后，阐述了采购成本控制战略思考及方法。

案例方面，本章首先以“一味压低采购价格之后”为引导案例，引出了采购成本控制问题；其次，以“供应商具体定价的 10 个方法应用”呈现出现实中供应商常用的一些定价策略及方法，以“番石榴浓缩汁的成本”的案例，阐述采购成本的组成，以“综合采购成本分析”的案例，阐述学习曲线，作业成本法在采购价格分析中的应用，以“美心公司厂商协同降低采购成本”的案例，阐述采购成本控制策略的应用；最后，以“上海电机厂控制原材料采购成本措施”的案例，分析讨论采购成本控制的意义及做法，对本章的重要知识点进行强化和总结。

参考文献

[1] 张浩. 采购管理与库存控制[M]. 北京：北京大学出版社，2010.

[2] 李述容. 采购与供应管理[M]. 武汉：武汉理工大学出版社，2010.

[3] 霍红，华蕊. 采购管理与供应链管理[M]. 2 版. 北京：中国财富出版社，2014.

[4] 刘斌. 采购与供应管理[M]. 北京：高等教育出版社，2005.

[5] 梁军. 采购管理[M]. 北京：电子工业出版社，2006.

[6] 张晓华. 采购与库存控制[M]. 武汉：华中科技大学出版社，2017.

[7] 肯尼斯・莱桑斯，布莱恩・法林顿. 采购与供应链管理[M]. 鞠磊，吴立生，张晶，译. 北京：电子工业出版社，2008.

[8] Arjan Jvan Weele. 采购与供应链管理——分析、规划及其实践[M]. 梅绍祖，阮笑磊，巢来春，等译. 北京：清华大学出版社，2002.

[9] 顾中元. 企业采购成本控制的方法和策略[J]. 科技创新导报，2016，13(35)：244-245.

[10] 张艳丽. 关于采购成本控制若干问题的思考[J]. 经营管理者，2013(17)：221.

[11] 杨燕华. 采购成本分析方法在企业中的运用[J]. 石油石化物资采购，2011(12)：86-89.

[12] 颜冬. 论企业采购成本控制的方法和策略[J]. 当代经济，2012(24)：76-77.

第 4 章　供应商管理

【引导阅读】

为什么要管理供应商？

说起为什么要管理供应商，让我先讲个威利·萨顿的故事。萨顿在美国是个名人。他有名，有以下两个原因：一是在 41 年的犯罪生涯中，他曾 *N* 次抢劫银行，总金额在 200 万美元左右(这是近 100 年前的钱，放到今天应该过亿了吧)，从无失手，当然最后一次例外；二是被抓住后，记者问："威利，你知道自己会被逮住，会坐监牢，那你为什么还要抢银行？"他说："因为那里有钱。"这句大实话让萨顿在美国彻底成了名人。

相信你现在知道为什么要管理供应商了，因为有大笔的收益！正如萨顿抢银行一样具有诱惑力！在制造业，高达 70%的产品成本来自供应商。这也意味着高达七成的增值活动发生在供应商处。管理供应商，就是管理这七成的增值活动。供应商的绩效，直接决定了公司能否把成本降下来，把速度和质量做上去。供应链的绩效，直接取决于供应商的绩效。离开供应商管理，供应链管理就无从谈起。

所以，供应商不是简单的持币购物的对象，就如菜市场买菜一样，而是公司的延伸，需要更深入的管理。

有一次，我访问一个百亿规模的制造商，给他们培训采购与供应链管理，发现他们有七八十个采购员，平均工作经验只有两年多，很多是大学刚毕业。而他们的供应商呢，很多战略供应商都在海外，规模大，技术优势明显，供应链管理难度高。供应商关系复杂，不是这样的年轻团队所能应对的。供应商呢，基本上处于没管理的状态：交期长，价格高，质量也不稳定，整个采购团队疲于应付，催货成常态，按下葫芦起了瓢。他们的董事长很年轻，70 后，白手起家。当我解释了为什么不能忽视这 70%的增值活动、为什么这样稚嫩的团队无力负责这么重要的业务时，他理解了，当场拍板招聘了 10 个更资深的采购经理。

这也是很多本土企业长期以来都会面临的问题：采购被视作持币购物，得不到重视，没有动力来管理供应商，导致供应商成为供应链的短板。随着本土企业的全球化，供应商和供应链也在全球化，这个问题只会越来越严重。

4.1　供应商管理概述

供应链管理是企业的“第三利润”来源，一个成功的供应链需要有高水准的供应商配合。供应商对企业的重要性与日俱增，单从材料成本的角度来看，通常有 50%～85%的成本是支付给供应商的。除此之外，供应商所提供的品质、交货期及服务，无不直接影响企业的竞争力。但在中国，供应链管理尚处于初始阶段，很多企业，特别是中小企业，在供应商选择决策上存在很多问题，例如，选择供应商受到一些个人主观因素的影响，有时往往根据印象而确定对供应商的选择；选择供应商的标准不全面，大多只集中在评估要素的某一方面，如产品质量、价格、交货准时性和批量等，没有形成一个全面的供应商评估指标体系，不能对供应商做出全面、具体、客观的评价。

因此，成功的采购与供应不仅依赖于采购人员出色的谈判技能，更依赖于高水平的供应商选择决策与管理。

4.1.1　供应商与供应商管理

所谓供应商，是指可以为企业提供经营运作所需的原材料、设备、工具、服务和其他资源的企业。企业的生产运作离不开供应商的支持，供应商为企业的生产运作提供所必需的资源，如人力资源、原材料、信息、金融资本等。企业要维持正常的生产，就必须有一批可靠的供应商为企业提供各类产品和服务，因而供应商对企业的生存和发展至关重要。

供应商管理就是对供应商的了解、选择、开发、使用和控制等综合性管理工作的总称。其目的在于建立稳定可靠的供应商队伍，为企业经营运作提供可靠的物资供应。采购管理的一个重要工作就是在大量的供应源中寻找合适的供应商，并做好对供应商的管理工作。如何做好供应商的选择与管理是采购活动过程中重要的工作之一。

在供应商的选择和管理方面，最为重要的是观念的转变。按照传统观念，供应商是以追求利润最大化为目的的利益主体，和购买者之间既是相互依赖又是互相对立的关系，购买者为了防止供应商以劣充优，在供货质量、数量上做文章，需要花费很多人力、物力加强物资检验，这大大增加了物资采购验收的成本。为了克服传统的企业与供应商关系的弊端，企业必须重视对供应商的管理工作，多方面地去了解、选择、开发供应商，合理使用和控制供应商，建立起一支可靠的供应商队伍，使物资供应及时齐备、质优价廉，双方互相支持、关系融洽，这样才有利于采购工作的顺利进行，有利于保障企业的生产需求，达到降低成本的目的。

对于企业来说，供应商之所以重要，不只是因为他们能够给企业提供生产所需的各种资源，更重要的是，供应商给企业提供的各种资源会直接影响企业生产运行的各个方面，具体来说主要包括以下几个方面：

1) 对企业产品质量的影响

为了保证企业提供高质量的产品或服务：一方面需要在企业内部不断改进生产工艺，提高技术水平，加强质量管理；另一方面尤其不可忽视的，就是要保证供应商所提供的原材料的质量。高质量的原材料是企业生产高质量产品的首要条件。原材料的质量直接影响企业所生产的产品的质量，只有供应商提供优质的原材料，企业才能生产出高质量的产品，反之，则会降低企业产品的质量，给企业带来不可估量的损失。

2) 对企业运作效率的影响

企业的运作效率是赢得竞争优势的重要指标之一。如果企业能非常迅速地对顾客的需求做出反应，先于竞争对手迅速地开发并且把一种新产品投放到市场中去，就更有可能赢得竞争的成功。但是，企业的运作效率会受到供应商提供原材料速度的影响，如果供应商能够非常迅速地按照企业的要求为企业的生产提供所需的原材料，对于企业竞争优势的建立显然是非常有利的。美国戴尔计算机公司在全球取得了巨大成功，它的一个竞争优势就是对客户需求的快速反应。客户发出订单后，戴尔可以在接到订单的 36 个小时以内组装计算机并且发货运出。为了支持这一生产速度，戴尔要求其供应商在接到戴尔的需求指令以后，必须在 1 个小时之内为它提供所需的零部件。如果没有供应商的高速支持，戴尔的高速也无法得到保证。

3) 对企业生产成本和利润的影响

从某种意义上说，供应商也是企业的竞争对手，因为供应商也会与企业争夺利润。企业支付给供应商的原材料的价格是企业产品成本非常重要的一部分。在竞争的市场中，产品的价格由市场决定而不是由企业决定，在这种情况下，原材料价格的上涨会导致产品成本的提高。

显然，在市场价格不变的情况下，如果企业不能把提高的成本转移到价格上去，就会降低企业可能得到的利润。所以说，供应商还价的能力会直接影响到企业的生产成本及可获得的利润。

4.1.2　供应商的分类

供应商细分是指在供应市场上，采购方依据采购物品的金额、采购商品的重要性及供应商对采购方的重视程度和信赖程度等因素，将供应商划分成若干个群体。供应商细分是供应商关系管理的先行环节，在此基础上，采购方才有可能根据细分供应商的不同情况实行不同的供应商关系策略。

根据不同方法可以将供应商细分为以下几种类型。

1) 按供应商的选择方式分类

根据供应商的选择方式，可以将供应商细分为公开竞价型供应商、网络型供应商与供应链管理型供应商三种。

(1) 公开竞价型供应商。采购商公开地向若干供应商提出所需采购物品的采购计划，各个供应商根据自身的情况进行竞价，采购商依据供应商竞价的情况，选择其中价格低、质量好的供应商作为该项采购计划的供应商，这类供应商就称为公开竞价型供应商。在供大于求的市场中，采购商处于有利地位，采用公开竞价方式选择供应商，对产品质量和价格有较大的选择余地，是企业降低成本的途径。

(2) 网络型供应商。采购商在与供应商长期的选择与交易中，将把在价格、质量售后服务综合实力等方面比较优秀的供应商组成供应商网络，采购企业的某些物品只限于在供应商网络中采购。

(3) 供应链管理型供应商。以供应链管理为指导思想的供应商管理，采购商与供应商之间的关系更为密切，采购商与供应商之间通过信息共享，适时传递自己的需求信息，而供应商根据实时的信息，将采购商所需的物资按时、按质、按量地送交采购商，这类供应商就称为供应链管理型供应商。

2) 按 80/20 规则分类

根据 80/20 规则，可以将供应商细分为重点型供应商和普通型供应商。

(1) 重点型供应商，是指占 80%采购金额的 20%的供应商。这些供应商提供的物品为企业的战略物品或需要集中采购的物品，如汽车厂需要采购的发动机和变速器，电视机厂需要采购的彩色显像管及一些价值高但供应保障不力的物品。对于重点型供应商应投入 80%的时间和精力进行管理与改进。

(2) 普通型供应商，是指只占 20%采购金额的 80%的供应商。这类供应商所提供物品的运作对企业的成本质量和生产的影响较小，如办公用品、维修备件、标准件等物品。对于普通型供应商只需要投入 20%的时间和精力跟进其交货。

按 80/20 规则进行供应商细分，其基本思想是针对不同的采购物品采取不同的策略，同时在采购的工作精力分配上也应各有侧重，对于不同物品的供应商也应采取不同的策略。在具体操作上应注意：第一，按 80/20 规则细分的供应商并不是一成不变的，而是有一定的时间限制，随着企业生产结构和产品线调整，需要重新进行细分；第二，对重点型供应商和普通型供应商应采取不同的策略。

3) 按与供应商的合作关系分类

根据与供应商的合作关系，可以将供应商细分为短期目标型供应商、长期目标型供应商、渗透型供应商、联盟型供应商和纵向集成型供应商。

(1) 短期目标型供应商。采购商与供应商之间是交易关系，即一般的买卖关系的供应商。双方的交易仅停留在短期的交易合同上，各自所关注的是如何谈判，即如何提高谈判技巧使自己不吃亏，而不是如何改善自己的工作使双方都获利。供应商根据交易的要求提供标准化的产品或服务，以保证每一笔交易的信誉，当交易完成后，双方的关系也就终止了，双方只有供销人员有联系，而其他部门的人员一般不参加双方之间的业务活动，也很少有什么业务活动。

(2) 长期目标型供应商。采购商与供应商保持长期的关系，双方有可能为了共同利益对改进各自的工作感兴趣，并在此基础上建立起超越买卖关系的合作的供应商。长期目标型供应商的特征是建立一种合作伙伴关系，双方的工作重点是从长远利益出发，相互配合，不断改进产品质量与服务质量，共同降低成本，提高共同的竞争力。合作的范围遍及公司内部的多个部门。例如，由于是长期合作，采购商对供应商提出新的技术要求，而供应商目前还没有能力，在这种情况下，可以对供应商提供技术资金等方面的支持。同时，供应商的技术创新也会促进企业产品改进，所以对供应商进行技术支持与鼓励有利于企业长期利益的获得。

(3) 渗透型供应商。在长期目标型供应商基础上发展起来的供应商。其指导思想是把对方公司看成自己的公司，是自己所在公司的一部分，因此，对对方公司的关心程度大大提高。为了能够参与对方活动，有时会在产权关系上采取适当措施，如互相投资、参股等，以保证双方利益的共享与一致性。同时，在组织上也采取相应的措施，双方各派人员加入对方的有关业务活动。这样做的优点是可以更好地了解对方的情况，供应商可以了解自己的产品是如何起作用的，容易发现改进方向，而采购商可以知道供应商是如何制造的，也可以提出改进的要求。

(4) 联盟型供应商。联盟型供应商是从供应链角度提出的。其特点是注重纵向链条上管理成员之间的关系，双方维持关系的难度提高了，要求也更高。由于成员增加，往往需要一个处于供应链上核心地位的企业出面协调成员之间的关系，称为供应链核心企业。

(5) 纵向集成型供应商。最复杂的供应商类型，即把供应链上的成员整合起来，像个企业一样，但各成员是完全独立的企业，决策权在自己手中。这种供应商要求每个企业在充分了解供应链的目标、要求，以及在充分掌握信息的条件下，能自觉做出有利于供应链整体利益的决策。有关这方面的知识，更多的是停留在学术上的讨论，而实践中的案例很少。

4) 按供应商分类模块法分类

供应商分类的模块法是依据供应商对采购商的重要性和采购商对供应商的重要性进行矩阵分析，并据此对供应商进行分类的一种方法。这种方法可以由矩阵图表示，如图 4.1 所示。

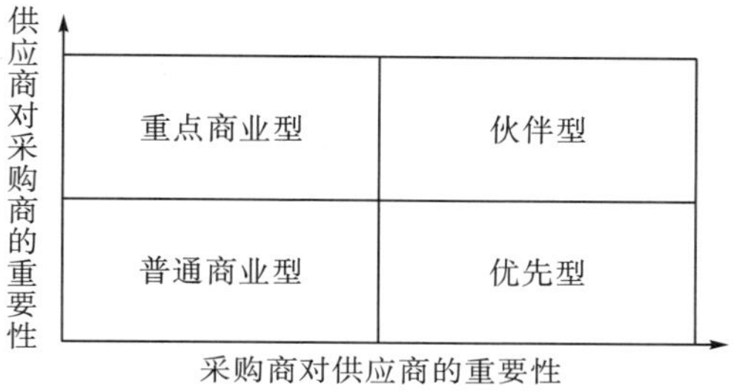

图 4.1　供应商分类模块法

(1) 伙伴型供应商。供应商认为采购商的采购业务对于供应商来说非常重要，供应商自身又有很强的产品开发能力等，同时该采购业务对采购商也很重要。

(2) 优先型供应商。供应商认为采购商的采购业务对于供应商来说非常重要，但该项业务对于采购商却并不十分重要，那么这样的供应商无疑有利于采购商。

(3) 重点商业型供应商。如果供应商认为采购商的采购业务对供应商来说无关紧要，但该采购业务对采购商却是十分重要的，那么这样的供应商就是需要注意改进提高的。

(4) 普通商业型供应商。对于那些对于供应商和采购商来说均不是很重要的采购业务，相应的供应商可以很方便地选择更换。

案例 4.1

某公司的供应商分类体系

根据对供应商的打分，可以将一个公司的供应商分为以下几类，如表 4.1。

表 4.1　某公司的供应商分类

	战略供应商	优选供应商	资格未定供应商	淘汰供应商
分数	100	80~99	60~79	<60
是否进行半年评估	否	是	是	是
是否参与设计	是	是	是	否

接下来，我们会介绍一下该分类背后的几个问题，因为这些问题相当普遍，在很多公司都存在。

其一，战略供应商更多是由其不可替代性决定的，而不是自身的绩效打分(当然绩效也要达到基本的标准，至少要有清晰的改进方案，否则就会成为消极淘汰供应商，在下一代新产品中弃用)，如关键元器件，因为技术难度高，验证周期长，供应商一经导入，就很难替代，就是天生的战略供应商，可以说，战略供应商是含着金钥匙出生的。当然，他们也是经过几十年如一日的努力，投入巨大的资源才走到这一步的。

其二，正因为技术难度高，供应链复杂，供应周期长，战略供应商的绩效注定会问题多多，如交付周期长，按时交付差，质量不稳定，尤其是那些挑战性能、工艺极限的新产品。如果简单地按照绩效评分一刀切，这些供应商就不可避免地成了淘汰供应商，显然是个错误。作为采购方，督促、帮助战略供应商改进，尽量通过现有供应商解决问题，往往是最理性的选择。否则的话，就容易陷入一直在寻找新供应商的怪圈，因为不管哪个供应商，都会有同样的问题。

其三，在参与设计上，我们对资格未定供应商要非常谨慎。这类供应商之所以资格未定，要么因为是新供应商，还没有证明自己；要么因为是老供应商，出了绩效问题，需要重新证明自己。不管怎么样，资格未定供应商的风险都相当高。作为采购方，对于新导入的资格未定供应商，要避免“别人家园子里的草绿”的思维，不能轻率导入；对于有绩效问题的老供应商，更要避免“吃二次苦，受二茬罪”的重复试错。

特别是那些新导入的供应商，往往头戴鲜艳的光环，如是某些知名企业的供应商，你可要特别警惕才对，因为他们也可能是那些名企的淘汰供应商。试想，如果这些供应商真像他们自己说的那么好，那些知名企业应该给他们足够多的业务，为什么将他们淘汰呢？

4.2　供应商选择

供应商对企业的影响直接关系企业的生存和发展，影响企业在市场中竞争优势的建立。优秀的供应商可以为企业竞争优势的建立提供有力支持，而不良的供应商会对企业在市场中建立竞争优势制造障碍。因此，对企业来说，如何选择良好的供应商至关重要。

4.2.1　供应商选择的标准

决定和哪个供应商进行大量业务往来通常需要对其进行考核。选择供应商时，有许多指标需要考虑。各指标的重要性因企业而异，甚至因同一企业的不同产品或服务而异。根据时间的长短，考核指标可分为短期指标和长期指标。在确定选择供应商的指标时，只有把短期指标和长期指标结合起来，才能建立一个比较完整的指标体系，进而利用这一指标体系对供应商进行评价，最终寻找到理想的供应商。

1) 短期指标

(1) 商品质量。采购商品的质量是否合乎采购单位的要求是采购单位进行商品采购时首先要考虑的因素。对于质量差、价格偏低的商品，虽然采购成本低，但会导致企业的总成本增加。因为质量不合格的产品在企业投入使用的过程中，往往会影响生产的连续性和产成品的质量，这些最终都会反映到总成本中去。当然，质量过高并不意味着采购物品适合企业的生产所需，因为质量过高，特别是远远超过生产要求的质量，对于企业而言也是一种浪费。因此，采购中对于质量的要求应符合企业生产所需，要求过高或过低都是有问题的。

(2) 价格水平。成本不仅包括采购价格，而且包括原料和零部件使用过程中所发生的一切支出。采购价格低是选择供应商的一个重要条件，但是价格最低的供应商不一定就是最合适的，因为如果在产品质量、交货时间上达不到要求，或由于地理位置过远而使运输费用增加，都会使总成本增加。因此，如何使总成本最低才是选择供应商时要考虑的重要指标。

(3) 交货速度。供应商能否按约定的交货期限和交货条件组织供货，会直接影响到企业生产的连续性，因此，交货时间也是选择供应商时要考虑的指标之一。企业在考虑交货时间时需要注意两个方面的问题：一是要降低生产所用的原材料或零部件的库存数量，降低库存占压资金，以及与库存相关的其他各项费用；二是通过降低断料停工的风险，保证生产的连续性。结合这两个方面内容，对交货及时性的要求应该是：客户什么时候需要，就什么时候送货，不晚送，也不早送，及时准时。

(4) 整体服务水平。供应商的整体服务水平，是指供应商内部各作业环节能够配合购买者的能力与态度。评价供应商整体服务水平的主要指标有 4 个：培训服务、安装服务、维修服务和技术支持服务。

2) 长期指标

选择供应商的长期指标主要在于评价供应商是否能保证长期而稳定的供应，其生产能力是否能随公司的成长而相应扩展，其产品未来的发展方向能否符合公司的需求，以及是否具有长期合作的意愿等。

(1) 供应商内部组织的完善性。供应商内部组织与管理关系到日后供应商的供货效率和服务质量。如果供应商组织机构设置混乱，采购的效率与质量就会因此而下降，甚至会由于供应商内部各部门之间的互相扯皮而导致供应活动不能及时地、高质量地完成。

(2) 供应商质量管理体系。采购商在评价供应商是否符合要求时，一个重要环节是看供应商是否采用相应的质量体系，如是否通过 ISO9000 质量体系认证，内部的工作人员是否按照该质量体系不折不扣地完成了各项工作，其质量水平是否达到国际公认的 ISO9000 所规定的要求。

(3) 供应商内部机器设备的状况。从供应商机器设备的新旧程度和保养情况可以看出管理者对生产设备、产品质量的重视程度，以及内部管理的优劣。如果车间机器设备陈旧，机器上面灰尘油污很多，则很难想象该企业能生产出合格的产品。

(4) 供应商的财务状况。供应商的财务状况直接影响其交货和履约的绩效，如果供应商的财务出现问题，资金周转不灵，就会影响供货，进而影响采购企业的生产，甚至会出现停工的严重危机。

除以上指标，还有其他一些在选择供应商时必须考虑的指标，包括历史记录、声誉、程序柔性、通信、劳资关系、所处地理位置等，根据企业的不同情况，这些指标也可以作为选择供应商的判断标准。需要特别注意的是，影响供应商选择决策的指标的权重并不相同，企业的采购性质与数量会直接对供应商选择决策产生影响。一般来说，企业可以选择上述部分指标对供应商进行分析，也可以根据企业情况增加新的选择指标对供应商进行考核。在考核时，首先，根据各考核指标重要性的不同而确定不同的权重，权重可用数字 0～1 中的某个数值表示；然后，对每个评价指标打分，将所得分数乘以该指标的权重，进行综合处理后得到一个总分；最后，根据每个供应商的总分进行排序比较和选择。

4.2.2 供应商选择的方法

选择供应商的方法很多，可根据供应商的数量和规模、采购物品的特点、采购的规模及采购的时间要求等具体确定。常见的方法主要有直观判断法、采购成本比较法、考核选择法、招标选择法、协商选择法等。

1) 直观判断法

直观判断法是指通过调查、征询意见、综合分析和判断来选择供应商的一种方法。这是一种主观性较强的判断方法，主要是倾听和采纳有经验的采购人员的意见，或直接由采购人员凭经验作出判断。使用这种方法，采购物品的质量取决于对供应商资料的掌握情况，以及决策者的分析判断能力与经验。这种方法运作方式简单、方便、快速，但是缺乏科学性，受掌握信息的详尽程度限制。常用于选择企业非主要原材料的供应商。

2) 采购成本比较法

对于采购商品质量和交付时间均能满足要求的供应商，采购企业通常要进行采购成本比较，即分析不同价格和采购中各项费用的支出，以选择采购成本较低的供应商。采购成本一般为售价、采购费用、交易费用、运输费用等各项支出的总和。

【例 4.1】 某公司按计划需要采购某种物资 100 吨，甲、乙两家供应商提供的物资质量与交货期均能满足企业要求，且信誉也都比较好。甲供应商的报价为 200 元/吨，运费为 5 元/吨，订购费用(采购中的固定费用)支出为 300 元；乙供应商的报价为 180 元/吨，运费为 15 元/吨，订购费用支出为 600 元。请从中选择一家供应商。

解：根据以上资料，可计算出从甲、乙两家供应商购买物资的成本分别为

$$\text{从甲供应商处购买物资的成本}=200\times100+5\times100+300=20800(\text{元})$$

$$\text{从乙供应商处购买物资的成本}=180\times100+15\times100+600=20100(\text{元})$$

经比较，由于从乙供应商处购买物资的成本较低，因此选择乙供应商较为合适。

3) 考核选择法

所谓考核选择法，是指在对供应商进行充分调查了解的基础上，认真考核、分析比较而选择供应商的方法。

考核选择法通常通过以下三个步骤来完成供应商的选择。

(1) 供应商调查。供应商调查可分为供应商初步调查和供应商深入调查。供应商初步调查对象选择的基本依据是其产品的品种规格、质量价格水平、生产能力、地理位置、运输条件和服务水平等。在这些条件合适的供应商中选择几个作为供应商初步调查的对象。供应商深入调查对象的选择相对比较复杂。根据产品的 ABC 分类确定产品的重要程度，对于企业的关键产品、重要产品，要认真地选择供应商。这些产品对于企业来讲，或是价

值高，或是精度高，或是技术先进，或是稀缺品，或是企业产品的核心零部件。要对这些产品的供应商进行深入细致的调查研究，选择真正能够满足企业要求的供应商。对于那些不太重要的产品，如普通的产品、供大于求的原材料、通用件、标准件等，可以不需要进行深入供应商调查。供应商深入调查对象的选择标准主要是企业的实力、产品的生产能力和技术水平、质量保证体系和管理水平等。

(2)考察考核供应商。初步确定的供应商还要进入试运行阶段进行考察考核。试运行阶段的考察考核更实际、更全面、更严格，因为这是直接面对实际的生产运作。在运作过程中，就要对包括产品质量合格率、按时交货率、交货差错率、交货破损率、价格水平、进货费用水平、信用度、配合度等各个评价指标进行考核和评估。在单项考核评估的基础之上，还要进行综合评估。综合评估就是把以上各个指标进行加权平均计算而得到的一个综合成绩。

(3) 试运作阶段。考核选择供应商通过试运作阶段，得出各个供应商的综合评估成绩，由此就可以最终确定哪些供应商可以入选，哪些供应商要被淘汰。一般试运作阶段达到优秀级的供应商应该入选，被评为一般或较差级的应予以淘汰。对于良好级的供应商，可根据情况列入候补名单。候补名单中的成员根据情况处理，可能入选，也可能落选。为了鼓励供应商之间的良性竞争，一些企业采购同一商品时故意选两个或三个供应商，称为AB角或ABC角。A角作为主供应商，分配较大的供应量(50%～80%)；B角(或再加上C角)作为副供应商，分配较小的供应量(20%～50%)。综合成绩为优的供应商担任A角，候补供应商担任B角。运行一段时间后，如果A角表现退步而B角表现进步，则可以把B角提升为A角，而把原来的A角降为B角，这样就在无形之中造成了A角和B角之间的竞争，促使A角、B角竞相改进产品质量和服务，从而使得采购企业获取更大的利益。

总之，考核选择供应商是一个较长时期的、深入细致的工作。这个工作需要采购部门牵头负责，其他部门共同配合才能完成。当供应商选定后，应当终止试运作期，签订正式的供应商关系合同，进入正式运作期后，就开始了比较稳定正常的物资供需关系。

4)招标选择法

当采购物资数量大、供应市场竞争激烈时，可以采用招标方法来选择供应商。招标选择法就是采购企业采用招标的方法，吸引多个有实力的供应商来投标竞争，然后经过评标小组分析评比而选择最优供应商的方法。招标方法竞争性强，采购单位可以在更广阔的范围内选择供应商，获得有利的、便宜且耐用的物资。但由于招标方法手续繁杂、耗费时间长，不能适应紧急订购的需要；订购机动性差，有时订购者与投标者沟通不够，易造成货不对路或不能按时到货的情况发生。

5)协商选择法

在可供货单位较多、采购单位难以抉择时，也可以采用协商选择方法，即由采购单位选出供应条件较为有利的几个供应商，分别进行协商，再确定合适的供应商。与招标选择法相比，协商选择法因双方能充分进行沟通协商，在商品质量交货期和售后服务等方面比较有保证，但由于选择范围有限，不一定能得到最便宜、供应条件最有利的供应商。当采购时间紧迫，投标单位少，供应商竞争不激烈，订购物资规格和技术条件复杂时，协商选择法比招标选择法更为合适。

4.2.3 选择供应商时应注意的问题

1) 选择有实力的供应商

在报价及交货承诺相同的情况下，应首先选择那些企业形象好且有实力的供应商。如某家供应商曾经给某些品牌企业提供过产品供应，并得到这些品牌企业的认可，这无疑是选择时的最好参考。

2) 避免选择独家供应商

许多企业的某些重要材料过于依赖一家供应商，这种情况导致供应商常常能左右采购价格，对采购商施加极大的压力。当采购方落入供应商垄断供货的控制之中，只有唯一的一家供应商时，采购商就会处于进退两难的境地，因为更换供应商的成本太高。对于采购商而言，要尽可能避免这种情况的发生。这就要求采购商在采购同种商品时，尽可能多选择几家，最好选择 2～3 家供应商。

3) 避免使用随意性较强、缺乏科学依据的选择方法

目前，我国许多企业的管理制度不完善，缺乏科学选择供应商的方法，致使许多项目在选择供应商时，更多的是参考供应商本身提供的各类书面文字材料和自我介绍，以及在市场上的口碑，或凭个人的主观臆想选择供应商参与竞标。

案例 4.2

怎样才能成为沃尔玛的供应商①

沃尔玛一般乐意与具备以下特征的供应商进行合作：第一，有强烈的决心致力于提高效率和降低成本的供应商；第二，愿意公开自己财务状况的供应商；第三，愿意在与沃尔玛业务相关领域投资的供应商；第四，对沃尔玛提供的产品服务具有创造性和排他性的供应商；第五，能给沃尔玛带来增值服务的供应商。

沃尔玛对于商品，有 4 个检验标准，即供应商的产品拿来以后会不会提高沃尔玛的质量；会不会使沃尔玛的价格得以改善；会不会增加沃尔玛的价值；会不会丰富沃尔玛的种类。如果供应商的产品在市场上没有什么优势，就需要突出自己的强项。另外怎么包装产

① 引自：如何成为沃尔玛的供应商. 网址：http://www.hal-marchina.com/supplier/ apply.htm.

品，对供应商来说也是一个非常重要的问题。对于沃尔玛这样的超级零售商而言，产品只是其中一个方面。沃尔玛首先看重的是企业，其次才是产品，它对经营上的选择甚于对商品质量的选择。在中国，要想成为沃尔玛的供应商，必须要满足以下条件：

(1) 所提供的商品必须质量优良，符合中国政府的各项标准和要求。

(2) 所提供的商品必须是市场最低价。

(3) 必须提供的企业及商品全部的资料。

(4) 首次洽谈或新品必须带样品。

(5) 有销售记录的增值税发票复印件。

(6) 能够满足大批量订单的要求。

(7) 供应商应提供以下的折扣：①年度佣金：商品销售总额的 1.5%；②仓库佣金：商品销售总额的 3%～5%；③新店赞助费；④新店开张时首单商品免费赞助；⑤新品进场费：新品进场首单免费。

4.3 面向供应链的供应商认证和绩效考核

供应商认证已经成为目前很多大企业进行供应商管理的一项重要内容。供应商认证与评估主要是为了进一步细致地考察潜在供应商的能力，一旦企业建立了完整的供应商认证体系，就可以掌握供应商的生产情况和产品价格信息，获取合理的采购价格、最优的服务，确保采购的物资质量和按时交货。供应商的绩效考核则是对已经通过认证的，正在为企业提供服务的供应商的日常表现进行定期的绩效监控和考核，其目的是为了了解供应商的表现，促进供应商提升供应水平，并作为对供应商奖惩的依据，进而优化供应商结构，提供竞争优势。

4.3.1 供应商认证

供应商认证是一个细致考察潜在供应商能力的过程。认证过程可以证实供应商是否达到或超过了采购商的要求，这在供应商关系中很重要，在采购商寻求建立长期供应关系的供应商时更为关键。确定与那些已经过认证的供应商进行合作可以使采购商免去大半或全部的检查、测试商品的工作。

1. 供应商认证的内容

在对供应商进行认证时，主要从以下几个方面进行考察。

1) 供应商的基本情况

供应商的基本情况主要包括以下几方面内容：

(1) 供应商的经营环境。主要包括供应商所在国家的政治、经济和法律环境的稳定性，进出口是否受限制，货币的可兑换性，近几年来的通货膨胀情况，基础设施情况，有无地理限制等。

(2) 供应商近几年的财务状况。主要包括各种会计报表、银行报表等。

(3) 供应商在同行业中的信誉及地位。主要包括同行对供应商产品质量、交货可靠性、交货周期及灵活性、客户服务及支持、成本等各项的评价。

(4) 供应商近几年的销售情况。包括销售量及趋势、人均销售量、供应商产品产量占行业总产量的比例。

(5) 供应商现有的紧密的、伙伴型的合作关系。包括与采购方竞争对手的关系、与其他客户或供应商之间的关系。

(6) 供应商的地理位置。主要包括与采购方的距离远近和海关通关的难易程度。

(7) 供应商的员工情况。主要包括员工的教育程度、出勤率、流失率、工作时间、平均工资水平、生产工人与员工总数的比例等。

2) 供应商的企业管理

供应商的企业管理要考虑以下因素：

(1) 企业管理的组织框架，各组织之间的功能分配，以及组织之间的协调。

(2) 企业的经营战略及目标，企业的产品质量改进措施，技术革新的情况，生产率及降低成本的主要举措，员工的培训及发展，是否通过 ISO 9000 质量体系认证以及企业管理战略等。

3) 供应商的质量体系及保证

供应商的质量体系及保证主要包括以下内容：

(1) 质量管理机构的设置及功能。

(2) 供应商的质量体系是否完整。主要包括质量保证文件的完整性与正确性、有无质量管理的目标与计划、质量的审核情况、与质量管理相关的培训工作的开展情况等。

(3) 企业产品的质量水平。主要包括产品质量、过程质量、供应商质量及顾客质量投诉情况。

(4) 质量改进。主要包括与顾客的质量协议、与供应商的质量协议、是否参与顾客的质量改进、是否参与供应商的质量改进、质量成本控制、是否接受顾客对其质量的审核等。

4) 供应商的设计、工程与工艺

供应商的设计、工程与工艺主要包括：

(1) 相关机构的设立与相应职责。

(2) 工程技术人员的能力。主要包括工程技术人员的受教育情况、工作经验、在本公司产品开发方面的水平、在公司产品生产方面的工艺水平及流失情况。

(3) 开发与设计。主要包括开发设计的试验及试验情况、与顾客共同开发的情况、与供应商共同开发的情况、产品开发的周期及工艺开发程序。

5) 供应商的生产情况

供应商的生产情况主要包括以下内容：

(1) 生产机构的设置及职能。

(2) 生产工艺过程。主要包括工艺布置、设备(工艺)的可靠性、生产工艺的改进、设备利用率、工艺的灵活性、作业指导、生产能力等。

(3) 生产人员的情况。主要包括职工参与生产管理的程度、生产现场的管理情况、生产报表及信息的控制情况、外协加工控制情况、生产现场环境与清洁情况等。

6) 供应商的企划与物流管理

供应商的企划与物流管理主要包括以下内容：

(1) 相关机构的设立情况。

(2) 物流管理系统的情况。主要包括物流管理、物料的可追溯性、仓储条件与管理、仓储量等。

(3) 发货交单情况。主要包括发货交单的可靠性、灵活性，即时供应能力、包装及运输情况，交货的准确程度。

(4) 供应商管理。主要包括供应商的选择与审核、供应商表现的考评情况、供应商的分类管理情况、供应商的改进与优化等。

7) 供应商的环境管理

供应商的环境管理主要包括以下内容：

(1) 环境管理机构的设置及其管理职能。

(2) 环境管理体系。主要包括环境管理的文件体系、环境管理的方针与计划等。

(3) 环境控制的情况。主要包括环境控制的运作、沟通与培训、应急措施、环境检测、环境管理体系的审核。

8) 供应商对市场及顾客服务支持

供应商对市场及顾客服务支持主要包括以下内容：

(1) 相关机构的设置。

(2) 交货周期及条件。主要包括正常交货的周期、紧急交货的周期、交货与付款的条件、保险与承诺。

(3) 价格与沟通。主要包括合同的评审、降低价格与成本的态度、电子邮件与联系方式、收单与发货沟通的情况。

(4) 顾客投诉与服务。主要包括顾客投诉的处理程序、顾客投诉的处理与反应时间、顾客的满意程度、售后服务机构、顾客数量及伙伴顾客的数量等。

除此之外，在对供应商认证的过程中还存在着定价策略、单一供应商与多家供应商的选择、直接采购与间接采购、供应商绩效管理等方面的问题，这些都需要结合采购方自身情况进行灵活的选择和决策。

2. 供应商认证的流程

企业供应商认证的流程主要由以下几个环节构成：

(1) 供应商自我认证。对供应商进行认证之前应要求供应商先进行自我评价。一般是先发信给供应商，让供应商做出自我评价，然后再组织有关人员进行认证。

(2) 成立供应商认证小组。收到供应商自我认证的资料后，应着手成立供应商认证小组。供应商认证小组应包括不同部门成员，主要包括质量管理、工程、生产等部门。认证小组成立后应确认对供应商认证采取的形式和认证的指标体系。

(3) 针对认证的内容，确定相应的指标评分体系。对于供应商的认证要针对不同的供应商采取不同的评分体系。一般来说，供应商认证的评分体系主要包括领导班子和风格、信息系统及分析、战略计划、人力资源、过程控制、商务运作、客户满意程度、供应管理、销售管理、时间管理、环境管理等。

(4) 会同质量管理、工程、生产等部门进行现场调查。对供应商的现场调查，主要是为了了解供应商的管理机构设置情况，了解各个部门之间的分工及汇报流程，考察供应商质量控制与管理体系、生产工艺、顾客服务、环境体系等内容。在现场考察的同时，应根据预先设置的评分体系进行子系统的评价，并给出相应的分值。

(5) 各部门汇总评分。进行现场考察后，各个部门应通过现场观察的情况，结合供应商的相关文件、先前的市场调查情况、供应商的客户情况和供应商的会谈情况等，进行综合评分，得出供应商最终认证的总成绩。各部门进行汇总评分后，组织进行现场调查的部门写出考察报告，呈报上级领导，并且将考察的资料备案、存档。

(6) 将认证情况反馈给供应商。对供应商进行认证的最终结果应反馈给供应商，让供应商明确自己的不足，以便进行改进与提高。

(7) 供应商认证跟踪。认证后，要对供应商进行跟踪。供应商的认证不仅仅是一个审查和评价的过程，也是一个反馈与跟踪的过程。要随时监测供应商的执行情况，不断督促供应商进行改进。

总之，对供应商的认证是一个长期的、动态的过程，是通过持续的评估和认证来确认和不断培养供应商的过程。

4.3.2 供应商绩效考核

对供应商的绩效进行考核是供应商管理中很重要的一步，是对已经通过认证的、正在为企业提供服务的供应商的日常表现进行定期的绩效监控和考核，其目的是为了了解供应商的表现，促进供应商提升供应水平，并作为对供应商奖惩的依据，进而优化供应商结构，提高竞争优势。定期对供应商的绩效进行考核是一种持续监督供应商的生产（或服务）能力、质量、交货，以及解决、执行采购商对供应商其他方面要求的有效措施。如果评估结果有问题，采购商就可以在发生严重问题之前把它们提出来。供应商绩效考核过程中经常发现的典型问题主要集中在管理方式、质量保证、物料管理、设计程序、过程改进政策、纠正措施与后继措施等方面。供应商绩效考核的主要内容与供应商认证内容类似，下面详细介绍对供应商绩效考核所使用的具体指标。

不同企业的经营范围不同，供应商供应的商品也就不同，因此，对供应商的评估标准也各不相同，相应的评估指标设置也不一样。一般来讲，最简单的做法就是衡量供应商的交货质量和及时性。这是最易于评估的，而且不需要耗费太多的时间和精力，只需在每次进货和使用货物时进行相关记录即可。较先进的供应商评估系统则要进一步扩展到供应商的支持与服务、供应商参与本公司产品开发的表现等，也就是把评估、订单、交单的实现过程延伸到产品开发过程。虽然供应商的评估指标很多，但可以归纳为以下4个方面。

1）质量指标

质量是供应商绩效考核最基本指标。每一个采购方在这方面都有自己的标准，要求供应商遵从。供应商质量指标主要包括来料批次合格率［式（4.1）］、来料抽检缺陷率［式（4.2）］、来料在线报废率［式（4.3）］、供应商来料免检率［式（4.4）］。

$$来料批次合格率=(来料合格批次\div来料总批次)\times100\% \tag{4.1}$$

$$来料抽检缺陷率=(抽检缺陷总数\div抽检样品总数)\times100\% \tag{4.2}$$

$$来料在线报废率=[来料总报废数(含在线生产时发现的)\div来料总数]\times100\% \tag{4.3}$$

$$供应商来料免检率=(来料免检的种类数\div该供应商供应的产品总种类数)\times100\% \tag{4.4}$$

其中，以来料批次合格率最为常见。此外，也有一些公司将供应商质量体系是否应用统计过程控制（statistical process control，SPC）及如何将SPC应用于质量控制等也纳入考核范畴。例如，如果供应商通过了ISO 9000质量体系认证或供应商的质量体系达到某一水平则为它加分。还有一些公司要求供应商在提供产品的同时也要提供相应的质量文件，如过程质量检验报告、出货质量检验报告、产品成分性能测试报告等，并对供应商提供信息的完整、及时与否给予评估。

2）供应指标

供应商的供应指标又称企业指标，是同供应商的交货表现及供应商企业管理水平相关的考核因素。其中，最主要的是准时交货率、交货周期和订单变化接受率。

(1)准时交货率。准时交货率的计算公式为

准时交货率=(按时按量交货的实际批次÷订单确认的交货总批次)×100%　(4.5)

(2)交货周期。交货周期是指自订单开出之日到收货之时的时间长度。一般以天为单位。

(3)订单变化接受率。订单变化接受率是衡量供应商对订单变化反应灵敏度的一个指标，是指在双方确认的交货周期中供应商可接受的订单增加或减少的比率。用公式表示为

订单变化接受率=(订单增加或减少的交货数量÷订单原定的交货数量)×100%　(4.6)

值得注意的是，供应商能够接受的订单增加接受率与订单减少接受率往往并不相同。其原因在于，前者取决于供应商生产能力的弹性、生产计划安排与反应快慢、库存大小与状态(原材料、半成品或成品)等；而后者则主要取决于供应商的反应、库存(包括原材料与在制品)大小及对因订单减少所造成的损失的承受力。此外，有些企业还将供应商供应的原材料或零部件的最低库存量、供应商的企划体系水平、供应商所采用的信息系统，如物料需求计划(material requirement planning，MRP)、制造资源计划(manufacturing resource planning，MRP Ⅱ)或企业资源计划(enterprise resource planning，ERP)及供应商是否同意实施“即时供应”等纳入考核。

3）经济指标

供应商考核的经济指标主要是考虑采购价格与成本。经济指标同质量、供应指标不同：一是质量、供应考核指标按月考核，而经济指标则常常按季度考核；二是经济指标往往都是定性的，难以量化，而质量、供应指标是量化的指标。经济指标的具体考核点主要包括以下几个方面。

(1)价格水平。企业可以将自己的采购价格同本企业所掌握的市场行情进行比较，也可以根据供应商的实际成本结构及利润率等进行主观判断。

(2)报价行为。主要包括报价是否及时，报价单是否客观、具体、透明。报价可分解为：原材料费用、人工费用、包装费用、运输费用、税金、利润以及相对应的交货与付款条件。

(3)降低成本的态度和行动。降低成本的态度和行动是指供应商是否自觉自愿地配合采购方或主动地开展降低成本活动，是否制订成本改进计划，是否实施改进，是否定期与采购方协商采购价格等。

(4)分享降价成果。分享降价成果是指供应商是否积极配合、响应采购方提出的付款条件、付款要求及付款办法，供应商开出付款发票是否准确、及时，是否符合有关财税要求。有些企业还将供应商的财务管理水平与手段、财务状况以及对整体成本的认识纳入考核。

4) 支持、合作与服务指标

同经济类指标一样，考核供应商在支持、合作与服务方面的表现通常也都是定性考核，一般来说可以每个季度一次。考核的内容主要包括以下几个方面：

(1) 投诉灵敏度。投诉灵敏度是指供应商对订单、交货、质量投诉等反应是否及时、迅速，答复是否完整，对退货、挑选等要求是否及时处理。

(2) 沟通。沟通是指供应商是否派出合适的人员与采购方定期进行沟通，沟通手段是否符合采购方的要求(电话、传真、电子邮件以及文件书写所用软件与采购方的匹配程度，等等)。

(3) 合作态度。合作态度是指供应商是否将采购方看成是重要客户，供应商高层领导或关键任务是否重视采购方的要求，是否经常走访采购方，供应商内部(如市场、生产、计划、工程、质量等部门)沟通协作是否能整体理解并满足采购方的要求。

(4) 共同改进。共同改进是指供应商是否积极参与或主动提出与采购方相关的质量、供应、成本等改进项目或活动，是否经常采用新的管理做法，是否积极组织参与采购方共同召开的供应商改进会议，是否配合采购方开展质量体系的审核等。

(5) 售后服务。售后服务是指供应商是否主动征询顾客意见，是否主动走访采购方，是否主动解决或预防问题的发生，是否及时安排技术人员对发生的问题进行处理。

(6) 参与开发。参与开发是指供应商是否主动参与采购方的各种相关开发项目，是否参与采购方的产品或业务开发，在其过程中表现如何。

(7) 其他支持。其他支持是指供应商是否积极接纳采购方提出的有关参观、访问、实地调查等事宜，是否积极提供采购方要求的新产品报价与送样，是否妥善保存与采购方相关的机密文件等以免泄漏，是否保证不与影响到采购方切身利益的相关企业或单位进行合作等。

案例 4.3

华为的供应商认证流程

华为致力于向所有潜在供应商提供合理、平等的机会，让大家都能够展示自己的能力。潜在供应商各种方式的咨询都将转给采购部门进行回复。

如果华为和供应商都有意开拓业务关系，华为采购部会要求潜在供应商完成调查问卷。在接到调查问卷并进行评估后，华为将知会供应商评估结果。如果有兴趣与供应商合作，华为将启动后续的认证步骤。后续认证可能需要和供应商面谈，讨论供应商对调查问卷的回复。根据面谈的结果，决定是否需要现场考察。然后可能需要进行样品测试和小批量测试，确保供应商的产品满足规格要求，产能满足需求。认证的结果将知会供应商。在发生采购需求时，通过认证的供应商将作为候选供应商进入供应商选择流程(图 4.2)。

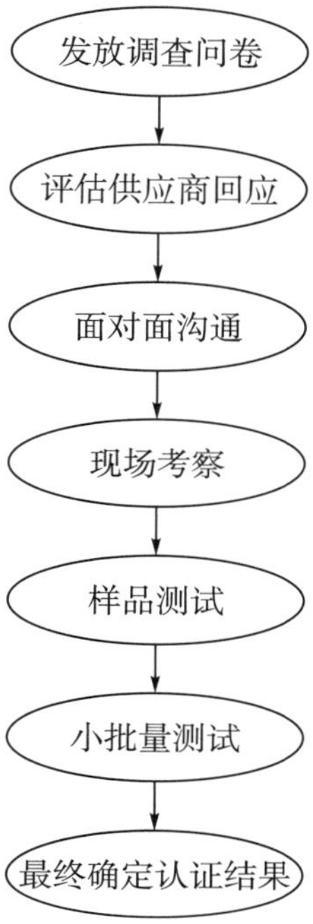

图 4.2 华为的供应商认证流程图

案例 4.4

沃尔玛的供应商绩效考核指标

沃尔玛对供应商的绩效管理体系是一个完整的体系，包括以下几个方面：

(1) 供应商的绩效考核指标。比如，①陈列单位销售；②资金回报比率；③营业外收入；④财务收益；⑤促进支持频率；⑥促销力度；⑦产品的质量投诉；⑧送货的少缺次数；⑨退货期限。

(2) 供应商等级划分。根据绩效考核指标给供应商打分，根据分数的不同，将供应商划分为以下等级，如表 4.2 所示。

表 4.2 供应商的等级划分

供应商等级	分数	业绩情况
A 类供应商	80 分以上	业绩优秀
B 类供应商	60～80 分	业绩合格
C 类供应商	50～60 分	业绩需要改进
D 类供应商	50 分以下	业绩基本不合格

(3) 供应商绩效管理。供应商的考核，不应仅停留在考核本身，还应根据考核分数划

分的等级，对其进行绩效管理。

对于A 类供应商，也就是所谓的优秀供应商，沃尔玛提供一系列优惠政策，以此激励更多的供应商，争取得到这些优惠。

对于 B 类供应商，也就是所谓的合格供应商，按照原先的正常程序进行。

对于 C 类供应商，通道费用可能是加收的；订单也可能比较少，位置也不会特别好。但是，为了提高他们的业绩，沃尔玛还为他们组织专门的培训。

对于 D 类供应商，就有被替代的危险，很有可能被淘汰。

4.4　供应商关系管理

4.4.1　供应商关系管理的重要性

供应商关系管理思想之所以得到企业和理论研究者的重视，是因为它能够帮助企业解决许多以前无法解决的问题，并能由此获得更多的利润。

(1) 降低成本。企业使用供应商所推荐的材料，可以降低成本，如通过与供应商良好的沟通可以降低产品的开发成本、质量成本、商务运作成本、售后服务成本等。

(2) 减少风险。企业如果能及时、安全地获得关键性原材料，可以降低企业及供应链中的潜在供应风险和不确定性。通过加强供应商关系管理，如通过供应商开发新的技术，企业可以降低其未知技术领域的风险，同时，如果供应商将资产投资用于双方合作的领域，那么企业的投资风险也可以降低。

(3) 规模经济。在某些领域，采购方企业的研究开发费用庞大，使它无法单独承担起开发和生产的全过程，把自身没有能力投资的部分技术转包给专业供应商，可以在加强供应商力量的同时，通过合理分配技术投资，专注于开发核心技术，从而达到规模经济的效果。

(4) 互补技术和专利。建立共同研究开发和企业间技术人员的相互协作，使相互间的发明专利应用于生产，采购企业和供应商联合进行技术创新，可以协助企业比竞争对手更快、更早地推出新产品，使双方受益。

(5) 提高客户满意度。加强供应商关系管理，有利于企业产品质量、交货时间、供货准时率等方面的改善，从而提高顾客的满意度和忠诚度。

4.4.2　供应商关系管理的实施

1) 供应商关系的演变

实际上，采购商与供应商之间的关系经历了由买卖关系到合作伙伴关系、再到战略合作伙伴关系的演变过程。

(1) 买卖关系。传统的采购商与供应商之间的关系就是简单的买卖关系，这种关系的理念就是以最便宜的价钱买到最好的东西，其出发点是买卖双方围绕生意讨价还价，相互之间存在的是竞争关系，因此采购商往往将供应商看成生意场上的对手或敌人。

供应商和采购商的买卖关系表现为：采购商常常同时向若干个供应商购货，通过供应商之间的竞争获得价格上的好处，同时也保证供应的连续性；采购商通常在供应商之间分配采购数量，以此对供应商加以控制；采购商和供应商保持的是一种短期合作关系。

(2) 合作伙伴关系。供应商合作伙伴关系的观念萌芽于20世纪70年代后期的日本汽车业，发展于20世纪80年代中期，成熟于20世纪80年代后期。第二次世界大战后，日本企业在开展全面质量管理、实施准时生产的过程中意识到供应商的重要性，认为企业所面临的竞争不仅是企业与同行业之间的竞争，而且是整个供应链同另一个供应链的竞争。供应商合作关系最初的表现形式是采购商的注意力由关心成本转移到不仅关心成本，更注重供应商的产品质量与交货的及时性；后来的表现则是采购商为了控制企业上游资源，将采购活动由单纯的“做生意”转向与供应商建立长期关系。

(3) 战略合作伙伴关系。供应商管理进入战略合作伙伴关系阶段的标志是，采购商主动帮助、督促供应商改进产品设计，促使供应商主动为采购商的产品开发提供设计支持。随着时代的发展，这种关系正逐渐地转向以价值为基础，供应链中各个成员得到的补偿将与其所附加的价值更加紧密地结合起来，由此，供应商关系将变得越来越复杂。

2) 构建双赢的供应商关系管理策略

建立双赢的合作是巩固发展供需合作关系的根本保证。双赢最为强调的就是双方的承诺、信任和长期持久的合作，而这种信任和长期的合作关系正是依赖于供应商关系管理来实现的。以下是几种较为常见的管理策略。

(1) 股份赠予。在许多企业中，股份赠予发挥了一定的作用，有效地激励了管理者和员工的积极性。在供应链管理早期也得到了很多企业的认同，但因为战线拉得太长不能发挥自身的核心竞争力而被丢弃。在采购商和供应商之间进行适当的股份奖励(如同奖励内部员工那样)，对双方合作开展业务、信息共享、技术合作均可产生积极的作用。企业拥有对方的股权(并非单纯交换股票，而是实现风险共担)，会促进合作。双方对企业命运的共同关注，增进合作的动力，提高研究开发工作及交货的责任感，从而延长互相依赖的时间，共同提高效益。

(2) 共同开发新产品。在传统的供应条件下，供应商对新产品创意、公司政策等方面的建议很少被采购企业所采纳，而实施了供应商关系管理后，供应商在新产品开发阶段将担任重要的角色。采购企业愿意更多地与供应商沟通，以获得供应商在开发产品创意方面的建议，开发出让消费者满意的产品。总体来看，从提出创意到规划，再到实施，双方都应平等地参与。供应商把握产品原材料的质量及零部件的性能，采购企业则把客户的价值需求及时转化为对供应商的原材料和零部件的质量与功能的要求。

居世界主导地位的公司大多把优秀的供应商参与新产品的开发视为提高持续性竞争优势的一种原动力，如海尔目前已有 32.5%的供应商参与到高科技和新技术产品的开发中来。有关机构对《财富》综合排名前 1000 家公司的研究表明，在新产品推出的过程中，越早让供应商参与其中，整个项目所节省的资金也就越多。所以，供应商的及早进入会给采购企业带来莫大的好处。

(3) 共同制定长期的发展战略。企业和供应商的良好合作有利于双方组织的持续性发展，也是实施供应商关系管理的主要条件之一。双方创造性的沟通和在管理、技术开发等方面的透彻了解，以及一致的发展方向，有利于共同制定相应的战略和规划，从而达到相互的协调和供应链的优化。如在青岛的海尔开发工业园，爱默生用 5000 万美元投资建厂，作为海尔的供应商，这家工厂所生产的产品全部提供给海尔，为海尔的原料供应提供有力支持。如果没有共同长远的发展规划，双方是不可能走到这一步的。

(4) 建立联合跨组织的团队。联合跨组织的团队的主要特点是这个团队由双方管理人员组成，因此更容易确定价格、改善质量、缩短交货时间和改进客户服务等。这些目标通常由供应商和采购方不同专业的专家组成团队，通过团队内的活动交换意见，并相互交换敏感的技术信息和成本信息，双方逐渐纳入经营活动的过程之中。这样，来自供应商的专家实际上与采购方的企业共同工作，采购方的工程师也会在供应商试生产阶段出现在其企业中，帮助解决问题，使双方对自己的现状、期望、优势与劣势更加了解，如一方发生了变化或出现了问题，能够及时解决这种变化对双方可能造成的影响。当然，建立跨组织的团队的最大障碍就是保密性，特别是涉及新产品设计，这就需要道德和信任的有力支持，甚至要求双方签署机密协议以减小这种障碍对团队效率的潜在影响。

(5) 信息集成与共享。双赢关系的建立主要目的之一就是在瞬息万变的动态环境下，通过对延期时间的约定，掌握确切的需求以及共同承担这种关系带来的风险和收益，使供应活动建立在可靠的基础上，保持需求与供应的平衡。如果没有良好的信息集成系统，信息将在供应过程中产生混乱与浪费。信息集成系统是信息共享的基础，信息共享是为了降低成本，促进彼此合作，在确定成本时增加透明度，即了解对方生产过程中成本结构的相关部分，并了解单方面成本变化对对方产生的影响。为了达到双赢，采购方需要了解供应在每一环节中增加附加值所需的成本，以及生产能力的要求，使双方资产回报率趋于一致，关系保持稳定，实现竞争优势共享。

4.4.3 防止供应商控制

1) 独家供应的产生

独家供应常发生在以下几种情况中：

(1) 按客户要求专门制造的高科技、小批量产品。

(2) 某些企业的产品及其零部件对工艺技术要求高，且由于保密的原因，不愿意让更多的供应商知道。

(3) 外包工艺性作业，如电镀、表面处理等。

(4) 产品的开发周期很短，必须有伙伴型供应商的全力、密切配合。

独家供应在主观方面的优势主要体现在：①节省时间和精力；②更容易实施双方在产品开发、质量控制、计划交货、降低成本等方面的改进并取得积极成效。但同时，独家供应也会造成供需双方的相互依赖，进而可能引起以下风险：①供应商有了可靠顾客后会失去竞争的动力及应变、革新的积极性；②供应商可能会疏远市场，以致不能完全掌握市场的真正需求；③采购方本身不容易更换供应商。

2) 防止供应商控制的方法

许多企业过于依赖一家供应商，落入供应商垄断供货的控制之中，在这种情况下企业仍可以找到防止供应商控制的方法。

(1) 再找一家供应商。独家供应有两种情况：一是供应商有多家，但只向其中一家采购；另一种是仅有一家供应商。对于前一种情况，只要多找几家供应商，由一家供应变成多家供应迫使卖方竞争，自然会避免供应商随意抬高价格的情况发生；对于后一种情况，企业可以通过开发新来源来扩大采购范围。

(2) 增强相互依赖性。企业可以增加对一家供应商的采购量，增加其在供应商供应量中所占的比重，提高供应商对采购方的依赖性。这样，该供应商为了维护自己的长期利益，就不会随意哄抬价格。

(3) 更好地掌握信息。要清楚地了解供应商对采购方的依赖程度，并对这些信息加以利用。

(4) 注意业务经营的总成本。当采购方只有一家供应商时，供应商可能会利用采购方对它的依赖，制定较高的价格，但采购方可以说服供应商在其他非价格条件上做出让步。

(5) 让最终客户参与。如果采购方能与最终客户合作并给予相关信息，向最终客户解释只有一家货源的难处，并向最终客户解释他们所不了解的其他选择，最终客户往往可以让采购方采购到截然不同的原料，从而就有可能拥有摆脱供应商垄断的机会。

(6) 协商长期合同。如果长期需要某种产品，企业可以考虑签订长期合同，从而保证持续供应和对价格的控制。

(7) 与其他企业联合采购。采购方可以通过采取上述措施摆脱供应商的控制，最大限度地为企业带来利益。

案例 4.5

一位采购的内心独白“我为什么要帮供应商解决资金难题？”

“人们常常认为采购是甲方，应该过得最滋润。实际上今年采购过得非常痛苦。”过去的 2016 年，对于一位采购来说可谓记忆犹新。

毫无疑问，原材料价格疯涨是今年的标志性事件。2016 年 9 月，负增长了长达四年半之久的工业生产者出厂价格指数(producer price index for industrial products，PPI)终于逆转，这标志着中国工业领域全面涨价正式开启。事实上，从年初开始，煤炭、铁矿石、造纸等大宗原材料就开始上涨，数月后扩展到整个制造业。

与原材料大幅涨价相对应的是人民币加剧贬值，生产企业用美元进行采购的成本也在上升。有专家预测今年人民币汇率应该会破7，明年或有进一步贬值可能。

还有遭遇产品断货的苦恼，这位采购称："有时遇上大缺货，必须有很好的供应链关系，才有拿到货的可能。"加之存在涨价预期，市场出现投机囤货的情况，令供应关系更加紧张。

这么看，供应商生意不是很好做吗？为何还会存在资金短缺问题……

从提交需求到下单，再到供应商发货，采购方验收后付款。字面看上去简短，走完几个步骤却没那么简单。整个货期短则两到三个月，长则半年到一年。其间供应商收不到货款，但日常的经营、进货、库存成本并不会因此减少。如果同时向多家下游企业供货，在货款没有全部收回之前都会存在一定的资金缺口。

此外，供应商保持一定的库存量应对日常采购是必须，但采购一般会根据市场淡旺季来调整下单需求。"如市场好的时候，下单会多且急。市场不好的时候就干脆不下订单。"对于供应商来说，没有订单就意味着库存无法回款，这就进一步加大了他们的资金压力。

有些供应商本身做得非常不错，多年行业资源积累已经具备一定的成本优势，供货稳定质量有保障。其实采购内心对这些供应商是"青睐"的。像之前提到过的那位采购就说："商场很残酷，当我得知经常合作的一家供应商突然爆出资金短缺问题时，确实心有不甘。这么优秀的供应商因为账款周转不灵而倒下，实在可惜。"

解决供应商资金难题，合作中共"赢"。采购和供应商，不仅仅是合同上写的甲方乙方，更多时候其实是一种在合作中互相筛选和认可的关系。这位采购表示，在今年的市场大环境下这种体会尤其明显。"在最缺货、最困难的时候仍然支持我们的供应商才是真正的朋友。"所谓的择善而供，其实就是"患难见真情"。正因为采购和供应商之间彼此珍惜，互伸援手，这样的关系才能保持长久且良好。

案例 4.6

从通用汽车说"猎人模式"与"牧人模式"

美国汽车供应商有了新技术，最想卖给丰田、本田，然后是日产，再不济也是福特和克莱斯勒，最后才是通用汽车。作为全球最大的汽车制造商之一，通用为什么会落到这种地步呢？

答案在它与供应商的关系上。通用、克莱斯勒历来奉行"猎人模式"，注重短期利益，严重损害了与供应商的关系。什么是"猎人模式"？如通用设计出一个零件，向多家供应商询价，找到合适的供应商，业务给了该供应商。过了一年半载，通用来要年度降价，给我降 x 个百分点，怎么降是你的事。迫于通用在汽车行业的采购量，供应商只能同意。再过一年半载，通用又来了，又要x个百分点的降价，供应商还是只能同意。又过了一年半载，通用第三次来“降本”，供应商没的降的时候，通用就发话了：你不想跟我做生意了？于是就转厂。通用这么大，总有供应商甚至不惜工本地想挤进来，更不用说低成本地区有那么多供应商。不过原来的供应商可就惨了：原来为通用投资建厂，千百万的投资，还有大半没收回来，要找新客户，谈何容易。于是不得不裁员，甚至关厂房，把损失降到最低。

与“猎人模式”相对应的是“牧人模式”，即日本车厂的管理风格。在“牧人模式”下，整车厂就如牧羊人，供应商就如羊群。牧羊人要生活，当然会不时剪羊毛、吃羊肉；但是，牧羊人不会杀鸡取卵，把所有的羊都杀光，而是会想方设法让羊群不断发展壮大。这就如丰田和本田，他们有严格的目标成本和持续降本指标，不同的是，他们更多的是与供应商协作，一起优化生产工艺和产品设计，推动更高层次的降本，如本田有专门的供应商工程师，到现场帮助供应商改进生产与质量管理体系，提高效率，消除浪费，从而降低生产成本。通过生产工艺和产品设计优化，丰田曾在一款新车型上降本30%左右。

与“猎人模式”的降价相比，“牧人模式”以降本为目标，通过降本来降低价格。我们都知道，在市场竞争相对充分的情况下，谈判降价能影响大致10%左右的产品总成本(因为供应商的合理利润在几个点到十几个点)；生产流程和交易流程影响20%左右的总成本；设计阶段决定了70%左右的产品成本。美国车厂，或者说“猎人模式”的失败，就是在谈判降价上大做文章，试图所有的降本目标都从这个10%上来；日本整车厂，或者说“牧人方式”的成功，是在于通过更高层次的降本来降低价格。当然，“牧人模式”也有缺陷，如新的供应商、新的技术很难打入，绩效差的供应商难以被淘汰，时间长了，供应商的竞争力下降，影响到供应链链主的竞争力。这几年众多日本大型企业陷入困境，跟“牧人方式”的供应商管理不无关系。

【复习思考题】

1. 如何进行供应商及资源市场调查？
2. 在选择供应商时应考虑哪些因素？
3. 评价供应商的指标体系应包括哪些内容？
4. 如何开展供应商关系管理？

【案例讨论】

多此一举的审核报告

采购工程师鲁得恒从一家大品牌供应商做完年度审核回到公司，刚坐到椅子上就开始喋喋不休地发牢骚：“这次审核太悲催了，在公司开首次会议，就来了一个质量工程师和一个计划员，一个上午的审核，计划员一会儿就找不到人了，只有质量工程师陪着，最后的末次会议更惨，只有质量工程师一人听，写了十三页的报告，都找不到地方复印，质量工程师说，他签个字就行，他们公司不需要存档。这不明摆着不把我们当回事，似乎我们的审核根本没有意义，审核报告也是多此一举”。

“嗨，不要生气啦，这也不是第一回了，我也找到规律了，越大的供应商越不把我们的审核当回事，还是小供应商好管、听话。不过话说回来，这些大供应商都是世界著名的厂商，一年到头也没有发生什么问题呀，我们去查也只是走形式而已”。旁边座位的采购工程师方德霞安慰着鲁得恒，鲁得恒还是很生气。

“是呀，听话的供应商老出事，不出事的供应商不听话。不过这次去的这家供应商在过去的一年中还是有一些问题的，但他们完全没有按照我们的要求改”。

方德霞哼了一声：“但最终还是改正了呀。”

鲁得恒怒气未平：“他们没有按照我们的格式、我们的要求进行反馈。这次我还专门和他们提出这件事，但那位质量工程师说，他们按照公司自己的不合格流程处理的，真是超牛的家伙，根本不把客户放在眼里。”

方德霞有些认真了：“那些听话的供应商的报告是按照您的格式了，但结果又如何？态度非常好，好得让你感动，但以把你忽悠过去为目标”，方德霞话锋一转：“我这里还有几个审核报告不知道怎么做呢，有一个不咋样的供应商，去年就交过一次货，货没有问题，我打了 100 分；另一个和你的情况一样，国际知名品牌，一共交两件产品，有一件不合格，合格率 50%，不及格。像这样批量不是非常大的，领导也不要求现场审核，我们下面的人呢只能通过来料合格率判定，但评定结果我自己都无法说服自己。”

听到他们两个的谈话，另外一个年轻工程师蔡莱迪凑了上来：“我还正想请教二位老前辈呢，我的供应商比你们的还要难受，公司要求每一种物料都需要找两个供应商，我有一个金属结构件分给两家加工，杏临公司和蓝韬公司，杏临公司的水平和能力比蓝韬公司强得多，难的工件、急的订单我都交给了杏临公司，而简单的常规的活给了蓝韬公司，因为我相信杏临公司，给了蓝韬公司几次难题，它都完成不了，没有办法呀，可年终绩效一看，杏临公司比蓝韬公司差，这是数据呀，我们领导常引用经典台词：‘数据会说话’；‘事实胜于雄辩’，等等，我是按实际情况打分出报告，还是要做修改呢？”

方德霞有些无奈：“你这几家供应商都是从我手头转给你的，多少年了，就这么做着，分数是蓝韬公司高，活都派给杏临公司做，大家心知肚明。好在杏临公司和蓝韬公司都是小供应商，不会也不敢闹事，再说，它们也不知道我们给它们各自打了多少分。每年年底都为这审核的事犯愁，领导要客观，我们也想呀，但事情总达不到完美的境界。不过，今年是最后一次了，公司马上就要上一套《供应商评估系统》，明年的评估由系统做了，人为的因素全部排除，系统出来是什么结果就是什么结果，不得人为地干预和修改。”

蔡莱迪怯生生地问道：“二位前辈，系统评估的结果会不会更不靠谱？”

【问题讨论】

1. 通过三位采购工程师的谈话，指出其供应商评估流程中的问题，并为他们提出一些改善流程的建议。

2. 如何理解“数据会说话”“事实胜于雄辩”？如何保障供应商评审的客观性？

3. 系统评估的结果会更不靠谱吗？

4. 供应商评估的报告需要交给供应商吗？评分结果需要告知供应商吗？为什么？在贵公司您是如何考虑的？又是如何做的？

本章小结

本章对企业供应商的分类、认证、绩效考核和供应商关系管理等知识进行了详细的阐述。

在案例方面，本章首先以“为什么要管理供应商”为引导案例，引出供应商管理的问题，接着以“某公司的供应商分类体系”的案例，阐述供应商分类存在的普遍问题；以“沃尔玛的供应商选择”为例介绍了供应商选择的标准；以“华为和沃尔玛”为例分别介绍了供应商的认证流程和绩效考核指标；然后以“一位采购的内心独白和猎人模式与牧人模式的区别”为例说明如何实施供应商关系管理；最后以“多此一举的审核报告”作章后案例，以进一步对供应商审核评价及供应商关系管理等重要知识点进行分析和阐释。

参考文献

[1] 张晓华，魏晓安，陶水莲. 采购与库存控制[M]. 武汉：华中科技大学出版社，2017.

[2] 徐杰，鞠颂东. 采购管理[M]. 3 版. 北京：机械工业出版社，2014.

[3] 赵予新. 采购与供应管理[M]. 北京：中国财富出版社，2017，1.

[4] 马佳. 采购管理实务[M]. 北京：清华大学出版社，2015，3.

[5] 刘宝红. 采购与供应链管理—— 一个实践者的角度[M]. 2 版. 北京：机械工业出版社，2015，3.

[6] 宫迅伟. 中国好采购[M]. 北京：机械工业出版社，2018，1.

[7] 宫迅伟. 如何专业做采购[M]. 北京：机械工业出版社，2015，9.

[8] 黄培清，揭晖，许定. 购买中的潜力[J]. 工业工程与管理，1998，3(1)：27-29.

[9] 王为人. 供与求的博弈[M]. 北京：机械工业出版社，2013，8.

[10] 利丰研究中心. 供应链管理：香港利丰集团的实践[M]. 2 版. 北京：中国人民大学出版社，2009，8.

[11] 马士华，林勇. 供应链管理[M]. 5 版. 北京：机械工业出版社，2016，11.

[12] 霍红，华蕊. 采购与供应链管理[M]. 2 版. 北京：中国财富出版社，2014，5.

[13] 曹翠珍. 供应链管理[M]. 2 版. 北京：北京大学出版社，2016，8.

[14] 林勇，马士华. 供应链管理环境下供应商的综合评价选择研究[J]. 物流技术，2000，5：30-32.

[15] CPPM 采购经理咨询中心. 我为什么要帮供应商解决资金难题？[DB/OL]. https://baijiahao.baidu.com/s?id=1595007629553128605&wfr=spider&for=pc.

[16] 刘宝红. 某公司的供应商分类体系[DB/OL]. https://scm-blog.com/2018/06/post-75.html.

第 5 章　库存管理基础

【引导阅读】

IT 行业的库存跌价损失

不久前，业界龙头企业英特尔推出了全新的迅驰芯片，得到了许多笔记本厂商的支持。随即市场上的奔 4 笔记本电脑开始了大规模的降价。业内人士的分析是，新产品上市后，原先的奔 4 笔记本电脑失去了卖点，喜新厌旧是 IT 行业市场的特点。

而产品在终端市场自然的折价对 IT 行业来说也不是新鲜事。笔记本产品每个月都会有 3～5 次的降价，而像一些配件的价格变动更是几乎以小时来计算。据说北京中关村的 CPU 商家，手中的资金几乎是每三天周转一次。而像内存条这样的产品，更是因为市场中炒手的存在而引起价格波动几乎无规律可循。

所以大多数的 IT 企业不得不面对同样一个问题，那就是如何控制库存。IT 行业的技术更新升级快，产品生命周期比其他行业相对短得多，每当新技术开始应用，旧有技术的产品就必须降价。

对 IT 行业来说，库存除了意味着最基本的存货成本支出，如房租、水电费和人力支出，还意味着更为严重的库存跌价损失。IT 产品库存跌价损失很大，如果库存控制得不好，将会给企业带来很大的问题。所以，IT 企业才更要重视物流，控制好其中各种资源的调配。

同时，整个产业的发展也显示了这样的趋势，越是符合个人口味和个性化的产品就越容易受到市场的追捧，如明基的 Q-desk 套装，其特点就是艺术化的液晶显示器，但这样的发展趋势背后对物流提出了更高的要求，如越是型号多的产品就越要进行严格的库存控制，因为多一种型号，就会多一定比例的库存，库存种类和数量越多，就意味着库存跌价损失的风险越大。

高库存同时也意味着另一个问题，那就是占用更多的资金，这对于毛利率日益降低的 IT 产业来说尤其不利。库存周期的降低实际意味着资金周转速度的加快。

以一个 IT 企业每月营收 2.4 亿元计算，假设产品的市场价格每月平均损失 4%，如果库存周期是 30 天，那么企业每月的正常损失是 960 万元；如果库存周期达到 10 天，那么企业的损失是 320 万元；如果当库存周期下降到 5 天，那么企业的损失只有 160 万元。其中的差异是显而易见的。

对于高速运转的 IT 企业来说，控制库存就是要求生产部门严格按照订单生产。订单的来源是营销部门，生产出来的产品从工厂到仓库，再到采购商手里是一个分秒必争的过程。订单没有按时生产出来就无法交货，但一下生产多了，企业自己的库房也会无法安排。

5.1　库存管理概述

5.1.1　库存的概念

从狭义上讲，库存就是“仓库里存放的东西”。从广义上来说，库存是为了满足未来需要而暂时闲置的资源。这里所说的资源，不仅包括工厂里的各种原材料、毛坯、工具、半成品和成品，而且包括银行里的现金，医院里的药品、病床，运输部门的车辆等。由此可见，库存是物品的储备，是在社会再生产过程中离开直接生产过程或消费过程，处于暂时停滞状态的那一部分物品，具有备用的性质。

传统上，制造性库存(manufacturing inventory)是指对公司产品有贡献或作为产品组成部分的物资。制造性库存一般可分为原材料、产成品、零部件、低值易耗品以及在制品。在服务行业，库存一般指用于销售的有形商品以及用于管理该服务的耗用品。

库存可以应付各种有规律与偶然性的变化，起应急、备用的缓冲作用，库存还能为生产运行过程提供周转储备量，是连接和保持整个生产过程运作的媒介，因此合理的库存能够为制造节省开支，降低成本。同时，库存水平在营销过程中与服务水平直接相关，可以通过缩短客户的订货周期或通过提供现货有效地提升服务水平。

因此，库存是必需的，但同时库存也带来了一系列问题。在现代生产管理思想被广泛接受和推广的今天，人们普遍认为应降低库存，甚至有的人将库存比喻为万恶之源，认为库存会麻痹管理者的神经，掩盖矛盾。库存可能被用来掩盖经常性产品或零部件的制造质量问题，当废品率和返修率很高时，一种很自然的做法就是加大生产批量以及在制品或产品的库存。库存可以用来掩盖工人的缺勤和技能差的问题，以及劳动纪律松弛和现场管理混乱的问题；可以用来掩盖供应商或外协厂家的原材料质量问题、外协件质量问题、交货不及时问题；可以用来掩盖或弥补企业计划安排不当问题、生产控制制度不健全问题；可以用来掩盖需求预测不准、产品齐套性差等问题。库存的直接危害就是占用企业大量宝贵流动资金的同时还产生许多额外费用，如保管费用、占地费用、转移费用，此外还存在许多风险，如报废或过期等。

“零库存”只是一种境界和追求，库存管理是在保证及时交货的前提下，尽可能降低库存水平，减少库存积压与报废、贬值的风险。

5.1.2 如何看待库存

1. 关于库存的不同理解

(1) 蓄水池与流动的河流。对于库存的理解，习惯上认为它是资源的储备或暂时性的闲置，因此，长期以来对库存作用的理解就是库存因“储备”而存在，库存就像“蓄水池”一样发挥它的作用。而库存是储备的观点，认为库存是维持正常生产，保持连续、应付不测需求所必需的。

“流动的河流”这种观点类似于“蓄水池”的观点，但“蓄水池”观点是静态的，而“流动的河流”观点是动态的。在这种观点中将产品的流动比成水流，在流动的过程中，水并不是匀速流动的。水有时在深水池中停留，有时被隐藏在水面下的岩石或被其他障碍物阻塞，在物流中，水的流动变成了物品的流动，深水池变成了库存，而岩石和障碍物则是运作中的各种缺陷。如果要使物流迅速流动就必须移走岩石和障碍物，而要移走岩石和障碍物就要降低水面(库存)，使岩石能够显露出来。

(2) 闲置。另一种观点认为库存是“闲置”，是一种浪费，它掩盖管理中的问题，因此主张消除库存。通过无库存生产方式不断地降低库存水平，暴露管理问题，然后解决问题，使管理工作得到改进，达到一个新的水平。这是一个循环往复、不断改进的过程，JIT集中体现了这种理念。

(3) 无缝连接。库存处于供需之间，这一观点表达了库存是“持续流动”或是“批量或排队”的思想。库存一般应该按其使用的概率来确定，如一个时期的需求时常会超过可用的生产能力，这时就有必要持有库存。日益发展的供应链正在通过基于客户实际销售数据进行生产和销售的方式寻求“拉式”库存，即用客户的需求拉动库存。

通过深层次的研究发现，库存并不是简单的资源储备或闲置的问题，而是一种组织行为问题：“库存是企业之间或部门之间没有实现无缝连接的结果，因此，库存管理的真正本质不是针对物料的物流管理，而是针对企业业务过程的工作流管理”。通过整合工作流程来实现“拉式”库存，可以最大限度地降低库存水平。

2. 库存的作用

由于库存是将有价值的资源暂时闲置起来，直观地看，如果没有库存，产品可以立即实现其应有的价值，而且可以减少一些库存管理成本。其实不然，库存存在的理由具体可以从以下几个方面来分析。

(1) 平衡供求关系。由于物资数量、价格和市场政策的变化等原因，导致供求在时间和空间上出现不平衡，企业为了稳定生产和销售，必须准备一定数量的库存以避免市场震荡。客户订货后要求收到物资的时间比企业从采购物资、生产加工、运送产品至客户的时间要短，为了弥补时间差也必须预先库存一定数量的物资。

(2) 减少运输的复杂性。由于企业供应商的所在地不同，企业拥有的生产厂或车间也可能在不同的地点，企业的客户更是遍布各地。所以，企业如果不设立中转仓库，就会出现非常复杂的运输系统，而通过中转仓库，再加上配送这一物流功能，企业可以大大简化运输的复杂性。

(3) 降低运输成本。企业有时会面临原材料和产成品的零担运输问题，长距离零担运输的费用比整车运输高得多。通过将零担物资运到附近的仓库后再从仓库运出，这样的仓储活动能够使企业将少量运输结合成大量运输，从而有效减少运输费用。

(4) 提高服务水平。企业工厂(车间)发出的用料需求和客户发出的订单需求通常都是各种物资的组合。如果这些原料或产品被存放在不同的地点，企业就必须从各个地点分别运货来履行供应和服务的功能，这就可能会出现运达时间不同，物资弄混等问题。因此，企业可以通过建立混合仓库，用小型交通工具进行集货和交付，并在最佳时间安排这些活动以避免交通阻塞，从而提高服务水平。

(5) 应对不确定性因素。现实中，一个企业在经营过程中，往往要面对许多不确定因素，如需求不确定、供应商交货不确定、产品质量不确定，这些不确定性因素是不可避免的。当市场产生了需求而企业无法及时满足时，可能会引起需求的丢失。因此，企业为了不失去更多的客户，一个可行的办法是预备一定量的库存来应对这些不确定因素。

5.1.3　库存的分类

在企业物流活动中，企业持有的库存有不同的形式，从不同的角度可以对库存进行不同的分类。

1. 按库存在生产和配送中所处的状态分类

按其在生产和配送中所处的状态进行分类，库存可分为原材料库存、在制品库存、维修库存和产成品库存。

(1) 原材料库存(materials inventory)，存在于企业的供应物流阶段，是指企业通过采购和其他方式取得的用于制造产品并构成产品实体的物品，以及供生产耗用但不构成产品实体的辅助材料、修理用备件、燃料以及外购半成品等，用于支持企业内制造或装配过程的库存。

(2) 在制品库存(in-process inventory)，存在于企业的生产物流阶段，是指已经过一定生产过程，但尚未全部完工，在销售以前还要进一步加工的中间产品和正在加工中的产品，包括处在产品生产不同阶段的半成品。

(3) 维修库存(maintenance/repair/operating inventory)，存在于企业的生产物流阶段，是指用于维修与养护的、经常消耗的物品或部件，如石油润滑脂和机器零件，不包括产成品的维护活动所用的物品或部件。

(4) 产成品库存 (finished goods inventory)，存在于企业的销售物流阶段，是指准备运送给消费者的完整的或最终的产品。这种库存通常由不同于原材料库存的职能部门来控制，如市场部门或物流部门。

2. 按库存的作用分类

按所起的作用进行分类，库存可分为周转库存、安全库存、调节库存和在途库存。

(1) 周转库存。它的产生基于采购批量或生产批量。采购批量或生产批量越大，单位采购成本或生产成本就越低（节省订货费用或作业交换费用得到数量折扣），因而采用批量购入或批量生产。这种由周期性批量形成的库存就称为周转库存。

(2) 安全库存。它是为了应付需求、生产周期或供应周期等可能发生的不测变化而设置的一定数量的库存。例如，供应商没能按预订的时间供货，生产过程中发生意外的设备故障导致停工等。

(3) 调节库存。它是为了调节需求或供应的不均衡、生产速度与供应速度不均衡，各个生产阶段的产出不均衡而设置的。例如，季节性需求产品（如空调等一些家用电器），为了保持生产能力的均衡，在淡季生产的产品置于调节库存，以备满足旺季的需求。有些季节性较强的原材料或供应商的供应能力不均衡时，也需设置调节库存。

(4) 在途库存，是指正处于运输以及停放在相邻两个工作地或两个组织之间的库存，这种库存是客观存在的，而不是有意设置的。在途库存的大小取决于运输时间以及该期间内的平均需求。

3. 按库存物品所处的状态分类

按库存物品所处的状态进行分类，库存可分为静态库存和动态库存。

(1) 静态库存，是指长期或暂时处于储存状态的库存，这是一般意义上的库存概念。

(2) 动态库存，是指处于制造加工状态或运输状态的库存。

4. 按库存物品的来源分类

按库存物品的来源进行分类，库存可分为外购库存和自制库存。

(1) 外购库存，是指企业从外部购入的库存，如外购材料等。

(2) 自制库存，是指由企业内部制造的库存，如自制材料、在制品和制成品等。

5. 按库存物品的需求分类

按需求来源的不同，库存可以分为独立需求库存和相关需求库存。

(1) 独立需求库存。当一个库存项目的需求不依赖于其他库存项目的需求时，称为独立需求库存。独立需求库存的需求量和需求时间由企业外部的需求决定，不会发生其他项目的需求对这一个项目的需求产生影响的需求形式，如对产成品、备品备件的需求就属于这种类型。这类需求主要受市场等外部随机因素的影响，需求必须经过预测，即根据对历史资料的分析或由管理人员的经验得到。

(2) 相关需求库存。当一个库存项目的需求与其他库存项目的需求直接相关时，称为非独立需求库存或相关需求库存。相关需求库存是根据物料之间的结构组成关系由独立需求的物料所产生的派生需求物料，如半成品、零部件、原材料等。相关需求库存的需求数量和需求时间与其他独立需求库存的变量存在相互关系，可以通过一定的数学关系推算得出。

二者之间的本质区别在于相关需求库存是计算出来的，而独立需求库存是预测出来的。

5.1.4　库存周转率与库存周期

1. 库存周转率

库存周转率也称存货周转率，是衡量库存水平的重要指标，从一定意义上讲，企业的利益受库存影响。对一家制造企业而言，它的利益是由资金→原材料→制成品→销售→资金的循环活动产生。这一连串的活动过程，需要以原材料及制成品形成库存为前提才能够实现。由此可见，企业的生产经营过程实际上就是由资金变为存货，通过销售又由存货变为资金，从中获得利益的过程。在这个循环过程中，库存周转率越高，意味着同样的资金可以获得的利润越高，即库存周转率高，意味着可以减少资金占用，提高资金利用效果。因此库存周转的速度便影响着企业利益，称为“库存周转率”。以沃尔玛为例，其产品毛利率其实很低，但是凭借着其快速流转的周转效率取得了相当高的收益率。

从财务概念的角度来说，库存周转率反映的是用于库存这个流动资产的现金周转效率，其计算公式为

$$\text{库存周转率}=(\text{会计期间所销售产品的价值}\div\text{会计期间的平均存货价值})\times 100\% \tag{5.1}$$

即库存周转率就是企业的库存在一定时期内的周转次数，通常以一年为周期。一般来讲，存货周转速度越快，存货的占用水平越低，流动性越强，存货转换为现金、应收账款等的速度越快，说明企业的资金利用效率越高。提高存货周转率可以提高企业的变现能力，而存货周转速度越慢则变现能力越差。对于库存周转率，没有绝对的评价标准，通常是同行业相互比较，或与企业内部的其他周期相比较。库存周转率衡量了存货生产及销售的速度，主要受产品制造技术和管理水平的影响。另外，库存周转率还与产成品的可保存时间期限有关。一般来说，提高库存周转率对于加快资金周转，提高资金利用率具有积极的促进作用。但库存周转率并不是越高越好。其消极影响是发生缺货的机会增加以及由于采购次数增加而引起采购费用上升。

想要正确地看待库存周转率的提高与库存成本之间的关系，就必须清楚地看到，库存成本除购置成本，还包括运输成本、订货成本、储存成本以及缺货成本。JIT 通过加大交货频率在提高运输成本的同时，也有效地降低了储存成本，如由于库存水平的降低而引起的利息费用、机会成本的降低；同时也大大降低了仓库租赁成本以及库存报废、贬值的风险(成本)，而对于订货成本，由于目前企业很多采用 ERP 等信息化处理手段，由订货频

率的增加而带来的订货成本的增加几乎可以忽略不计。至于缺货成本，即使是大批量、少批次的订货也不一定能够保证不缺货，而与之相反，通过加大订货频率提高供应的灵活性反而有助于降低缺货风险。所以，提高库存周转率通常有利于总成本的降低，特别是对于那些单件价值比较高，而体积、重量比较小的物料、成品，如电子、光纤元器件等，提高库存周转率的好处一定大于为减少库存而增加的成本，这是不需要计算的，尽管理论上还是存在着所谓的二律背反(antinomies)的问题。

2. 库存周期

存货周转天数是指从存货的购买到销售所用的天数。在零售与批发企业，它被称为库存周期。

$$\text{库存周期}=365\div\text{库存周转率} \tag{5.2}$$

存货周转天数大幅度增加表明企业可能存在大量未销售的成品，或企业的产品组合中拥有更多生产周期较长的产品。

案例 5.1

通过存货周转率分析制造企业运营情况

企业库存周转率高，表明从采购到生产制造再到销售出去的过程越短，产生盈利的次数就越多，反之，库存周转率越低，则表示企业货物卖出变现的时间周期越长，库存有可能存在积压变质，从而积压资金，影响企业的盈利。存货周转天数，则与企业存货周转率相反，即存货周转天数越短越好，表明企业在库的存货在很短时间内就可以销售出去变现，增加企业的盈利，反之，存货周转天数越长，则对企业越不利。库存周转率的高低除了受管理水平的影响，还受产品品质要求及保质期的影响，不能一概而论。以下述两个行业为例进行说明。

1. 白酒企业的库存周转率

白酒行业相对比较特殊，我们都知道好的白酒需要多年的窖藏，所以我们不能单纯依据“存货周转率越高越好”这样的评判标准去分析。

白酒企业的生产，通常都要通过粮食采购、酿造、窖藏、再蒸馏勾兑这样一个工艺环节，而酿造窖藏的时间长短，跟酒的品质有非常大的关系，因此，一般白酒企业的库存较高，存货的周转时间较长。贵州茅台的存货周转率在 2016 年第三季度仅为 0.17 次，换算为库存周期，相当于 2147 天或 5.88 年，即贵州茅台的平均库存周期约为 5.88 年。当然，并不是所有的白酒企业都是这么低的库存周转率。因此，我们通过库存周转率，亦可以大致判断一家酒企业品质的高下。

2. 快消品行业的库存周转率

与白酒业不同，快消品行业由于产品不能久藏，有一定的保持期，因此，对这些企业而言，他们的存货周转率就要高很多，且越高，就越能体现出企业的高效率。伊利股份的库存周转率，目前大约在 9 次，即平均库存的天数为 40 天左右，刚好符合快消品的保持期要求。

当然，产品不同，保持期亦不相同。伊利的库存周转率远胜于其他的同行。当然，对于伊利股份而言，仍然要看其产品，如奶粉的库存周转率肯定要低于鲜奶与酸奶。

5.2　独立需求库存控制基本模型

库存管理是企业生产过程中的重要组成部分，其主要功能是在供需之间建立缓冲区，合理的库存可以满足不确定的顾客需求，调节对生产能力的需求，缓解运营过程中不可预测的问题，降低单位订购费用和生产准备费用。但是，过多的库存会占用企业大量的资金，使企业的资金周转受到限制，降低企业的市场运作能力。因此，库存管理与控制的目的是，既要维持适量的库存，又要合理运用资金，即确定合理的订货点、订货量及订货提前期。下面介绍独立需求库存控制的基本模型。

5.2.1　单周期库存控制基本模型

单周期订货模型也称单一订货库存模型，主要用于对容易腐烂的物品以及有效期短的产品的订货。这些产品的库存存储问题称为单周期订货问题。单周期库存控制的关键是要妥善地管理好单周期需求。

单周期需求在企业中一般出现在以下两种情况：一是“报童问题”，指经常发生的某种生命周期短、易过时的、需求不定量的商品，如易腐物品中的水果、蔬菜、水产和鲜花、日报、期刊等；二是“圣诞树问题”，指偶尔发生的某种物品的需求，如圣诞卡、结婚纪念卡、生日卡等。这些未售出或未使用的单周期需求的产品，过期后其残余价值极小，处置过期产品会发生一定的费用，甚至是数额不小的费用。

单周期库存问题决策侧重于订货量，没有订货时间决策问题，订货量等于需求预测量，库存控制的关键是确定或预测需求量。

对单周期库存来说，订货量和实际需求量的关系有两种。

(1) 根据预测确定的订货量和实际需求量一致(理想的巧合状态)。

(2) 根据预测确定的订货量和实际需求量不一致(预测误差的客观存在)。①如果需求量大于订货量，就会失去潜在的销售机会，导致机会成本(缺货成本)；②如果需求量小于订货量，未售出的物品可能以低于成本的价格出售，甚至可能报损时还需要另外支付处理费用形成陈旧成本(超储成本)。

为了确定最佳的订货量，需要考虑由订货引起的各种费用。因为单周期物品的现实需求无法准确预测，而且只能通过一次性订货满足，即使有库存，其费用的变化也不会很大。也正是由于仅发出一次订货和只发生一次性订货费用，所以订货费用可以视为是一种机会成本和陈旧成本。因此，对最佳订货量的确定可采用期望损失最小法、期望利润最大法和边际分析法。这三种方法都是以具备较为完整的历史记录为前提的。因而，在单周期库存模型中，对历史数据的收集、保存和整理具有非常重要的意义。

1. 期望损失最小法

期望损失最小法就是比较不同订货量下的期望损失，取期望损失最小的订货量作为最佳订货量。

$$\text{期望损失=超储损失之和＋缺货损失之和} \tag{5.3}$$

已知库存物品的单位成本为C，单位售价为P，若在预定的时间内卖不出去，则单价只能降为$S(S \leqslant C)$卖出，单位超储损失为$C_0 = C - S$；若需求超过存货，则单位缺货损失(机会损失) $C_u = P - C$。设订货量为Q时的期望损失为$E_L(Q)$，则取使$E_L(Q)$最小的Q作为最佳订货量。$E_L(Q)$可通过下式计算：

$$E_L(Q) = \sum_{d>Q} C_u(d-Q)P(d) + \sum_{d<Q} C_0(Q-d)P(d) \tag{5.4}$$

其中，$P(d)$表示需求量为d时的概率。

【例 5.1】按过去的记录，新年期间对某商店挂历的需求分布如表 5.1 所示。

表 5.1　某商店挂历的需求分布

需求量 d/份	0	10	20	30	40	50
概率 $P(d)$	0.05	0.15	0.20	0.25	0.20	0.15

已知，每份挂历的进价$C = 50$元，售价$P = 80$元。若在 1 个月内卖不出去，则每份挂历只能按$S = 30$元卖出。求该商店的最佳订货量。

解：设该商店买进Q份挂历，当实际需求$d < Q$时，将有一部分挂历卖不出去，每份超储损失为$C_0 = C - S = 50 - 30 = 20$（元）

当实际需求$d > Q$ 时，将有销售机会损失。单位欠储损失为

$$C_u = P - C = 80 - 50 = 30\text{（元）}$$

当$Q = 30$时，

$$E_L(Q) = [30\times(40-30)\times0.20 + 30\times(50-30)\times0.15] + [20\times(30-0)\times0.05 + 20\times(30-10)\times0.15 + 20\times(30-20)\times0.20] = 280\text{（元）}$$

当Q取其他值时，可按同样的方法算出$E_L(Q)$，结果如表 5.2 所示，可以得出最佳订货量为 30 份。

表 5.2 期望缺失计算表

订货量 Q/份	实际需求量 d/份						期望损失 $E_L(Q)$/元
	0	10	20	30	40	50	
	$P(D=d)$						
	0.05	0.15	0.20	0.25	0.20	0.15	
0	0	300	600	900	1200	1500	855
10	200	0	300	600	900	1200	580
20	400	200	0	300	600	900	380
30	600	400	200	0	300	600	280
40	800	600	400	200	0	300	305
50	1000	800	600	400	200	0	430

2. 期望利润最大法

比较不同订货量下的期望利润，取期望利润最大的订货量作为最佳订货量，设订货量为 Q 时的期望利润为 $E_P(Q)$ 。

$$E_P(Q)=\sum_{d<Q}[C_u d-C_0(Q-d)]P(d)+\sum_{d\geqslant Q}C_u QP(d) \tag{5.5}$$

仍以例 5.1 的数据为资料，用期望利润最大法求得最佳订货量：

当 $Q=30$ 时，

$$E_P(Q)=\left[30\times 0-20(30-0)\right]\times 0.05+\left[30\times 10-20(30-10)\right]\times 0.15+\left[30\times 20-20(30-20)\right]$$
$$\times 0.20+30\times 30\times 0.25+30\times 30\times 0.20+30\times 30\times 0.15=575\ (\text{元})$$

当 Q 取其他值时，按同样的方法计算出 $E_P(Q)$ ，结果如表 5.3 所示。

表 5.3 期望利润计算表

订货量 Q/份	实际需求量 d/份						期望损失 $E_p(Q)$/元
	0	10	20	30	40	50	
	$P(D=d)$						
	0.05	0.15	0.2	0.25	0.2	0.15	
0	0	0	0	0	0	0	0
10	-200	300	300	300	300	300	275
20	-400	100	600	600	600	600	475
30	-600	-100	400	900	900	900	575
40	-800	-300	200	700	1200	1200	550
50	-1000	-500	0	500	1000	1500	425

3. 边际分析法

增加一单位的订货，其出售所得的利润称为边际利润(marginal profit，MP)，边际利润乘以该单位订货售出的概率，则为期望边际利润；未能售出所受的损失称为边际损失(marginal loss，ML)，边际损失乘以增加该单位不能售出的概率，则为期望边际损失。

用边际分析法进行库存决策，最佳订货量是指：当订货量再增加一个单位时，该单位订货的期望边际利润小于其期望边际损失，或者说销售最后一单位商品所得的期望收益大于或等于最后一件商品未被售出时所带来的期望损失。这一条件可用式(5.6)表示。

$$P \times \mathrm{MP} \geqslant (1-P) \times \mathrm{ML} \tag{5.6}$$

式中，P 表示该件商品售出的概率。在式(5.6)中求解 P 可得

$$P \geqslant \frac{\mathrm{ML}}{\mathrm{MP+ML}} \tag{5.7}$$

式(5.7)表明，订货量应当增加到最后一件商品的售出概率大于或等于 $\frac{\mathrm{ML}}{\mathrm{MP+ML}}$。

【例 5.2】某批发商准备订购一批圣诞树供圣诞节期间销售。包括订货费在内，该批发商需要对每棵圣诞树支付 2 美元。树的售价为 6 美元。未售出的树只能按 1 美元出售。节日期间圣诞树需求量的概率分布如表 5.4 所示(批发商的订货量必须是 10 的倍数)，试求该批发商的最佳订货量。

表 5.4　圣诞树需求量的概率分布

需求量/份	10	20	30	40	50	60
需求的概率	0.10	0.15	0.20	0.30	0.15	0.10
售出的概率	1.00	0.90	0.75	0.55	0.25	0.10

解：

$$\mathrm{MP} = 6 - 2 = 4\ (\text{美元})$$

$$\mathrm{ML} = 2 - 1 = 1\ (\text{美元})$$

$$\frac{\mathrm{ML}}{\mathrm{MP+ML}} = 20\%$$

最后一颗圣诞树售出的概率 P 应满足大于或等于 0.2，由表 5.4 可知，最佳的订购量为 50 棵。

5.2.2　多周期库存控制基本模型

多周期需求是指在足够长的时间内对某种物品的重复的、连续的需求，其库存需要不断地补充。与单周期需求相比，多周期需求问题比较普遍。需求率(单位时间内的需求量)和订货提前期(发出订货申请到所订货到达所需要的时间)是影响订货系统的重要变量。在

现实生活中，这两个变量都是随机变量。在这里，讨论的重点是需求率与订货提前期不相关，并且需求是确定的情况，即确定性问题。本节主要介绍确定性多周期库存模型中的基本经济订货批量模型。

1. 与库存有关的费用

与库存有关的费用归纳起来主要有以下 4 项：

(1) 持有成本(holding cost)，也称维持成本，是持有库存所必需的费用，主要包括资金成本、仓库运营、设备折旧、税金、保险、陈旧化损失等。当持有成本没有被财会或库存管理部门准确计算时，应当对其进行估计。由于该成本通常受到库存价值的影响，可以近似地将持有成本表示为库存产品采购价格的某个百分比。一定时期的总持有成本等于单位持有成本乘以平均库存量。订货批量越大，平均库存量越大，总持有成本越高。

(2) 订购成本(ordering cost)，是指在订购货物过程中发生的全部费用，包括差旅费、通信费、各种手续费、招待费等。一定时期内的总订货成本等于单次订货成本乘以订货次数。订货批量越大，一定时期内的订货总次数越少，总订货成本越低。

现实中，一个规模很小的公司，订购货物的工作是由某个人兼任，或是由公司的老板兼任。这就很难在这位兼职人员领取的薪金中划出一部分纳入订货的费用之内。不过，即使如此，也应该计算因订货而支付的文具纸张及秘书工作的费用。在大公司里是很容易估计订货费用的，因为大公司有独立的采购部门，很容易把采购部门的总管理费用按全年发出的订货单予以分摊。

可以使用一种加权方法来计算某项订货的费用，即以总的购买价格或总的购买量为基础通过一定程序的加权法计算，以求得订货费用。但是要十分注意这项方法是否对每一个具体情况都适用。提出每一项订货单实际需要的费用差别是很大的，有些低到只需几角钱，有些则高到上百元。而谈判巨额供货合同的费用可能占订货费用的一大部分。

(3) 购买成本(加工费)(purchasing cost)，表示购买每单位产品所花的费用，包括价格和运费等，其与订货批量有关。订货批量越大，有可能享受供应商的价格折扣就越多，其规模运输效益越明显，单位运费就越低。

(4) 缺货成本(shortage cost)，反映失去销售机会带来的损失、信誉损失以及影响生产造成的损失。一定时期的总缺货成本与缺货多少、缺货次数有关。

缺货损失很难加以精确统计，衡量缺货损失通常有两种方式：一种是当缺货费与缺货数量的多少和缺货时间的长短成正比时，一般以缺货一件为期一年(交货时间延长一年)，造成的损失赔偿费来表示；另一种是缺货费仅与缺货数量有关而与缺货时间长短无关，一般以缺货一件造成的损失赔偿费来表示。由于缺货损失费涉及丧失信誉带来的损失，所以它比存贮费、订货费更难准确确定，对不同的部门、不同的物资，缺货损失费的确定有不同的标准，要根据具体要求分析计算，将缺货造成的损失数量化。

企业在计算库存总费用时，一般以年为时间单位，年库存总费用可以表示为

$$\text{年库存总费用}=\text{年持有成本}+\text{年订购成本}+\text{年购买成本}+\text{年缺货成本} \tag{5.8}$$

2. 经济订货批量(economic order quantity，EOQ)模型

早在 1915 年，哈里斯(F. W. Harris)对银行货币的储备进行了详细的研究，建立了一个确定性的库存费用模型，并确定了最优解，即最佳批量。1934 年，威尔逊(R. H. Wilson)重新得出了哈里斯的公式，即经济订货批量公式，也称威尔逊公式，解决了从经济角度确定最佳库存数量的问题，从根本上改变了人们对库存决策问题的传统认识，是对库存理论研究的一个重大突破。

EOQ 模型的基本假设如下：

(1) 只涉及一种产品。

(2) 期内(如一年)需求给定并保持不变，即需求是均匀的、确定的。

(3) 不允许发生缺货。

(4) 订货提前期为零，或可以准确预见，并保持不变(不存在交货延迟等)。

(5) 不受资金约束。

(6) 订货成本和持有库存成本可确定，并保持不变。

在上述假设下，经济订货批量假设条件下的周期库存如图 5.1 所示。系统最大库存量，即订货批量为Q，最小库存量为 0；不发生缺货，库存按固定年需求率D件/年减少。当库存为 0 时，发出订单，货物即可得到补充，达到最大库存量Q。订货周期为T。显然，年平均库存量为$\frac{Q}{2}$，订货次数为$\frac{D}{Q}$。

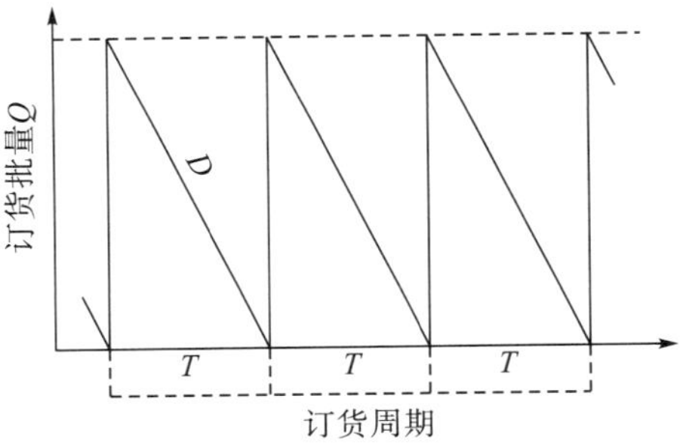

图 5.1　经济订货批量假设条件下的周期库存

结合企业实际运作，考虑一个年度的库存费用情况。设每年每单位存货的持有成本为C_h，单次订购成本为C_r，每单位存货的采购价格为P。依据上述假设以及库存费用的性质，得年持有库存成本为$\frac{QC_h}{2}$，年订购成本为$\frac{DC_r}{Q}$，年购买成本为PD。由于不考虑缺货，因此，库存总费用TC可以表示为

$$TC(Q)=\frac{QC_h}{2}+\frac{DC_r}{Q}+PD \tag{5.9}$$

依据下述算例来分析库存总成本的特征。设年需求量$D=1000$单位，平均单位购买价格$P=5$元，持有成本率$i=20\%$，单次订货成本$C_r=20$元。不同订货批量下的年持有成

本、年订货成本及总变动成本如表 5.5 所示。

表 5.5　不同订货批量下的库存计划成本

订货批量 Q	年持有成本 $P\times i\times Q/2$	年订货成本 DC_r/Q	总变动成本
50	25	400	425
100	50	200	250
150	75	134	209
200	100	100	200
250	125	80	205
300	150	66	216
350	175	58	233
400	200	50	250

注：总变动成本=年持有成本+年订货成本。

依据表 5.5 可得图 5.2。

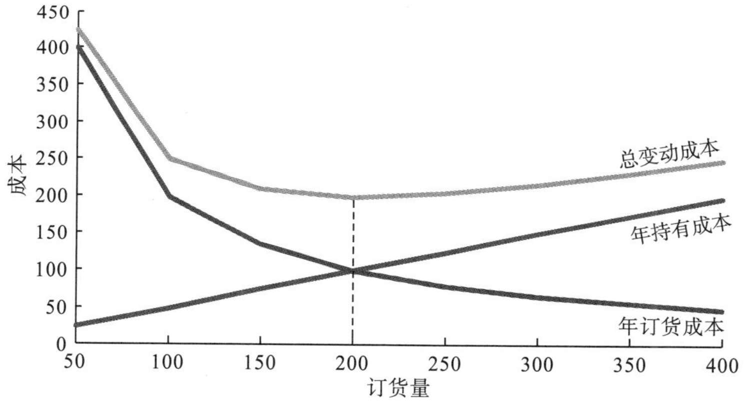

图 5.2　EOQ 示意图

由图 5.2 可知，起初，随着订货量的增大，订货成本的下降量大于持有成本的上升量，因而总成本逐步下降。但经过一个点（$Q=200$）后，订货成本的下降趋势逐渐变慢，而持有成本的上升量不变，进而总成本开始上升。使得总成本最小的点（总成本曲线的最低点），即为最优的订货批量，也就是 EOQ。

依据上述分析可知，使得总成本最小的订货批量 EOQ 值，即为年持有成本和年订购成本相等时的订货批量。因此有

$$\frac{QC_h}{2}=\frac{DC_r}{Q} \tag{5.10}$$

求解式(5.10)可得

$$EOQ = Q = \sqrt{\frac{2C_r D}{C_h}} \tag{5.11}$$

进一步可知，最优订货周期

$$T^* = \frac{Q}{D} = \sqrt{\frac{2C_r}{C_h D}} \tag{5.12}$$

当订货批量为EOQ时，每年的订货次数

$$n = \frac{D}{Q} = \sqrt{\frac{C_h D}{2C_r}} \tag{5.13}$$

年最优总成本

$$TC^* = \sqrt{2C_r C_h D} + PD \tag{5.14}$$

EOQ 模型给出了有关存货周期、存货成本和经济订货批量等的各种关系，这对于指导存货计划的制订十分有用。首先，通过对 EOQ 公式[式(5.11)]求解发现，当订货成本与持有成本相等时，年库存总成本最低，这意味着订货频率与订货批量应该适当，太高的订货频率或者太大的订货批量都是不经济的；第二，平均的基本存货等于订货批量的一半；第三，在其他各点都相同的情况下，存货价值与存货周期具有一种直接的关系，事实上，价值越高，订货频率越高。

3. EOQ 的敏感性分析

由表 5.5 和图 5.2 可知，如果仅仅考虑总成本价值，尽管可以计算出一个使总成本最小化的 EOQ 值（EOQ = 200），对 EOQ 的少量偏离，如 $Q = 150$ 或 $Q = 250$，并不会明显地增加总成本。这意味着，对持有成本或订货成本估计的微小误差并不会导致因 EOQ 的变化而对总成本造成较大的影响。也就是说，如果选定的 Q 值足够接近 EOQ 值，成本便会被优化。这非常有利于现实中的应用，因为持有成本和订购成本都不容易被准确估计。

【例 5.3】一家建材批发商从一家供应商处采购水泥。假设每年对水泥的需求基本不变，年需求量维持在 2000 吨。公司估计每次订货的成本约为 25 美元，持有成本为采购价格的 20%。公司以每吨 60 美元的价格采购水泥。求公司每次采购水泥的批量是多少？

解：已知 $D = 2000$， $C_r = 25$， $C_h = 0.2 \times 60 = 12$，则

$$EOQ = \sqrt{\frac{2C_r D}{C_h}} = \sqrt{\frac{2 \times 25 \times 2000}{12}} = 91.3\ (\text{吨})$$

在计算 EOQ 后，库存主管认为，正好订购 91.3 吨不便向供应商下单，如果订购 100 吨就显得方便多了。

当 $Q = EOQ = 91.3$ 时，总成本为

$$\frac{C_h Q}{2} + \frac{DC_r}{Q} = \frac{12 \times 91.3}{2} + \frac{2000 \times 25}{91.3} = 1095.45\ (\text{美元})$$

当 $Q = 100$ 时，总成本为

$$\frac{12\times100}{2}+\frac{2000\times25}{100}=1100\ (美元)$$

每次订购 100 吨的附加成本为

$$1100-1095.45=4.55\ (美元)$$

因此，库存主管可以放心地按照 Q=100 这一更为方便的订购批量进货。

例 5.3 表明，经济订购批量无须绝对精确。

4. EOQ 的延伸

虽然 EOQ 模型可以确定最佳的补给数量，但它需要在比较理想的条件下才能直接应用，如已知连续不变的需求速率；与订货数量和时间保持独立的产品的价格(即购买数量或运输价格不存在折扣)；没有在途存货；不受资金的约束等。因此，在实际应用时，需要考虑现实的一些因素。最常见的就是那些与各种费用调整有关的问题，这是为了利用特殊的购买形式和单位化(unitization)特征而必须做出的调整。与 EOQ 有关的三种调整分别为运量费率、数量折扣及其他调整。

1) 运量费率

在 EOQ 公式中，没有考虑运输成本对订货批量的影响。在根据交付数量购买产品并且卖方支付了从产地到存货目的地的运输费用时，这种忽略有时可能是正确的，因为装运直至货物抵达顾客的业务地点所产生的费用由卖方负责。然而，当产品的所有权在产地就已转移，运输费用需要由买方承担，在确定订货批量时，就必须考虑运输费率对总成本的影响。

首先，一般说来，一次订货的分量越重，从任何产地到目的地的单位运输成本就越低，因此，大批量装运的运费费率折扣在卡车运输和铁路运输中很普遍，可以在绝大多数的运输费率结构中找到。于是，在其他条件都相同时，一个企业自然希望以最经济的运输批量进行购买，该数量也许大于用 EOQ 方法确定的购买数量。例如，与已计算出来的 EOQ 订货批量的 300 单位相比较，假设当订货批量为 480 单位时可以获得最期望得到的运输费率。较大的订货批量的第一个影响就是将平均存货从 150 单位增加到 240 单位。于是，以较大数量进行订货就会增加存货持有成本。

其次，考虑的第二个影响是减少了所需订货的次数。订货次数的减少会增加装运规模，提供更优的运输经济。要完成这种分析，必须明确地表示总成本中有无运输节约。虽然这种计算可以直接通过修正 EOQ 公式完成，但是，通过比较可以提供更有意义的答案。唯一需要增加的数据就是按 300 单位和 480 单位进行订货时所使用的运输费率。这时，进行决策的依据就需要考虑运输费用，选择使总成本达到最低的方案。运输费率对购买总成本的影响是不能被忽视的。如果运输费用是由买方负责支付的话，那么任何 EOQ 方法都必须在批量的分类范围内测试运输成本的灵敏度。

最后，在原产地购买的条件下(所谓原产地购买，是指由买方负责运输费用和运输途中的风险)，关于存货成本有两个地方得注意：第一，在装运时，买方对存货承担全部的风险。根据支付货款的时间，在途存货有可能是企业平均存货的一个组成部分，并因此而承担适当的费用。另外需要考虑的是，重量分类中的任何变化，都将导致各种装运方法在途时间方面的不同，所增加的成本或节约的费用都应该在总成本分析中进行适当的评估；第二，为了精确地评估与存货相关的货物价值，购买价格中必须将运输成本添加进去。因此，存货持有成本应根据产品采购价格加运输费用的联合成本进行评估。

2) 数量折扣

数量折扣提供了类似于运量费率的一个 EOQ 延伸。表 5.6 列举了一个数量折扣表。

表 5.6　数量折扣表

单价/美元	5.00	4.50	4.00	3.50	3.00
购买数量/件	1～99	100～199	200～299	300～399	400～499

数量折扣可以用基本的 EOQ 公式直接处理。它按照与给定的数量有关的价格计算总成本，以确定相应的订购批量值。如果任何数量上的折扣足以弥补增加的维持成本减去降低的订货成本，那么，数量折扣就提供了一种可行方案。应该注意的是，数量折扣和运量费率各自对较大的购买数量产生影响，但总成本最低的购买量并不总是大于用 EOQ 方法计算出来的订货数量。

3) 其他调整

由于可能出现特殊情况，如批量生产、多产品购买、有限的资本、私营卡车运输等，因此需要对基本的 EOQ 方法进行调整。从制造角度来看，批量生产规模是指最经济的生产批量；多产品购买所描述的情况是指当同时购买一种以上产品时，必须要考虑数量折扣和运输折扣对产品组合再影响；有限的资本是指存货总投资中的预算受到种种限制。因为在预算限制内必须满足产品线的需求，所以订货批量决策必须意识到存货投资需要在整个产品线上进行分配。私营卡车运输之所以会影响订货批量，是因为一旦决定补给产品，就意味着它是一种固定成本。也就是说，如果决定使用私营车队运输补给产品，企业往往会考虑装满卡车而不管 EOQ 批量是多少。

在确定订货批量时需要考虑的另一个因素是单位化特征。许多产品是按标准进行储备和运输的，诸如货柜和托盘之类。既然这些标准化单位被设计用来专门适应运输工具和搬运工具，那么，当 EOQ 批量不是一种复式单位时，就有可能产生明显的不经济。例如，假定一个托盘能够装载 200 单位的某种特定产品，如果使用 EOQ 批量为 300 单位，这就意味着要装运 1.5 个托盘。从搬运或运输利用的角度来看，交替地或持续地定购一个或两个托盘的货，有可能效果更佳。在确定 EOQ 批量时，可以考虑使用标准的复式单位。

案例 5.2

HotAir 公司对 EOQ 的修正

HotAir 公司决定每年购买 9000 个压力表。供方的出价是每个 90 美元。公司每次订货的订货成本为 60 美元，年持有成本率为 30%。根据以下经济订货批量计算，HotAir 公司决定每年订货 45 次，每次订货 200 个。

$$EOQ=\sqrt{\frac{2C_rD}{Pi}}=\sqrt{\frac{2\times 60\times 9000}{90\times 0.3}}=200(\text{个})$$

然而，压力表供应商决定向 HotAir 公司提供批量价格折扣，条件是：每次订货量增加到 270 个以上，每个压力表便降价 1 美元。

HotAir 公司面临这样的选择，即将订货批量增加到 270 个以上的某个数值，以便获取批量价格折扣收益，还是坚持按原来计算的 EOQ 订货？为进行这一决策，公司进行了如下计算(表 5.7)。

表 5.7　HotAir 公司订货数据

订货批量/个	价格/美元	订货次数/年	平均库存量/个	年成本(采购 9000 个)			
				采购/个	订货/个	持有/个	总计/个
200	90	45	100	810000	2700	2700	815400
270	89	33	135	801000	1980	3605	806585

以上计算表明，如果 HotAir 公司利用价格折扣，尽管会由于增加订货批量而导致更高的库存量和持有成本，但可以使总成本下降(由于价格折扣，持有成本上升得并不像按原来价格订购 270 个时那样高)。通过上述计算，HotAir 公司决定接受价格折扣，按照 270 个订购。

请思考，HotAir 公司的订购批量决策是否合理？

5.3　关联需求库存控制

5.3.1　MRP 库存控制

1. 物料需求计划(MRP)

1) MRP 的含义

MRP 是在订货点法计划基础上发展形成的一种新的库存计划与控制方法，它是建立在计算机基础上的生产计划与库存控制系统。其主要内容包括客户需求管理、产品生产计划、原材料计划及库存记录。其中客户需求管理包括客户订单管理及销售预测，将实际的客户订单数与科学的客户需求预测相结合即能得出客户需要什么及需要多少。应注意的是，客户需求预测应是科学的预测，而不是主观的猜测或只是一个主观的愿望。产品生产计划指的是产品的生产时间和数量，这将成为决定需要多少劳动力和设备以及需要多少原材料和资金的依据。产品生产计划应是客户需求与现有库存量比较的结果。产品生产计划要求非常精确，因为不准确的产品生产计划有可能导致资源浪费或是不能满足客户的需求。原材料计划是在产品生产计划的基础上制订的原材料需求计划，表示要生产所需要的产品而需要准备的原材料的具体情况。而在确定购买原材料之前，需要检查现有库存记录，并通过比较得出实际的购买量，因此，保证库存数据的准确性尤为重要。

2) MRP 的基本原理

MRP 的基本原理就是由产品的交货期展开成零部件的生产进度日程与原材料、外购件的需求数量和需求日期，即将主生产计划转换成物料需求计划，并为编制能力需求计划提供信息。MRP 的逻辑结构如图 5.3 所示。

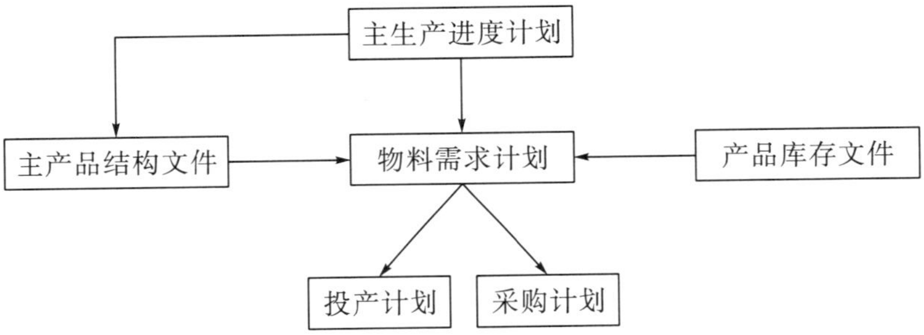

图 5.3　MRP 的逻辑结构

由图 5.3 可以看出，物料需求计划是根据主产品结构文件、主生产进度计划和产品库存文件而形成的。物料需求计划的输出为投产计划和采购计划。根据投产计划和采购计划，形成制造任务单和采购订货单，主要名词解释如下：

(1) 主产品。主产品就是企业用以供应市场需求的产成品。例如，汽车制造厂生产的汽车、电视机厂生产的电视机，都是各自企业的主产品。

(2) 主产品结构文件。主产品结构文件 (bill of materials，BOM) 主要由反映主产品的层次结构、所有零部件的结构关系和数量组成。根据该文件，可以确定主产品及其各零部件的需要数量、需要时间及其相互间的装配关系。

(3) 主生产进度计划。主生产进度计划 (master production schedule，MPS) 主要描述各时间段内主产品的生产情况，包括生产时间、生产数量或装配时间、装配数量等。

(4) 产品库存文件，包括主产品和其所有的零部件的库存量、已订未到库存量和已分配但还未提走的库存量。制定物料需求计划的指导思想，就是要尽可能减少库存。产品优先从库存物资中供应，仓库中有的，就不再安排生产和采购，仓库中有但数量不够的，只安排不够的那一部分数量的生产或采购。

(5)制造任务单和采购订货单。由物料需求计划生成产品投产计划和产品采购计划，根据这些计划组织物资的生产和采购，生成制造任务单和采购订货单，供给制造部门和采购部门使用。

3)MRP 系统的运行

(1)MRP 的输入。MRP 的输入包括主生产进度计划、主产品结构文件和库存状态文件三个文件。

第一，主生产进度计划。主生产进度计划是 MRP 系统最主要的输入信息，也是 MRP 系统的主要依据。该计划来自于企业的年度计划，在 MRP 中用 52 周来表示。其基本原则是，主产品生产进度计划覆盖的时间长度要不少于其组成零部件中最长的生产周期，否则，这样的主产品进度计划不能进行 MRP 系统的运行，因此是无效的。表 5.8 为产品 A 的生产计划表。

表 5.8　产品 A 的生产计划表

时间/周	一	二	三	四	五	六	七	八
产品/(件/周)	30	20	25	—	60	—	20	—

第二，主产品结构文件。主产品结构一般用树型结构表示，最上层是 0 级，即主产品级，然后是 1 级，

对应主产品的一级零部件，如此逐级往下分解，最后一级为 *n* 级，*n* 级一般是最初级的原材料或外购零配件。每一层有三个参数：①零部件名称；②组成零部件的数量；③相应的提前期(LT)，包括生产提前期和订货提前期。

例如，主产品 A 的树形结构如图 5.4 所示。

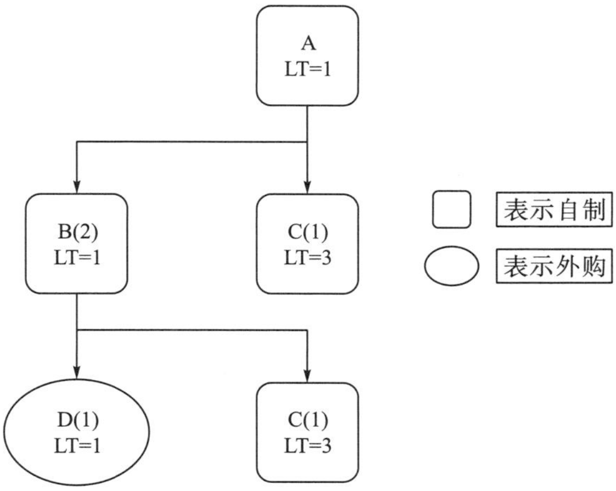

图 5.4　主产品 A 的树形结构

图 5.4 表明，产品 A 由 2 个部件 B 和 1 个零件 C 装配组成，而部件 B 又由 1 个外购件 D 和 1 个零件 C 装配组成。A、B、C、D 的提前期分别是 1 周、1 周、3 周、1 周，即装配 1 个产品 A 要 1 周时间(装配任务需提前 1 周下达)，装配 1 个部件 B 要提前 1 周下达任务单，生产 1 个零件 C 要提前 3 周下达任务单，而采购 1 个外购件 D 要提前 1 周发出订货单。

第三，库存状态文件(inventory status records，ISR)。该文件也称产品库存文件，包含有各个品种在系统运行提前期库存量的静态资料，但它主要提供并记录 MRP 运行过程中的实际库存量的动态变化过程。主要参数如下：

①总需求量，是指主产品及其零部件在每一周的需求量。其中主产品的总需求量与主生产进度计划一致，而主产品零部件的总需求量可以根据主产品生产进度计划和主产品结构文件推算得出。

②计划到货量，是指根据正在执行中的采购订单或生产订单在未来的某一个时段将要入库或将要完成的数量。它不包括本次 MRP 运行生成的生产任务单和采购任务单中的产品。

③库存量，指每个周末库存物品的数量。

$$
\begin{aligned}
\text{库存量} &= \text{本周初库存量} + \text{本周到货量} - \text{周供应量} \\
&= \text{上周末库存量} + \text{本周到货量} - \text{周供应量} \qquad (5.15)
\end{aligned}
$$

例如，根据产品 A 生产进度计划输入它在各周的总需求量，并输入它在各周(第一周、第三周、第五周和第十周)的计划到货量，分别为 15 件、20 件、40 件和 60 件，再输入产品 A 在 MRP 运行前的期初库存量(20 件)。MRP 输入完毕后，系统会自动计算出各周的库存量、净需求量、计划订货量和计划发出订货量，如表 5.9 所示。

表 5.9　产品 A 的库存文件

项目 A(0 级) 提前期：1 周	周次							
	一	二	三	四	五	六	七	八
总需求量/件	30	20	25	—	60	—	20	—
计划到货量/件	15	—	20	—	40	—	60	—
库存量(20/件)	5	−15	−20	−20	−40	−40	0	0
净需要量/件	0	15	5	0	20	0	0	0
计划接受订货/件	—	15	5	—	20	—	—	—
计划发出订货/件	15	5	—	20	—	—	—	—

上述主生产进度计划、主产品结构文件和库存状态文件即 MRP 的主要输入文件。除此以外，为运行 MRP 还需要一些基础性的数据输入，其中包括物料编码、提前期、安全库存量等。

(2) MRP 的输出。MRP 的输出包括主产品及其零部件在各周的净需求量、计划接受订货量和计划发出订货量等三个文件。

第一，净需求量是指系统需要外界在给定的时间提供的给定物料的数量，即生产系统需要什么物品、需要多少、什么时候需要。不是所有零部件每一周都有净需求的，只有发生缺货的周才发生净需求量，某个品种某个时间的净需求量就是这个品种在这一时间的缺货量。所谓“缺货”，就是上一周的期末库存量加上本期的计划到货量小于本期总需求量。

本周净需求量=本周总需求量－本周计划到货量－本周初库存量　　(5.16)

在实际运行中，不是所有的负库存量都会产生净需求量。净需求量的计算可以通过在现有库存量一栏中第一个出现负库存量的周，其净需求量就等于其负库存量的绝对值。在其后连续出现的负库存量各周中，净需求量等于其本周的负库存量减去前一周的负库存量的差的绝对值

第二，计划接受订货量，是指为满足净需求量的需求，应该计划从外界接受订货的数量。

计划接受订货量=净需求量　　(5.17)

第三，计划发出订货量，是指发出采购订货单进行采购或发出生产任务单进行生产的数量。它在数量上等于计划接受订货量，时间上比计划接受订货量提前一个提前期。

由于 MRP 输出的参数是直接由 MRP 输入的库存文件参数计算出来的，为直观起见，常常把 MRP 输出与 MRP 的库存文件连接在一起，边计算边输出结果。

4) MRP 的特点

(1) 需求的相关性。同订货点方法不同，MRP 是针对具有相关性需求物资的库存控制方法，与需求本身相关，也与资源需求的品种数量、需求时间相关。

(2) 需求的确定性。MRP 是根据主生产进度计划、主产品结构文件、产品库存文件和各种零部件的生产时间或订货、进货时间精确计算出来的，其需要的时间、数量都是确切规定好了的，不能够改变。

(3) 计划的精细性。MRP 有充分的根据，从主产品到零部件，从需求数量到需求时间，从生产先后到装配关系都做了明确的规定，无一遗漏或偏差。不折不扣地按照这个计划进行，能够保证主生产进展计划的如期实现。

(4) 计算的复杂性。MRP 要根据主生产进度计划、主产品结构文件、产品库存文件、生产时间和采购时间把主产品的所有零部件的需要数量、需要时间、先后关系等准确计算出来，其计算量是非常庞大的。特别是当主产品复杂、零部件数量特别多时，只有借助计算机，该工作才可能进行。

2. 制造资源计划(MRP Ⅱ)

1) MRP Ⅱ 的思想

20 世纪 80 年代，人们把生产、财务、销售、工程技术、采购等各个子系统集成为一个一体化的系统，并称为制造资源计划系统，英文缩写还是 MRP，为了区别于物料需求

计划而记为 MRP II。MRP II 根植于美国的大量生产方式，寻求最有效地配置企业资源，以保证企业经济、有效地运行。MRP II 的基本思想就是把企业作为一个有机整体，从整体最优的角度出发，运用科学方法对企业各种制造资源和产、供、销、财务各个环节进行有效的计划、组织和控制，使它们得以协调发展，并充分地发挥作用。图 5.5 表示了 MRP II 的组成结构和处理逻辑。

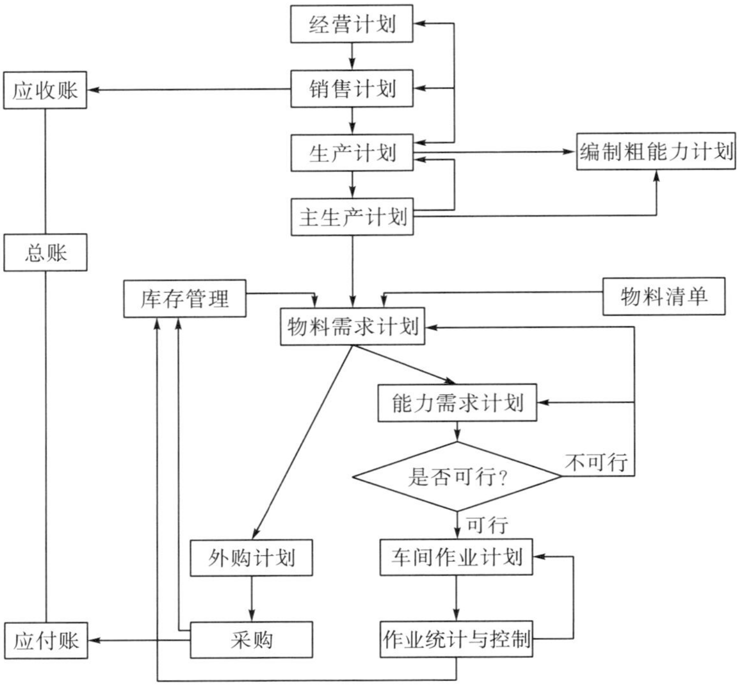

图 5.5　MRP II 的组成结构和处理逻辑

2) MRP II 的管理特征

(1) MRP II 统一了企业的生产经营活动。一个企业内往往有很多系统，如生产系统，财务系统，销售系统，供应系统，设备系统，技术系统，人事系统等。它们各自独立运行，缺乏协调，相互关系并不密切，在各个系统发生联系时，常常互相扯皮，互相埋怨。而且，各个部门往往要用到相同类型的数据，并从事很多相同或类似的工作，但往往是同一对象，各部门的数据不一致，造成管理上的混乱。这都是由于缺乏一个统一而有效的系统所致。

由于 MRP II 能提供一个完整而详尽的计划，可使企业内各部门的活动协调一致，形成一个整体。各个部门享用共同的数据，消除了重复工作和数据的不一致，也使得各部门的关系更加密切，提高了整体的效率。下面简要叙述 MRP II 是如何改变企业各个部门的生产经营活动的。

①营销部门。营销部门通过产品出产计划与生产部门建立了密切的联系。按市场预测与顾客订货，使产品出产计划更符合市场的要求。有了产品出产计划，签订销售合同有了可靠依据，大大提高按期交货率。由于 MRP Ⅱ有适应变化的能力，它可以弥补预测不准的缺点。

②生产部门。过去，生产部门的工作是最不正规的，由于企业内部条件和外部环境的不断变化，生产难以按预定的生产作业计划进行。这使得第一线生产管理人员不相信生产作业计划，他们认为那是“理想化”的东西，计划永远跟不上变化，因此他们只凭自己的经验和手中的“缺件表”去工作。有了 MRP Ⅱ之后，计划的完整性、周密性和应变性大大加强，调度工作大为简化，工作质量得到提高。采用电子计算机可以实现日生产作业计划的编制，充分考虑了内外条件的变化。这就使得人们从经验管理走向科学管理。由于采用 MRP Ⅱ及其他现代管理方法，生产部门的工作开始走向正规化。

③采购部门。采购人员往往面临两方面的困难：一方面是供方要求提早订货；另一方面是本企业不能提早确定需要的物资数量和交货期——这种情况促使他们早订货和多订货。有了 MRP Ⅱ之后，采购部门有可能做到按时、按量供应各种物资。由于 MRP Ⅱ的计划期可达到 1～2 年，使得一二年后出产的产品所需的原材料和外购件能提前相当长时间告诉采购部门，并能准确地提供各种物资的“期”和“量”方面的要求，避免了盲目多订和早订，节约了资金，也减少了短缺。

④财务部门。实行 MRP Ⅱ，可使不同部门采用共同的数据。事实上，一些财务报告在生产报告的基础上是很容易做出的。例如，只要将生产计划中的产品单位转化为货币单位，就构成了经营计划。将实际销售、生产、库存与计划数相比较就会得出控制报告。当生产计划发生变更时，马上就可以反映到经营计划上，可以使决策者迅速了解这种变更对财务造成的影响。

⑤技术部门。以往技术部门似乎超脱于生产活动以外，生产上那些琐事似乎与技术人员无关。但是，对于 MRP Ⅱ系统来讲，技术部门提供的却是该系统赖以运行的基本数据，它不再是一种参考性的信息，而是一种作控制用的信息。这就要求产品结构清单必须正确，加工路线必须正确，而且不能有含糊之处。修改设计和工艺文件也要经过严格的手续，否则，会造成很大的混乱。按照 MRP 用户的经验，产品结构清单的准确度必须达到 98%以上，加工路线的准确度必须达到 95%～98%，库存记录的准确度达到 95%，MRP Ⅱ才能运行得比较好。

(2) 计划的一贯性与可行性。MRP Ⅱ是一种计划主导型的管理模式，计划由粗到细逐层优化，始终与企业经营战略保持一致，加上能力的控制，使计划具有一贯性、有效性和可行性。

(3) 物流与资金流的统一。MRP Ⅱ中包含有成本会计和财务功能，可以由生产活动直接产生财务数据，保证生产和财务数据的一致性。

(4) 集成化是 MRP Ⅱ的精髓。MRP Ⅱ是企业管理集成思想与计算机、信息技术相结合的产物。其集成化表现在：横向上，以计划管理为核心，通过统一的计划与控制使企业制造、采购、仓储、销售、财务、设备、人事等部门协同运作；纵向上，从经营计划、生产计划、物料需求计划、车间作业计划逐层细化，使企业的经营按预定目标滚动运作、分步实现；在企业级的集成环境下，与其他技术系统，如计算机辅助设计(computer aided design，CAD)、计算机辅助工艺过程规划(computer aided process planning，CAPP)、计算机辅助机械制图(computer-aided mechanical drafting，CAMD)的集成。

5.3.2 ERP 库存控制

MRP 的思想产生于 20 世纪四五十年代，六七十年代随着以计算机技术为主的信息技术的发展，MRP 的思想开始应用于社会实践，成为生产物流领域里的一种新方法。其后又经过多次改进，直至形成 MRP Ⅱ体系。现阶段又融合了其他现代管理思想和技术，发展成为企业资源计划(ERP)思想及技术。

ERP 是建立在信息技术基础上的，利用现代企业的先进管理思想，全面地集成企业的所有信息资源，并为企业提供决策、计划、控制和经营业绩评估的全方位和系统化的管理平台。

ERP 集信息技术与先进的管理思想于一体，成为现代企业的运行模式，反映了时代对企业合理调配资源、最大化地创造社会财富的要求，成为企业在信息时代生存和发展的基石。

ERP 的核心应用领域包括销售、生产、财务、采购与供应管理(包括供应链所有环节的库存控制)、车间与设备维护、人力资源管理以及配送管理。

ERP 在实际运用中，由于不同的业界所处的视角不同，对 ERP 也有不同的理解，因而形成了两个不同层次的含义。

(1)管理学界认为，ERP 是一种管理思想。ERP 是一整套企业管理系统体系标准，其实质是在 MRP Ⅱ基础上进一步发展而成的面向供应链的管理思想。

(2)IT 界认为，ERP 是一种软件产品。ERP 是综合应用了客户机 / 服务器体系、关系数据库管理系统(relational database management system，RDBMS)、面向对象技术(object oriented technology，OOT)、图形用户界面 (graphical user interface，GUI)技术、第四代语言(fourth generation language，4GL)、网络通信等信息产业成果，以 ERP 管理思想为灵魂的软件。

尽管很多供应商已努力使 ERP 系统模块化，但在实际应用中，企业使用该系统时仍需要进行相当多的量身定制工作。由于需求的差异性，目前在市面上可以看到许多不同的 ERP 系统。在引入 ERP 系统过程中，往往需要在企业运作的最优化与为节约成本而适应标准化模块这两者之间进行权衡。为此，一些企业不得不在这两者之间做出困难选择：使系统适应企业，还是使企业适应系统。

案例 5.3

爱博公司的 MRP Ⅱ 项目

1. 公司简况

爱博公司是国内高低压电器成套设备的定点生产厂家，拥有 26 家分支企业和若干职能部门。主要的分支企业有成套厂、柜体厂、销售公司、机械厂、研究所。公司本部的职能部门主要有总裁办、总工办、企管部、质管部、财务部、供应部等。集团公司采用股份制形式管理各分支企业。公司按订单组织生产，具有多品种小批量的生产特征。

公司的主导产品有 JK 型、GCD 型、GCK 型等几十种，各产品均有多个结构设计上的标准型，各由数百个品种的零部件装配而成，各有数百个可供用户选择的电气接线方案，由数千种电气元件按不同的方案组装而成。产品的生产制造主要由柜体厂、机械厂、成套厂分工承担。其中，柜体厂主要承担零部件制造，生产按工艺专业化原则分工组织，主要有冲压车间、结构车间和油漆车间。设备多按离散机群式布置，生产过程中零件按成批顺序移动方式，由上道工序经质检转入下道工序；机械厂主要承担金属切削件的生产和专用工装模具的制造，也按工艺专业化组织生产；成套厂主要承担产品总装配、按产品对象专业化原则组织生产，分为高压车间和低压车间。

公司内部的生产管理过程大致是：销售公司将订货合同以内部合同的形式转给柜体厂和成套厂。柜体厂以内部合同为依据，制定月、周、日生产计划并监督计划执行，完成自制件的原材料采购、自制件的加工、半成品库存等工作，为成套厂提供必要的自制件。成套厂以内部合同为依据制定月、周、日生产计划，并监督计划执行，完成产品结构设计、工艺设计、元器件的采购、库存产品的组装及质量的检查等工作。

2. 公司生产中存在的问题

多年来，公司强化管理，成效显著，综合效益和人均利税名列全国前茅。然而，在公司快速发展的同时，也存在一些生产经营管理方面的问题，表现在：

(1) 在柜体厂、成套厂以及相关的各部门之间，没有形成一个统一的、协调的生产计划，而且各部门之间普遍存在着采用口头或电话等没有严格约束力的信息交换方式，加上许多信息的统计工作采用手工作业，反馈速度慢，造成生产方面的计划、执行、反馈处理不协调和不一致，时常影响公司按期交货。

(2) 月生产计划的可操作性差。各厂主要依据内部合同编制月生产计划，很少考虑车间生产的实际负荷，缺乏准确的生产进度数据。因而，这种月生产计划只具有参考价值，各部门还要进一步编制适合本部门并具有可操作性的计划。然而，由于计划编制工作的复杂性以及月份生产计划本身又在不断地变化，使得编制下层计划难以进行，结果造成车间作业、采购供应等计划环节薄弱。

(3) 公司内部信息共享程度差。如在外的销售人员难以及时了解车间生产安排情况以及可用生产能力；有关部门难以了解产品的技术改进数据，也无法获得动态的库存数据等。

(4) 采购计划的制定与执行难度大。编制采购计划需要来自生产计划、产品结构、库存以及车间等方面的信息，编制工作量大。一方面，由于生产计划不断变化，采购计划难以跟着变化；另一方面，由于生产部、供应部门、车间和仓库之间没有形成统一的、准确一致的库存与采购动态信息，使编制的采购计划不够准确，因而无法达到准确平衡的物料供应，结果不仅经常造成生产过程的不均衡，而且最终影响交货期。

(5) 库存管理效率低。采用手工记账，不仅工作量大、易出错，而且难以及时提供准确的库存信息。

(6) 由于车间作业计划工作比较薄弱，使得现场的生产调度与协调难度加大，也就难免存在安排临时性和随意性，造成生产过程中一定程度的不规范和不平衡。

由于以上问题的存在，不利于公司的进一步发展，不利于公司保持竞争优势。因此，公司领导层决定采用现代管理思想与技术，在全集团公司范围内实施 MRPⅡ系统，并决定采用引进商品化软件加二次开发的方式实施系统。

3. 总体目标与要求

针对公司多品种、小批量的生产特征以及多变的市场需求，公司确定 MRPⅡ系统应当是一个以用户订单为驱动，以计划管理为中心的企业集成系统。其总体目标是缩短产品生产周期，减少流动资金，提高企业经济效益和市场应变能力。

结合公司的实际情况，最后确定 MRPⅡ系统的主要功能包括销售管理、主生产计划、物料需求计划、车间作业计划、车间作业控制、能力需求计划、应收账、应付账、总账、物资管理、库存管理、成本核算、人力资源管理、设备管理、制造数据管理、综合查询，这些功能基本上覆盖了生产经营的各个方面。同时，MRPⅡ系统还应当实现与 CAD / CAPP / CAM 的信息集成。

目标确定后，爱博公司开始思考如何分步实施这些功能？应该先实施哪些功能？并且设计具体的实施步骤和措施。

【复习思考题】

1. 什么是库存？如何看待库存？
2. 什么是库存周转率？如何评价库存周转率？
3. 对单周期需求来说，库存决策的关键是什么？库存控制可通过哪些方法实现？
4. 经济订货批量模型有哪些假设条件？
5. 物品 A 和物品 B 的有关数据如下：

(1) 物品 A 的年需求为 50000 件，每次订货的订购成本为 25 元，物品价格为 0.2 元/件，年存储费率为 20%。

(2) 物品 B 的年需求为 1000 件，每次订货的订购成本为 25 元，物品价格为 50 元/件，年存储费率为 30%。

请回答下列问题：

(1) 物品 A 与物品 B 的经济订购批量各是多少？

(2) 如果物品 A 的需求平均分配给三个地点，对物品 A 的经济订购批量有什么影响？

(3) 如果物品 B 的价格变成 45 元/件，订货量为 100 件经济吗？

6. MRP 的适用条件是什么？它有什么样的优缺点？

【案例讨论】

神州商店的库存控制

1. 概况

神州摩托车自行车专营商店，是一家批发和零售各种型号摩托车、自行车及其零配件的商店，每年销售各种类型摩托车约 7000 辆，自行车 30000 辆，年销售额近 5000 万元。过去几年产品畅销，商店效益好，但是管理比较粗放，主要靠经验管理。由于商店所在地离生产厂家距离较远，前几年铁路运输又比较紧张，为避免缺货，神州商店经常保持较高的库存量。近两年来，经营同类业务的商店增加，市场竞争十分激烈。

神州商店摩托车经销部新聘任徐先生担任主管，徐先生具有大学本科管理专业学历，又有几年在百货商店实际工作的经验。他上任以后，就着手了解情况，寻求提高经济效益的途径。

摩托车自行车采购的具体方式是，通过参加生产厂家每年一次的订货会议，签订下年度的订货合同，然后按期到生产厂家办理提货手续，组织进货。

徐先生认为摩托车经营部应当按照库存控制理论，在保证市场供应的前提下，尽量降低库存，这是提高经济效益的主要途径。

2. 经济订购批量的计算

神州商店销售不同型号的摩托车，徐先生首先选择 XH 公司生产的产品为例，计算其经济订购批量。

徐先生为计算 XH 公司供应的摩托车的经济批量，收集了如下数据：

1) 基本情况

每年对 XH 公司生产的摩托车需用量为 3000 辆，平均每辆价格为 4000 元。

2) 采购成本

主要包括采购人员处理一笔采购业务的旅费、住宿费、通信费等。以往采购人员到 XH 公司出差，乘飞机、住宾馆、坐出租车，一次采购平均用 16～24 天，采购员各项支

出每人平均为 6700 元，每次订货去两名采购员，采购成本为

$$6700\times2=13400（元/次）$$

3) 每辆摩托车的年库存维持费用

(1) 所占用资金的机会成本。每辆摩托车平均价格为 4000 元，银行贷款利率年息为6%。所占用资金的机会成本=4000×6%=240（元/辆·年）。

(2) 房屋成本（仓库房租及折旧、库房维修、库房房屋保险费用等平均每辆摩托车分担的成本）。商店租用一个仓库，年租金 52000 元。仓库最高库存量为 700 辆，最低时不足100 辆，平均约为 400 辆，因此，每辆车年房屋成本可取为 130 元/辆·年。

(3) 仓库设施折旧费和操作费。吊车、卡车折旧费和操作费平均 10 元/辆·年。

(4) 存货的损坏、丢失、保险费用平均 20 元/辆·年。

以上各项合计得年库存维持费用为

$$240+130+10+20=400（元/辆·年）$$

徐先生将以上数据代入经济订购批量计算公式，计算出经济订购批量以及订购间隔期、订购点、年库存维持成本等。

$$经济订购批量=\sqrt{\frac{2\times3000\times13400}{400}}\approx448（辆）$$

$$每年订购次数=\frac{3000}{448}\approx7（次）$$

订购间隔期。神州商店每周营业 7 天，除春节放假 5 天，其他节假日都不停业。年营业日为 360 天，订购间隔可用下面公式算出。

$$订购间隔期=\frac{360}{7}\approx52（天）$$

若采用定期订购方式，订购间隔为 52 天，即每隔 52 天订购一次。

若采用定量订购方式，则要计算出订购点。

徐先生为计算订购点，需要订货提前期的有关数据，他了解到订货提前期由表 5.10 所示的几个部分组成。

表 5.10　订购提前期的组成　（单位：天）

采购准备时间	与供应商谈判时间	供应商提前期	到货验收
4	4	15	2

其中，采购准备工作时间，包括了解采购需求、采购员旅途时间；供应商提前期是指与供应商谈判结束到摩托车到达商店仓库所需的时间。由表 5.10 可算出，订购提前期为25 天。

若安全库存为 40 辆，可用下式算出订购点。

$$订购点=(25\times3000\div360)+40\approx248（辆）$$

年库存维持费用。年库存维持费用等于年订购成本与年保存费用之和，即

年库存维持费用=7×13400＋(48÷2＋40)×400=93800＋25600=119400（元/年）

经过上面的数据收集、分析与计算，徐先生对库存各种费用的大体情况，以及在哪些方面可以采取措施，降低费用，有了一个初步的认识。

3. 时变需求下的库存控制

徐先生在仔细调查了商店 XH 摩托车的销售数据后发现，摩托车的销售量在一年之中并不是均衡的，它与季节有一定的关系。根据前两年销售数据，各月销售量如表 5.11 所示。

表 5.11　摩托车销售量月分布情况

项目 \ 月份	1	2	3	4	5	6	7	8	9	10	11	12
月需求量/辆	650	120	200	220	240	360	180	180	250	200	200	200
累计需求量/辆	650	770	970	1190	1430	1790	1970	2150	2400	2600	2800	3000

由表 5.11 可知，摩托车一月份销售量较大，一月份即新年到春节之间，许多单位发年终奖或双工资，在春节前形成购买高峰，在高峰过后，销量骤减。其余各月销售量有波动，但不是很大。

徐先生运用西尔弗-米尔启发式方法，根据销售量的分布，重新安排了订购时间及订购量。新安排的全年订购计划及库存成本如表 5.12 所示。

由于全年订购次数为 6 次，每次订购成本为 13400 元，全年总订购成本为

$$13400\times6=80400\text{（元）}$$

每辆摩托车年保存成本为 400 元，每月的保存成本应为 400÷12=33.3 元，期末库存总计为 1580 辆，总保存成本应为

$$1580\times33.3=52614\text{（元）}$$

总库存成本为

$$80400+52614=133014\text{（元）}$$

这种算法忽略了订购提前期及安全库存。徐先生认为可按订购提前期为一个月考虑安排订购，即按表 5.12 中订购量一栏提前一个月安排订购。订购提前期原为 25 天，现增加至一个月，增加的 5 天可视为安全库存。

表 5.12　订购计划及库存成本

项目 \ 月份	1	2	3	4	5	6	7	8	9	10	11	12	总计
期初存货/辆	0	0	420	220	0	360	0	180	0	200	0	200	1580
订购量/辆	650	540	0	0	600	0	360	0	450	0	400	0	3000
需求量/辆	650	120	200	220	240	360	180	180	250	200	200	200	3000
期末库存/辆	0	420	220	0	360	0	180	0	200	0	200	0	1580
总订购成本/元	—	—	—	—	—	—	—	—	—	—	—	—	80400
总保存成本/元	—	—	—	—	—	—	—	—	—	—	—	—	52614
总库存成本/元	—	—	—	—	—	—	—	—	—	—	—	—	133014

4. 降低库存成本的建议

为进一步降低库存费用，徐先生提出以下改进措施：

1) 降低订购费用

实行订购费用承包，每次出差去 XH 公司，承包开支为

旅费　　1200 元

住勤费　　120 元/天×20 天=2400(元)

电话费　　10 元/天×20 天=200(元)

合计　　3800 元/人×2 人=7600(元)

并考虑是否可将每次由两名采购员去订购，改为每次一人。

2) 降低保存费用

保存费用中资金的机会成本由摩托车价格和银行利息所决定，没有降低的余地。仓库设施的折旧费和操作费，存货的损坏丢失、保险费用等在保存费用中所占比例很少，压缩这些费用可节省的开支十分有限。徐先生将降低保存费用主要目标集中在降低仓库租金方面。

现在商店租用的仓库，最多可存放 700 辆摩托车，由表 5.11 可看到，全年只有一个月摩托车的销售量达到 650 辆，其余月份最高销售量为 360 辆。若按表 5.12 订购，徐先生提出两种设想：

(1) 上半年租用原有仓库面积，下半年按 450 辆摩托车需用面积租仓库，大约可节省 1 万元。

(2) 将 5 月份订购 600 辆，改为 5 月订购 240 辆，6 月订购 360 辆。这样，除 1 月、2 月要租用较大仓库，其余 10 个月可按 450 辆存放面积租仓库，仓库租用费大约可节省 1.6 万元。

徐先生做了初步估算，如果上述两项建议能实现，在表 5.12 优化订购的基础上，每年大约可再节约 6.8 万元库存费用。

本 章 小 结

本章先介绍了库存的概念、作用和分类，以及库存周转率与库存周期；再从独立需求与相关需求两个层面，介绍了库存控制的方法和策略。在独立需求库存控制方面，主要介绍了单周期库存控制的主要方法：期望损失最小法、期望利润最大法和边际分析法，以及多周期库存控制的 EOQ 基本模型，并进一步阐述了 EOQ 模型的延伸与扩展；在相关需求库存控制方面，主要阐述了 MRP 库存控制的基本原理，MRP Ⅱ 以及 ERP 的基本概念和思想。

案例方面，本章首先通过引导案例“IT 行业的库存跌价损失”，引出库存控制的重要性及意义；然后，以“白酒行业”以及“快消品行业”库存周转率案例，呈现了库存周转率的含义以及如何看待不同行业的库存周转率；再次，以案例“HotAir 公司对 EOQ 的修正”，呈现了 EOQ 面临数量折扣的扩展情形和做法；进一步地，以案例“爱博公司的 MRP Ⅱ项目”，介绍了生产制造业实施 MRP Ⅱ的背景以及 MRP Ⅱ的功能模块；最后，以“神州商店的库存控制”作为章后案例，介绍了 EOQ 库存控制模型如何与企业具体经营环境相结合，呈现了针对不同产品需求特性的库存控制方法和策略。

参考文献

[1] Sliver E, Pyke D, Peterson R. Decision Systems for Inventory Management and Production Planning and Control[M]. 3rd ed. New York：Wiley，1998.

[2] Brook R B，Wilson L W. Inventory Record Accuracy：Unleashing the Power of Cycle Counting. Essex Junction[M]. New York：Wiley，2007.

[3] Zipkin P H. Foundations of Inventory Management[M]. Chicago：Irwin/McGraw-Hill，2000.

[4] 李述容. 采购与供应管理[M]. 武汉：武汉理工大学出版社，2010.

[5] 王道平，侯美玲. 供应链库存管理与控制[M]. 北京：北京大学出版社，2011.

[6] 林勇. 供应链库存管理[M]. 北京：人民交通出版社，2008.

[7] 陈荣秋，马士华. 生产运作管理[M]. 北京：高等教育出版社，1999.

[8] 霍红. 采购管理与供应链管理[M]. 北京：武汉理工大学出版社，2010.

[9] 霍红，刘莉. 物流管理学[M]. 北京：高等教育出版社，2011.

[10] 张浩. 采购管理与库存控制[M]. 北京：北京大学出版社，2010.

[11] 冯闻喆. 制造加工业最大的资源浪费：低库存周转率[J]. 产业与科技论坛，2012，11(03)：96-97.

[12] 王勇. 中美批发业库存周转率及其影响因素对比研究[J]. 商业研究，2013(08)：42-47.

[13] 宋思生，于永玲，施进发. 基于 MRP Ⅱ思想的生产管理系统及应用研究[J]. 计算机工程与设计，2005(6)：26.

[14] 徐玲，周航. MRP 与 ERP 的库存管理思想探析[J]. 商业经济，2007(12)：60-62.

[15] 王静. 经济订货批量(EOQ)[J]. 网络财富，2009(02)：24-26.

第6章　库存与供应链运作

【引导阅读】

利丰公司的全球供应链是如何高效响应市场需求的？

香港利丰(Li & Fung)公司是全球供应链管理中著名的创新者。它地处香港，为全世界约26个国家(以美国和欧洲的国家为主)的350个经销商生产制造各种服装。但说起“生产制造”，它却没有一个车间和生产工人。它在很多国家和地区(主要是中国大陆和台湾、韩国、马来西亚等)与7500个生产服装所需要的各种类型的生产厂家(如原材料生产运输、生产毛线、织染、缝纫等)，保持有非常密切的关系。该公司核心竞争力之一，就是它在长期的经营过程中所掌握的、整合外部关系和资源，对其所有供应厂家的制造资源进行统一集成和协调的技术，它对各生产厂家的管理控制就像管理自家内部的各部门一样熟练自如。

下面以该公司接受欧洲零售商10,000件服装的订单为例来说明它处理订单的管理过程。为了这个客户，公司可能向韩国制造商购买纱，然后在台湾纺织和染色。由于日本有最好的拉链和纽扣，但大部分在中国制造，因此公司就找到YKK(日本最大的拉链制造商)，向其在中国工厂定购适当数量的拉链。考虑到生产定额和劳动力资源，利丰公司选择泰国为最好的加工地点，同时为了满足交货期的要求，公司在泰国的5个工厂加工所有的服装。5周以后，10000件服装全部送达欧洲，如同出自一家工厂。在这个过程中，利丰公司甚至还帮助该欧洲客户正确地分析市场消费者的需要，对服装的设计提出建议，从而最好地满足客户的需要。

现在，人们在服装上越来越爱赶时髦，一年好像有6、7个季节似的，衣服的式样或颜色变化很快。因此，客户从自身利益出发，常常提前10周订货，在颜色或式样等方面还事先确定不下来。常常是，只能在交货期前5周订货者才告诉公司衣服的颜色，而衣服的式样仅提前3周才能知道。面对这些高要求，利丰公司靠着它与其供应商网络之间的相互信任以及高超的集成协调技术，可以向纱生产商预定未染的纱，向有关生产厂家预订织布和染色。在交货前5周，利丰从订货者那里得知所需颜色并迅速告知有关织布和染色厂，然后通知最后的整衣缝制厂：“我还不知道服装的特定式样，但我已为你组织了染色、织布和裁剪等前面工序，你有最后3周的时间制作这么多服装。

最后的结果当然是令人满意的。通过高效的组织协调、全球供应商的资源和关系整合以及延迟化策略，利丰公司将全球供应链的竞争优势发挥得淋漓尽致。其不仅将存货控制在最低水平，大大降低库存风险，而且还能对市场差异化、个性化需求做出快速响应。

6.1　供应链战略概述

6.1.1　什么是供应链战略

供应链战略是一项与供应链如何满足客户需求密切相关的长期决策，这些决策包括：①为满足客户需求而对产品、服务和供应方法进行的选择；②供应链和物流网络的架构及能力；③与供应商、客户之间的关系类型。

由于竞争环境的变化，如多变的客户需求、产品生命周期的缩短以及技术趋同等因素，企业不再将自己看作独立实体与其他伙伴隔离开来，而是从整个供应链角度进行思考，用供应链系统的观点审视经营、思考问题，使企业所在的供应链变成一个既能快速响应市场变化，又能持续地向最终消费者提供价值的系统。

供应链管理的关键目标是响应性、可靠性以及提供价值。为了实现这些目标，企业必须思考如何依据供应链系统现有能力去参与竞争，同时要找到供应链的哪些部分更强以及哪些活动做得更好。这种对核心竞争力的关注不可避免地对供应链上各企业产生着巨大影响，使得这些企业都相互依存于其他成员的专业技术和能力。很多行业中有影响力的大客户的需求汇聚改变了供应链的结构和运作行为方式。强有力的采购商更倾向于与关键供应商建立关系，减少供应商数量，以便降低经营成本。

供应链战略决定了供应链在响应性和效率方面如何运作。例如，沃尔玛所出售的大部分产品都是日常用品，这些产品随处都可以买到。沃尔玛面对所有的客户承诺最便宜的价格。因此，沃尔玛的供应链战略是确保各种价格低廉、质量可靠的产品供给。美国麦克马斯特部件(McMaster-Carr)公司面向企业客户，通过产品目录及网站销售 40 多万种不同工业用品。它的供应链战略是以响应性为核心，更强调产品品种和响应时间，而不是成本。瑞典的家具销售商宜家家居公司(IKEA)则关注资源和环境问题，其战略是建立家具的绿色供应链，要求供应商采取利于环境的经营方式。

6.1.2　供应链的竞争优势

竞争优势是企业可以长期维持的、依赖系统的能力而并非单项能力。供应链管理被视为是关键的竞争优势，因为它是从整个供应链系统能力出发的。传统的思维方式认为竞争优势来自密集式营销和巨额的广告花费，因为需求是可以被创造出来的。但如今，由于技术和产品质量趋于同质化，企业只能进一步寻求其他活动以保持竞争优势。供应链构成竞争优势和获得竞争优势的确定性因素已经被明确，它们就是全球化、一体化以及基于时间的竞争。

1. 全球化

随着通信和信息技术的进步、市场放松管制和全球贸易自由化，世界既是一个潜在市场也是一个供应源，这使企业拥有了成为全球企业的机会。在全球范围内，企业可能选择世界上的任何地方，从事他们认为最适合的特定活动，这些特定活动可能是：获取资源、加工制造、研发、募集资金和销售。例如，中国香港利丰集团的全球供应链在接到订单后，首先将业务进行细分；然后从它庞大的全球供应链网络中选择专业的公司分别承担各种具体业务，先在某国选取纱线，然后在第二个国家纺织和染色，在第三个国家剪裁，再在第四个国家生产；最后再将产品运往世界各地的销售商。对每个阶段的生产和配送，利丰集团都在全球范围内精心挑选那些最能胜任这些特定增值活动的公司。

生产可以安排在全球任何劳动力价格和成本最佳的地方，通过本土定制化，产品能够满足不同国家和地区的差异化需求。在世界的任何地方都可以进行采购，营销和售后服务。通过全球资源的整合和协调，全球供应链管理使企业获得在成本、原材料资源、生产能力、响应水平等不同方面的竞争优势。

2. 一体化

供应链的成功和建立核心优势的关键之一是一体化经营，其通过整合从原材料到最终消费者之间连续不断的物流、高效的资金流以及整个链条上正向和反向的集成化信息流来实现一体化运作。如果供应链成员在流程、作业和系统方面没有进行整合，整条供应链的运作就不存在成功的可能。

整合的优势包括质量的改进、共享的创新、成本的降低以及生产和配送计划的改善。供应链的整合表现在：

1) 内部整合

取得供应链整合的第一步是通过供应链上每个企业的内部检查，判断其内部流程是否已经理顺并予以整合。没有正确的内部整合，整个供应链就无法有效完成一体化运营。传统上对职能分离的认识需要转变为客户导向的整体的物流观点。

简言之，除了各分离职能和策略，企业更需要将其内部职能间的流程理顺，以提供特定产品和服务的价值。在整合概念出现之前，分离的职能都具有各自的目标和策略，例如，生产部门的目标是生产什么和生产多少；财务部门的目标是关心投资和回报的问题；制造部门的目标是关心加工过程中的操作效率(如长时间持续生产、减少备机和换产次数以及标准化产品)；市场部门的目标就完全不同了，它强调产品多样性、服务高水平。

由于自身利益最大化的原因，职能部门会设定自身的目标，为了争取资源并且证明其职能目标是最具价值的，不同的职能部门之间会发生冲突和斗争。内部整合就是要使得企业内部的目标协调，从而实现内部各项职能的策略相互匹配，并与企业和供应链的市场战略一致。

波特价值链分析模型(图 6.1)概括性地描述了企业是通过怎样的运作将其投入转化为产出的。这说明在运作中降低沟通障碍，加强信息流动是必要的。在与外部进行协调之前，内部价值链的协调整合是基本问题。

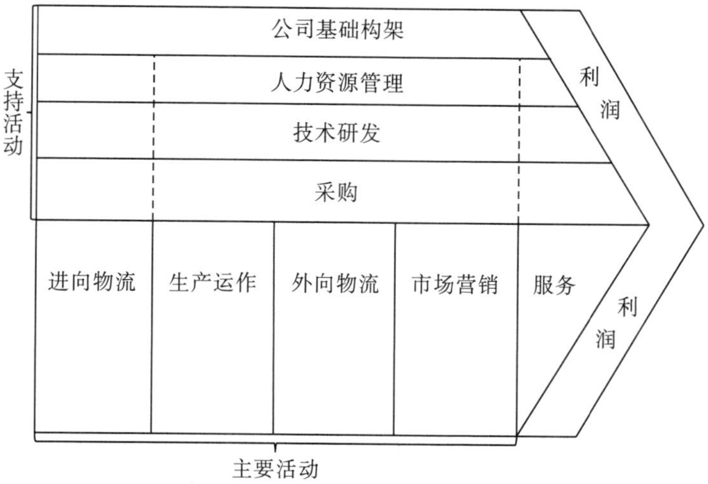

图 6.1　波特价值链分析模型

内部价值链中的活动可以分为两种类型：主要活动和支持活动。主要活动(也称“直线职能”)与产品的有形创造以及营销、货品交付以及售后支持有关。支持活动(也称“流程职能”)是对企业提供全方位的支持以保证企业主要活动顺利运行的基础结构。利润也包括在价值链里面，它的表象是由客户按价支付所带来的，但实际上可以看作是企业创造价值的回馈。

2)外部整合和关系管理

只有在内部整合完成，并且各职能策略协调完毕时，外部整合才开始。要实现供应链的竞争力，就必须在供应链成员间建立一致的目的、目标和准则，消除彼此之间的冲突。当探讨外部和其他供应链成员的整合时，必须用系统的观点来审视供应链，包括客户服务、分销、制造和采购等环节，以便提高服务水平的同时降低成本。

例如，整合的观点之所以必要是由于某个企业内部为了降低成本和缩短前置期，造成了其他供应链成员成本的上升，结果将成本和延迟直接转嫁给最终客户，引起更高的价格和客户的不满。因此，企业不得不考虑供应链上的所有流程和成本问题。简言之，一个企业物流战略需要紧密地和供应链整体战略进行整合。

供应链管理解决的是贯穿于整个系统的运输、配送和库存的运作效率和成本效益问题。供应链管理重视影响成本的每个环节，并且扮演着向客户提供产品和服务的角色。

更深层次的整合理念是能力和竞争力的共享。早期的观点认为企业是单独的竞争性实体，不依赖于其他供应商或者客户。然而，在供应链管理上每个供应链成员都明白他们不可能在每项活动上都做到最好，他们需要依靠企业外部的能力。制定战略时必须考虑每个供应链成员应投入或履行哪些活动或能力，哪些采用外包，以便为整个供应链增加价值。

由于能力整合和依靠外部企业的需要，供应链管理的重点是开发和了解合作、信任以及关系管理。

关系有很多种类型，包括单一来源、多重来源、合作、协同以及对抗。供应链管理中很多关系都是基于伙伴关系的理念，旨在建立互利的长期关系。与合资企业不同的是，这种关系通常并不涉及股份权益或派往人员到对方企业。伙伴关系也扮演着阻碍竞争者进入的角色。

3. 基于时间的竞争

近十年来，为了获得竞争优势，企业致力于成本的降低和质量的改进。然而，在很多市场上，低成本和高质量不再满足客户的需求，这两个因素已成为企业竞争的普通标准。为此，企业要另寻成功的途径。现在，时间正在成为很多行业获取竞争优势的手段，特别是那些快速流动和高科技行业。这意味着企业要把重点放在供应链对客户的响应性和可靠性方面。

1) 响应性

产品生命周期变得越来越短，企业必须尽快地将产品投入市场，以便处于竞争的领先地位。例如，在个人电脑市场，产品的引进速度非常快，使得陈设的电脑很快就会过时。在产品生命周期的不同阶段有不同的需求率，在引入期产品销售额直线上升，然而随着上升的持续，到了成长期和成熟期，销售额的上升日见缓慢，在饱和期，销售额达到稳定状态，最后进入衰退期，销售额逐渐减少，因为产品的销售已接近尾声。

产品的生命周期逐步在缩短。例如，历史上首批打字机从引入到衰退的生命周期大约为 30 年。机械打字机被电动打字机取代之后，从引入到衰退的生命周期大约为 10 年。到了电子打字机生命周期就只有 4 年，而目前使用的文字处理软件生命周期只有 1 年甚至更短。

质量和技术的同质化，使得客户对准时交货的需求很高，如果客户不能获得需要的产品，就会选择购买竞争对手的产品。这样使得企业对需求的快速响应能力变得至关重要。

对持续变化需求的响应能力被称作“敏捷性”。供应链上的敏捷性是指要快速满足客户需求，客户才不会转向购买竞争对手的替代品。在计划具有风险、需求不确定性高的情况下，例如，在快速变化的市场（如高科技行业）和追求时尚和品牌差异的市场内，供应链必须由实际需求驱动，而不是由预测需求驱动。

为满足客户需求，采取时间压缩需要新产品开发及导入的技能以及跨职能团队的开发能力，适当和及时获取客户的反馈前置期管理能力。

2）可靠性

传统观念认为：如果交付高品质产品，就要以牺牲快速配送和低成本为代价；如果需要快速交付，那就必然导致低质量和高成本；如果要降低产品成本，就不能同时得到高质量和快速交付。

综合权衡上述因素，正是供应链成功运营的优势所在，以低成本高品质并迅速交付产品，在整个供应链上减少库存水平以及减少质量检测和缺陷修正环节，从而使这种低成本高品质和快速交货成为可能。

案例 6.1

宝洁通过与供应商的全面合作来优化供应链时间

宝洁供应链优化总体思路就是通过压缩供应链时间，提高供应链反应速度，来降低运作成本，最终提高企业竞争能力。从宝洁供应链上下游之间的紧密配合方式进行分析，寻找可以压缩时间的改进点，从细节入手，以时间的压缩换取市场更大的空间。

宝洁认为供应链合作伙伴关系不应该仅仅考虑企业之间的交易价格本身，在这之外还有很多方面值得关注，如完善的服务、技术创新、产品的优化设计等。宝洁和供应商一起探讨供应链中非价值增值点以及改进的机会，压缩材料采购提前期，开发供应商伙伴关系，建立相互信任关系。压缩供应链时间管理分为以下 4 点：

1）针对不同的物料采取不同的时间压缩政策

香波生产原材料供应最长时间 105 天，最短 7 天，平均 68 天。根据原材料的特点，宝洁公司将其分为 ABC 三类分别进行管理：A 类品种占总数的 5%～20%，资金占 60%～70%；C 类品种占总数的 60%～70%，资金占 15%以下；B 类品种介于两者之间。对不同的材料管理策略分为全面合作、压缩时间和库存管理三类。

对材料供应部分的供应链进行优化，将供应提前期压缩和库存价值结合起来。比如，C 类中有几种原料的供应提前期超过了 100 天，但是订货价值只占总价值的 0.07%，不值得花费很多精力讨论缩短提前期。而 B 类中，有几类原材料虽然提前期只有 50 天，但是年用量占总价值的金额却高达 24%，这样的原材料是宝洁压缩提前期的重点考虑对象。

2）原材料的库存由供应商管理

宝洁的材料库存管理策略是供应商管理库存（vendor managed inventory，VMI）。对于价值低、用量大、占用存储空间不大的材料，在供应链中时间减少的机会很少，这类材料占香波材料的 80%，他们适合采用供应商管理库存的方式来下达采购订单和管理库存。库存状态的透明性是实施 VMI 的关键。首先双方一起确定供应商订单业务处理过程所需要的信息和库存控制参数；其次改变订单处理方式，建立基于标准的托付订单处理模式；最后把订货交货和票据处理各个业务处理功能集成在供应商一边。

以广州黄埔工厂为例，黄埔工厂将后面 6 个月的销售预测和生产计划周期性地和供应商分享。供应商根据宝洁的计划制订自己的材料采购计划，并根据宝洁生产计划要求提前 12 天送到宝洁工厂。宝洁使用材料之后付款。对供应商来说，不必为宝洁生产多余的安全库存，自己内部计划安排更有灵活性；对宝洁来说，节省了材料的下单和采购成本。实际的材料采购提前期只是检测周期，至于原材料 A，采购提前期由 81 天缩短到 11 天，库存由 30 天减少到 0 天。

3) 压缩材料库存的时间

对于价值不高、用量大且占用存储空间很大的材料，以及价值不高但存储空间很大的材料，适合采用压缩供应链时间的方法来管理。这类材料大概占所有材料总量的 15%。对这类材料，不能只采取传统的库存方法，因为对于高频率、小批量、多变的生产方式，对材料供应的要求更高。如果供应时间长，则要求工厂备有很大的安全库存。只有通过压缩时间的方法，才能保持材料的及时供应和库存不变或者降低。

对香波材料进行分析，原材料 B 属于 A 类品种，用量大，但是存储空间不是很大，适宜采取压缩供应时间的管理方式——对无价值时间消除，对有价值时间改进。材料 AE03，在北京生产，再运到广州，采购提前期为 72 天。供应链活动可以分为 5 种，分别为：T——运输、S——存储、P——生产、I——检测、D——延迟。AE03 这五类活动的总时间分别为：34.9 天、12.5 天、2.0 天、7.8 天、14.6 天。真正有价值的时间只有生产时间和运输时间，检测时间、存储时间以及延迟时间都是无价值时间。

通过考察供应商的质量方面的日常表现，对材料实施免检放行。结合对存储时间和运输时间的压缩，以及延迟时间和检测时间的节约，总体时间最后减少了 18 天。材料库存从 30 天减少到 20 天，库存价值每个月减少了 2 万美元。

4) 与供应商进行全面合作

在香波供应链中，总会有一两个供应商供应用量大、材料占据空间大、价值高的 A 类品种。如在黄埔工厂主要是香波瓶供应商。这类供应商供应提前期很短，已经不能压缩时间，所以宝洁和供应商一起同步进行供应链优化，寻找在操作和管理系统中存在的机会。

首先是供应商内部改进。瓶形之间转产时间 1 小时，为不同品种的香波瓶制订不同的生产周期。对于个别品种，以建立少量库存的方式保证供货，在生产能力有闲暇的时候生产这些品种补充库存。

其次是供应商和宝洁合作改进。将 100 多种印刷版面合并成 80 多种，减少了转产频率。在材料送货方面，为适应多品种小批量的要求，宝洁雇佣专门的运输商每天将同一区域的材料收集运送到宝洁。与供应商各自运输相比，运输成本明显降低，更好地满足了客户要求。

6.2　两类典型的供应链运作战略——精益供应链与响应型供应链

6.2.1　精益供应链

1) JIT 理念下的库存

为了给需求不确定性提供可靠的保证，持有安全库存一直是企业采用的主要做法，确保有足够的产品以可靠的质量在要求的交货期内满足订单。在 20 世纪 70 年代，日本汽车制造业意识到：库存并不有利于一个组织，它实际上掩盖了某些必须要解决的问题，诸如质量低劣、加工不当，以及不准确的信息流导致生产进度受到限制等。丰田汽车公司首先开发了新的生产系统，应用于减少库存、缩短周期、改进质量、消除浪费和降低供应链成本。由于该系统要求供应商与制造商和运输商共同工作，以便在生产流程恰好需要的时候，将部件和产品准时提供到装配线上，因此该系统被称为 JIT。

2) 精益供应链的概念及主要思想

精益供应链也称有效型供应链，其源于精益生产的 JIT 理念。精益供应链是指以最低的成本将原材料转化成零部件、半成品、产品，并以尽可能低的价格有效地实现以供应为基本目标的供应链系统。精益供应链主要针对功能型产品，此类产品的需求一般是可以预测的，在供应链各个环节中总是力争存货最小化，并通过高效率物流过程形成物资、商品的高周转率，从而在不增加成本的前提下尽可能缩短导入期。选择供应商时着重考虑成本和质量因素。

6.2.2　响应型供应链

虽然精益供应链在处理供应链上的浪费、成本和低效率问题方面很有效，但并非适合所有的行业，于是，出现了高效及时响应供应链的理念。

使用 JIT 的精益供应链只是在需求相对稳定、产品可预测以及产品品种较少的时候发挥作用。JIT 理想的结构是供应链上任何地方都几乎没有库存，于是可以减少被沉淀的营运资金并获得快速生产，同时还将拥有贯穿供应链的快速信息流。

然而，在某些(如时尚)行业，将各种产品快速送到客户手中比消除浪费更重要。当快速响应成为首要目标时，JIT 显然不再是一种理想的供应链模式。因为，要达成快速响应的目标，实施 JIT 就很不现实。时尚产品的需求是不确定的，因此精益(高效)供应链架构就不适用。

响应型供应链又称反应型供应链，其目的是对市场需求迅速做出反应。这种类型的供应链主要追求对市场需求的响应功能，即把产品分销到满足用户需求的市场，对未预知的需求做出快速反应等。响应型供应链主要针对革新型产品，比较适于需求预测性较差、预测错误率较高、供需匹配较为困难、产品周期短、新产品引进频繁以及产品多样性较强的情况。

6.2.3　两类供应链运作战略的比较及选择

精益供应链重视低成本运作和准时交货，其特点包括高效率、低库存缓冲、低库存投资等，体现了基于成本的竞争。响应型供应链重视对市场需求的快速响应、产品的快速开发、迅速交货以及生产系统的柔性，并根据需要设定库存以便快速交货和大大缩短提前期，体现了基于时间的竞争(两类供应链运作战略的比较如表 6.1 所示)。当价格和质量是实现市场优势的关键因素时，应采用精益供应链；当客户服务和响应是实现市场竞争优势的关键因素时，应采用响应型供应链战略。

表 6.1　精益供应链与响应型供应链的比较

供应链战略类型 / 内容	精益供应链	响应型供应链
对应的产品	功能型产品	革新型产品
主要目的	以尽可能低的成本 提供需求可预测的产品	对产品不可预测的需求快速反应， 以减少缺货、低价出售、库存过量等情况的发生
生产能力策略	保持高利用率	配置缓冲的生产能力
库存策略	在整个供应链上减少库存	配置重要的零部件或产成品的安全库存
提前期策略	缩短提前期直至它不再增加成本	积极投资以减少提前期
供应商选择策略	以成本和质量为选择标准	以速度、灵活性和质量作为选择标准
产品设计策略	最大化产品效果、最小化成本	用标准组件设计以最大可能的推迟产品分化的时间

案例 6.2

丰田汽车公司的精益供应链

竞争对手们多年来一直在努力效仿丰田，但谁也不能做得像丰田那样好。这是为什么呢？这在很大程度上归因于丰田那传奇般、高效的精益供应链体系。

丰田的精益供应链体系来源于丰田的精益生产方式，其核心思想是在必要的时间生产出必要数量的必要产品，即准时制生产。与传统生产方式企业的大而全、小而全不同，丰田建立了一条由核心企业主导并统领的精益供应链。供应链企业之间深入合作、优势互补，互为战略联盟。其优势显而易见：一方面可以确保零部件与整车高度匹配；另一方面便于控制零部件成本。

准时制生产需要实时物流作保障。在实时物流中，取消了仓库的概念，只设缓冲区临时堆料；采用全新的“拉动方式”，即在需要时由后道工序的人员去前道工序领取加工品，此种方式存在于整个生产过程(包括企业外部的零部件、原材料的供给)。实时物流还需要零配件厂商的配合。通过信息系统网络，丰田与零配件厂商形成了从需求预测、采购管理、库存管理到物流配送等多方面的信息共享，为零配件厂商的实时物流提供了保障。零配件厂商大多位于同一个工业园区，这样不仅降低了运输成本，使运送途中的损耗降到最低，而且降低了所需的库存量。

丰田将 JIT 生产体制和销售网络相结合，将日本全国经销商与丰田总公司联网，销售人员可以从容地将客户订货信息实时通知生产线，订货手续大为简化，订单当天就可以传入总公司的电脑中，交货时间可以减少 10 天以上，而且经销商的库存也减少 70%～80%，大幅度降低了存货成本。由于建立了灵活的销售体系，可以将产品分成小批量以更快的速度销售出去，进一步降低了产品在流通领域的费用。

丰田的精益供应链体系使得丰田的供应链体系效率一直高于美国的汽车公司，并帮助丰田实现了“零库存”，使丰田的供应链成本比美国的汽车公司低 8%左右。

案例 6.3

Zara 服装公司的响应型供应链

Zara 是属于 Inditex 集团的一个时装连锁店，Inditex 集团是西班牙最大的服装生产商和零售商。Zara 生产并销售最新潮的服装，客户包括男人、女人和孩子。但是，Zara 的核心客户还是那些 18～35 岁的女性，因为她们比其他人更重视服装。Zara 以市场上可以承受的价格，推出最新潮的款式。在某一个产业内消费者的需求是无常的，Zara 可以应用快速反应战略，跟上流行趋势的变化，保持高速发展。尽管在时装界“设计到销售”传统上的平均周期是 6 个多月，但 Zara 把这个周期缩短为 5～6 个星期。这个速度可以使 Zara 每个星期都推出新产品，而且其产品每 3～4 个星期就会更换 75%。因此，Zara 的服装可以比其竞争对手更加符合消费者口味。同时，其 40%以上的成品购买和内部生产是在销售季节开始之后进行的，而传统的零售商只有不到 20%的产品是在销售季节开始之后生产的。这种知晓各种潮流趋势之后的快速反应战略和延迟可以帮助 Zara 减少库存和避免预测误差。其结果就是 Zara 的生产更具柔性，更能适应市场的需求。

6.3　推式、拉式与延迟供应链运作模式

推式、拉式与延迟是常见的三种供应链运作模式。

6.3.1 推式

推式供应链运作的基本做法是以制造商为核心，产品生产建立在需求预测的基础上，根据预测组织生产，进而储存和销售。

推式要求制造商按照销售预测来估计需要生产的数量。如果没有与供应链上其他企业(供应商、客户)的协调，链上企业各自的预测结果和生产计划就不能相互匹配，这时，企业很难准确地预测和满足需求。

传统的需求理论更倾向于推式，因为无论是提前期长还是质量不稳定时，只要持有库存，就能对可能发生的供应中断、用户需求的增加或退回货物做出适当的反应。然而，建立库存不仅使企业陷于高成本的困境，也掩盖了生产过程中存在的问题。

当整条供应链中的需求预测能够相互沟通，且相互的供应策略也能协同时，如产品标准，变化很小，需求量大；需求相对明确，不会有太大的变化；用户希望即时“现货”(成品)供应。推式是有效的，可以实现很低的库存水平满足需求供应。

6.3.2 拉式

拉式供应链运作的基本做法是，整个供应链的驱动力产生于最终的顾客，产品生产受需求驱动。生产根据实际顾客需求而不是预测需求进行协调。在拉式供应链模式中，需求不确定性很高，周期较短，主要的生产战略是按订单生产，按订单组装和按订单配置。

在拉式供应链模式下，整个供应链要求集成度较高，信息交换迅速，供应链的成员必须要使其流程、系统以及策略相互匹配，保证供应链能够快速响应来自客户需求的变化，并根据最终用户的需求实现定制化服务。

拉式的优点很多。首先，由于生产只在得到订单才开始，所以理想状态下企业不需要持有太多库存，甚至可以实现零库存；其次，供应链上的信息流动是不间断的；最后，使拉式系统保持响应，供应链成员之间能够实现密切合作。

在以下情形拉式最为有效：①产品配置种类多且经常变化；②需求不确定且变化很大；③客户能够接受等待交货，以得到按需要准确配置的产品。

6.3.3 延迟

延迟是推式和拉式的结合。企业为了克服推式以及拉式的局限性而采用“推-拉”模式，也称延迟。该模式下供应链从上游的某些部分开始实行推式，而其他的下游部分实施拉式。

在供应链的上游，有些部件不需要为具体客户进行定制，如服装行业，在服装生产流程之前，棉布生产时可不进行染色和剪裁，而在后续的供应链下游工艺阶段，才进行染色和剪裁，或者按照最终客户的订单要求进行客户化。

于是，一方面，上游的供应商利用推式，提供通用部件和组件，因为通用品项的需求更加平稳和可预测；另一方面，下游供应商，即组装厂商和最终产品制造商，使用拉式，在最终用户下订单时才根据用户需求进行生产和提供服务。

确定供应链上的推式与拉式的分界点，即顾客需求切入点(customer order postponement decoupling point，CODP)，是成功实施延迟的关键。确定 CODP 位置需要考虑以下几个关键要素：①需求变化的速度和预测的可靠性；②所需产品的构造和可变性；③所要求的客户响应时间。一般情况下，当需求变化频繁且难以预测时，CODP 应尽量靠近供应链上游；当产品配置多样化时，也应如此；当首要条件是对客户需求的快速反应时，CODP 尽量靠近供应链下游。

6.3.4　延迟对减少库存品种数的影响

随着市场竞争的加剧和消费者个性化需求的发展，产品市场表现出多品种、小批量的需求特征。在传统供应模式下，依据对市场需求的预测，企业持有不同品种类型、规格的产品来满足需求；而在延迟模式下，只需持有标准化或模块化的通用件，通过将定制化的生产和组装工艺尽量延迟至客户接到订单时，从而使得库存的品种数量保持在最低水平(图 6.2)。

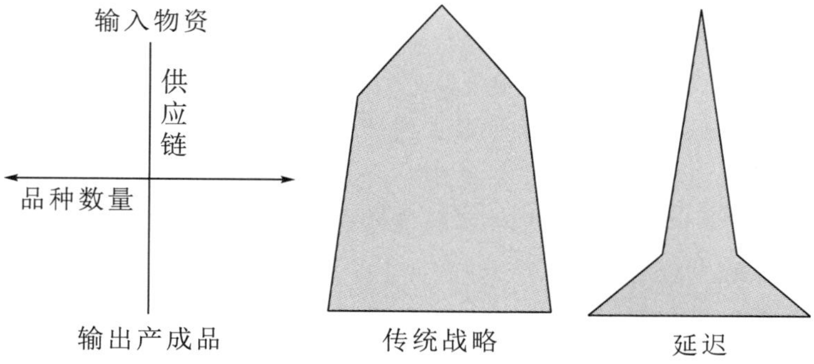

图 6.2　延迟对库存品种数的影响

与存储多品种、小批量产品相比，通过减少品种数量，存储少品种、大批量的通用件通常会更为经济且占用更少的仓容。因此，应尽可能将需求标准化，并将成品品种数量减到最少，以便减少废弃成本和避免仓容浪费。

延迟也可以用在物流中，即将商品尽可能存储在中央仓库中(而不是存储在供应链的更下游)，在接到订单后直接从中央仓库送到客户手中。这种战略不仅能够满足规模经济性的要求，还可以进一步满足最终客户的定制需求，如商品打包等。

案例 6.4

奔驰公司的灵巧汽车

梅塞德斯-奔驰(Mercedes-Benz)公司的下属公司迷你型轿车(micro compact car，MCC)公司引进了一种新的汽车概念，称为灵巧汽车。这种汽车就是所谓的双座迷你型汽车(比菲亚特 500 更小)，主要为城市顾客而设计。不论汽车本身还是生产以及为最终客户配送所需的整个过程，都侧重于尽可能提高对客户需求的响应速度。通常，实际完成客户定制化涉及供应链的三个阶段。

首先，汽车的主体在位于法国埃萨斯-罗斯林(被称为精灵谷)的工厂组装。汽车基于一个整体的安全车架，在其上附带或装配各种模件。它由 5 个主要模块组成：平台、发动机、车门和车顶、电子设备以及驾驶座，其中包括子模块和配件。这些模块按最终组装顺序由一小部分一级供应商提供，其中有 7 家完全与最终装配厂整合。这 7 家公司与 MCC 公司坐落于同一地区，并通过延缓性购买方法供应“超级模块”，最终装配过程(延缓购买)中所需的配件只有在必要的情况下才由原始设备制造商(original equipment manufacturer，OEM)购买。例如，整个汽车后座，包括轮子、悬挂装置和发动机，都是由一个供应商提前组装的，在组装线最终需要之前都由它储存。车门和仪表装置也是一样，这 7 家供应商提供的配件共占产品总价值的 50%。

为了在整个工厂中保持畅通的产品运输流，汽车沿着组装线中的工作站移动，生产线布局为十字形。这样，整合供应商就能够从自己工厂的车间直接向最终组装线提供它们完成的产品，这样做所带来的效果是供应商的作用增大，MCC 公司可以在 4.5 小时内组装一辆汽车，除了缩短响应时间，产品设计和柔性生产系统的收益还在于各种配件可以被组装成大量不同的产品。

其次，很多以前被认为是生产商核心工作的活动，如本体部件的冲压、喷漆过程，甚至是内部物流协调，都不再在 MCC 公司进行。供应商不仅密切地参与最终的汽车组装、计划和发布，就连外部生产元件和配件以及运输这样的辅助服务，都是一样的，生产大楼和场地管理也是如此。

作为供应链的第二阶段，销售系统对不断变化的客户需求做出快速响应。汽车在市区的购物中心和其他人们经常出入的地点进行销售，销售点布置得充满生活气息，这些特许经销商使用多媒体系统使客户在展厅“设计”自己的汽车，然后将汽车订单转给配送中心，这样客户就可以参与设计过程，通过与客户本人的直接对话可以使销售变得更有咨询性。对于提前期不到一天的订单，5 家位于欧洲的地区配送中心及时向经销商提供所需要的汽车。一些最终组装任务，如添加特殊属性或是简单的最终组合由这些配送中心完成，这就是一个推迟生产的例子，为了进行最后的组装，销售中心要储存汽车和可改变的模件。

最后，汽车的模件概念使客户能够在产品生命周期内通过添加产品特性和快速替换车体部件彻底更新并升级产品。这样，汽车就不仅仅是一项固定资产而同时更是一件客户可以终生使用的消费品。

案例 6.5

及时缝制

生产女裙的基本原料是布匹和拉链。经预测，市场对裙子颜色的需求有 8 种。为生产该女裙，可以采取如下两种不同的物料供应方案。在第一种情况下，根据市场需求预测，预期各种颜色的裙子需求量均为 800 条。为此，制衣商购买了 8 种不同颜色的布料，每匹布料长 400 米。同时购买了 8 种不同颜色的拉链，每箱 800 支。在第一个月中，工厂已用光了 6 种颜色的布料和拉链，而有两种颜色的布料和拉链基本上还未被使用。工厂是按订单进行生产，但这并不能改变其库存状况。更糟糕的是，新采购布料的颜色与过去的存货并不完全相同，这意味着需要为每批新布料而采购新的拉链，但原来存有的拉链又将如何处理呢？

在第二种情况下，公司决定采用新的生产方法，即采购 8 匹 400 米长的白布料和 8 箱白拉链，而且是以折扣价格购买！公司仍旧按订单生产，但此时根据用户的需要而严格按数量对裙子和拉链进行染色。在这种情况下，工厂的原材料货架上只有两种不同的品种——白布料和白拉链，而不是按照第一种方式订购 64 个不同的品种。最重要的是，公司不再有被废弃的库存，同时减少了用于存放的仓容。

这一简短的案例介绍了在一个生产企业中，采购与供应主管是如何通过与设计和生产部门协同减少库存品种而得到益处。

6.4　供应链上的库存

6.4.1　影响供应链库存政策的因素

影响供应链库存政策的因素主要有以下几个方面：

1) 需求

首先是客户需求的确定性和不确定性。如果供应链上的需求相对稳定可靠，保持库存就没有什么必要，因为产品可以按订单高效生产。然而，如果需求发生变化且不稳定时，库存就要在供应链上靠近客户的节点处保持，以备客户之需。客户需求可能是确定的，也可能是随机的，我们可以使用历史数据，通过计算标准偏差的方法估算客户的平均需求和波动性。

2) 补货前置期

另一个需要考虑的因素是补货前置期，即一旦发出订单，需要多久才能将产品送至客户。和客户需求一样，补货前置期也有确定或不确定的问题。如果是确定的，计算库存水平就很容易，而且可以将其最小化；如果是不确定的，整个供应链上的库存水平就要高一些。

补货前置期的缩短可以减少需求预测时期的长度和降低预测的误差，这些无疑将影响到订货的数量和时间。较长的前置期会使安全库存增加，以便满足用户服务水平。很多公司发现，通过将补货前置期缩短一半，可以使库存水平以同样的比例下降。

3) 产品的范围和种类

一个公司产品范围中产品种类的多少会直接影响库存量。如果产品范围较大，库存水平相对较高，反之，库存水平相对低些。制造业中用于生产的零部件种类的多少对库存水平也有着很大的影响。使用通用部件并且在供应链上尽量靠近下游的地方延迟生产定制产品，将会使产品总类别减少，总库存水平降低。

4) 所需的服务水平

客户所需的产品的服务水平也会影响库存水平，如那些即需即用的以及客户服务水平要求高的产品要求必须在靠近客户的地方保持库存，此时的库存水平是由可接受的服务水平决定的。如果客户急需的产品不能获得，他们将转向购买竞争对手的产品，或者寻求替代品。

需要时刻注意的一个重要事项就是要在持有库存的成本和不持有库存的成本之间取得平衡。

6.4.2　供应链上何处持有库存

1) 影响供应链库存持有节点位置的关键因素

库存通常以不同的形态保持在供应链上的不同地方，下面以自行车供应链作为一个例子加以说明。

成品自行车库存可以由零售商、批发商或者装配商持有；自行车部件库存(如车架、车轮、链条、车灯等)可以由装配商和(或)零部件制造商持有；制造这些零部件所需的原材料(如钢材、铝材、橡胶、塑料等)可以由零部件制造商和(或)由供应这些原材料的供应商持有。而决定在供应链哪些节点持有库存，持有多少库存的存货政策，不应该只由相关公司独立制定，理想的做法是通过与供应链上的所有企业进行紧密磋商后加以制定，以便在供应链上根据特定的市场需求和轻重缓急将库存水平合理化。

例如，就供应链来说，如果供应成本的降低是供应链最适当的响应政策(如最终用户要最便宜的自行车且愿意等待送货)，存货就应该绝对地少，并且要尽量将存货放在靠近供应链上游的位置，即零售商不储存自行车，而是根据客户的订单向批发商下订单；批发商将几家零售商的订单汇集起来，然后向装配商下达总订单；装配商按照此订单尽快组装自行车，并将这些自行车发送给批发商，批发商再发送给零售商。为了实现上述目标，装配商首先就所需要的零部件给零部件制造商发出订单，可能会要求零部件制造商保持存货以便能够立即发货。

在这样的假设情境下，供应链上唯一的存货是零部件制造商储存的生产材料和零部件现货。供应链将在组装商及以下阶段采用“拉式”策略(根据实际订单发货)。与之相对应，零部件组装商及以上阶段采用“推式”策略(根据需求预测持有库存)。

这样的存货策略(即“推式与拉式”的模式)还适用于市场需求变化很大，需要保持高度的供给柔性以实现供应链响应战略的情况。例如，自行车有各种不同型号的车把，市场对不同类型车把的自行车需求波动很大，此时最好的供应链战略还是等到客户实际订单到达之后，再进行最后组装。这种情况实际上就是供应链上制造商将车把的生产推迟到客户订单到达再开始安排，以便避免生产出来的车把不是即时需要的。

案例中的车把制造商仅储存生产所需的原材料，而不储存成品。“拉式”方法是尽量把按订单生产的环节向供应链的上游移动，即向上移动车把生产到制造商的位置。

但另一方面，当客户要求立刻得到所购买的自行车或者要尽快交货时，那么高服务水平或供应的快速响应就是最合适的供应链战略，此时零售商可能要保持大量的自行车现货，同样在整个供应链向上的每个节点都要保有存货，以便能够按照客户订单尽快生产和(或)送货。

确定在供应链上哪里保持库存，哪里是“推式”与“拉式”供应策略的转换点，完全取决于由市场需求决定的供应链响应战略，其主要考虑的因素有成本、供应的柔性、服务水平和供应的响应时间。当成本和供应的柔性是供应链获取竞争优势的关键因素，库存应沿着供应链往上游移动，持有库存的位置越靠近原材料供应商，持有库存成本越低，供应的柔性越高；当服务水平和供应的响应时间是供应链获取竞争优势的关键因素时，库存应沿着供应链向下游移动，持有库存的位置越靠近终端客户，服务水平越高，响应时间越短(图 6.3)。

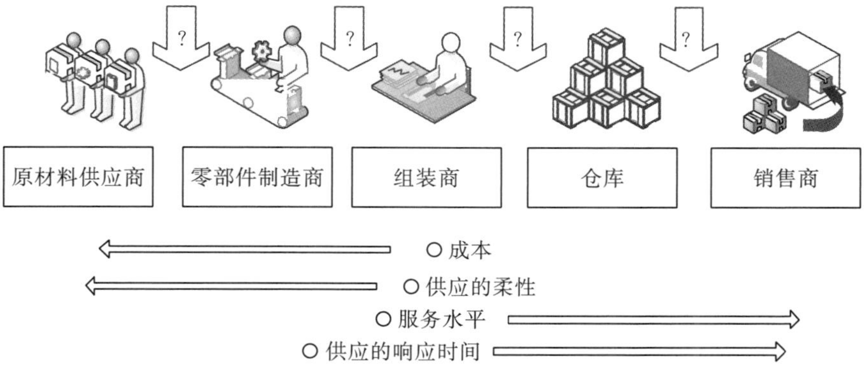

图 6.3　影响供应链库存持有节点位置的因素

2) 运作的两个关键点

此时供应链运作的两个关键点是：

(1) 供应链上实时需求信息的传递。应力求将最终用户的订单信息及时地传递给供应链上的所有层级，这样能够有效地防止需求信息的失真和中断。在上面的例子中，如果客户订购自行车的实时信息，能够完整及时地传递给包括最远端原材料供应商在内的供应链上的所有成员，那么这些成员就会提前做好生产和交货的计划，同时还避免了供应链上各层级间被动响应订单而导致的时间延滞。

(2) 延迟定制（也称延迟技术）。将产品定制部分的生产推迟到产品交付给最终用户的时候再进行，这样有助于提高供应的柔性、加快响应，同时还能降低总库存，从而降低成本。在上面的例子中，如果零售商自己能够很容易地按照客户需要安装车把（或其他附件），他就可以少量储存无把的自行车，另外再单独储存少量适当范围的各种车把（或其他附件），从而实现以最低的成本，快速满足客户对不同车把自行车的定制化需求。延迟定制建立在部件标准化和通用化的基础之上，也就是在不同产成品中使用同样的通用件。

6.4.3　供应链上库存管理出现问题的迹象

供应链上比较容易确定库存策略和管理何时没有发挥作用且需要修改，最为明显的就是由于缺货而导致客户流失的迹象，即客户无法忍受长时间的等待转而寻求其他可替代资源。客户在最初可能仍然是忠诚的，但是转向更为可靠的供应商将会是早晚的事情。另一种库存管理策略不好的征兆是大量的脱期订单，这意味着客户越发难以等到满意的结果。如上所述，客户更改供应商的时间不会太久。

更深层次的问题是库存投资持续增长的同时脱期订单数量并没有减少。按照常理来讲，库存的增加会导致脱期订单的减少，所以这种违反常理的现象可能就意味着公司储存了错误的物品。过剩的库存的累积会造成高额的库存持有成本，这可能是源自过早的订货，需求预测的错误，或者存储了错误的物品。

这些在库存管理方面存在的问题会恶化供应链成员之间的关系，进而对供应链上下游都会产生影响。如果一个公司不能持续稳定地提供所需要的产品，客户关系就会受到损害。不良库存管理和政策造成的缺货和订单脱期会引发供应链成员取消订单，或者转而寻找别的供应商。

这些迹象预示着在公司内部和供应链上存在着问题，应该对库存管理进行审查，努力去了解究竟发生了什么，或是整个库存管理系统必须彻底检查，或是要对供应链上的库存角色进行反思。

6.4.4　改善供应链库存的注意事项

改善供应链库存应注意以下 6 个方面：

(1) 认识到供应链中库存的角色和成本的重要性，对于库存管理问题的处理要确保得到高级管理层的支持。在与供应链其他成员企业共同工作时，库存管理的问题起着引导作用。对于那些掌握了正确的关联管理技能和有经验的经理必须给予鼓励，以便确保能够在既满足需求又不增加库存的前提下实施作业活动。

(2) 因为供应链某部分的成本会转换为供应链的其他部分的成本，所以库存管理应在整个供应链范围内予以改善，即应在整个供应链范围内强调库存管理，并置于首要位置，以便监督流程，确保共同解决出现的问题。

(3) 使用合适的 IT 应用软件，改善预测准确度。

(4) 使用合适的库存管理软件，其中应该包括对需求和供应方进行分析的组件。

(5) 应鼓励使用延迟定制(延迟技术)。如前所述，这种方法是在主要制造流程完成之后，才对产品进行定制，即直到配送时，甚至在交付之后，才进行最后配置(例如，按照客户要求开发的定制化的 IT 信息系统)。

(6) 使用供应定位模型对所有库存物品进行分析是必要的，供应定位模型是根据物品的支出水平和其供应影响/机会/风险(impact/opportunity/risk，IOR)设计的。通常高支出水平/低 IOR 物品的库存应该最小化；低支出水平/高 IOR 物品的库存应该保证达到 100%可获得性；高支出水平/高 IOR 的物品特别适合在买卖双方建立伙伴关系(图 6.4)。

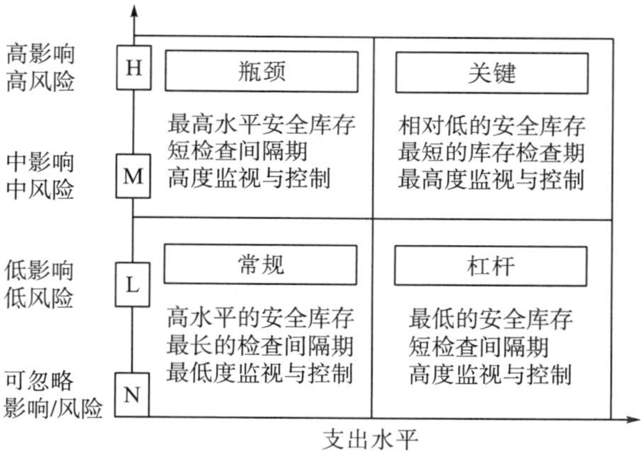

图 6.4　供应定位模型

案例 6.6

两个家具企业供应链的不同库存战略匹配

瑞典宜家家居公司(IKEA)是全球著名的家具零售企业，在 40 个国家建立了 260 多家宜家超市，产品销售世界 100 多个国家，2008 年营业额达 200 多亿欧元。宜家的目标客户群需要合理价位的时尚家具。宜家对每个商场销售的家具款式和品种加以限制，以降低供应链面临的不确定性。宜家持有所有款式的库存，以现货服务客户。这样，供应链所面临的所有不确定性通过库存方式被吸收。因为库存的存在，宜家各商场向制造商发出的补货订单就更加稳定和容易预测。其结果是宜家向其制造商传递的不确定性微乎其微，而这些制造商通常位于低成本国家，专注于效率。宜家在供应链里提供了响应性，商店吸收了大部分的不确定性并且响应迅速，而供应商吸收了很少的不确定性并且提高了效率。

相反，另一种对待响应性的方式就是零售商持有的库存微乎其微。在这种情况下，零售商对供应链响应性的贡献不大，大部分的需求不确定性都传递给制造商。此类供应链要增加响应性，就需要制造商灵活应对并且缩短响应时间。如位于美国田纳西州的家具制造商英格兰公司每个星期都要按订单生产数千件沙发和椅子，并在三周内送到全国各地的家具商店。英格兰公司的零售商们让客户从众多的款式中进行选择，并保证较快送货，这种情况给供应链带来很高的不确定性。然而由于零售商并不持有太多库存，因此将大部分不确定性传递给英格兰公司。正因为大部分不确定性由英格兰公司通过灵活的制造过程所吸收，零售商们才可以表现得高效率。

【复习思考题】

1. 什么是供应链战略？供应链是如何获取竞争优势的？
2. 精益供应链和响应型供应链两种不同战略下库存管理具有什么特征？
3. 延迟为什么能够降低库存品种数？
4. 供应链上何处该持有库存？影响供应链上库存持有策略的关键因素有哪些？举例说明。
5. 改善供应链库存管理的策略和方法有哪些？

【案例讨论】

通过改善库存管理提高供应链敏捷性

为改善存货管理和采购预测，增加赢利能力，许多贴牌生产或原始设备制造商厂家正通过构造新的业务模式，重新定义他们同分销商和CEM①的关系。

思科、惠普和Artesyn等公司正进行战略转变，以确保它们准时交货和按订单生产，不会因最终产品销售或关键零部件采购而失灵。CEM正越来越多地扮演库存管理者的角色，它们用于原材料、零部件以及成品的库存达数十亿美元或更多。这些公司已经深入到OEM的库存管理业务中，而一些顶级分销商也将从库存管理中解放出来，更专注于销售和技术支援业务。

① Coprocessor enterprise management(合约委托代工)的缩写，也称专业合约代工厂，是基于产品的、能够按照用户需要进行选配、组装的企业业务协同服务商。CEM原本只是廉价劳力的供应者，主要负责组装电子设备，但已逐渐演变成全套服务供应商，兼营组装、维修、运货、零件采购甚至系统设计与建造的任务。

1. 思科公司增加库存数量

作为全球领先的网络解决方案供应商，思科的硬件、软件和服务产品都是组建互联网的基石。

思科公司正在酝酿关键元件采购方式的重大转变。这个通信业巨头已经开始自己采购更多的元件。思科公司现有的采购模式对分销商(主要是安富利和艾睿)有严重的依赖，以致出现个别元部件购买困难，供应短缺现象。思科现正在考虑一种纯粹的“交钥匙”模式，在这种模式中，CEM(如 Solectron 或 Celestica 等)可以自行采购关键元件并制造单板级产品。思科公司承认他们已经积累了一些库存，他们提高了库存量，以更好地适应市场变化。思科公司目前仍然从供应商、两个主要的分销商以及外包厂家那里采购物料。

分销行业有些主要公司正采用一种较新的财务核算方法，即“流动资金回报”核算法。这种核算方法可提供一种指引，判断对于一种业务模式，分销商可以投入多少流动资金来进行冒险。有人提出与库存管理相关的风险正在增加。

许多复杂的供应链战略需要更多的库存投入，比分销商以前投入的还要多，为了做到这一点，计算投资回报时需要考虑总体情况。

2. 惠普集中管理后端库存

惠普公司开始探索一种零库存业务体系，并且从此改变了他们的二级分销渠道模式。在北美，惠普公司实施了其集成伙伴计划(program of integrated partner，HIP)，以改进与二级分销商的关系。

根据该计划，惠普同安富利的电脑市场部和艾睿的电脑产品分部合作，惠普提供他们的 UNIX 服务器以及存储系统等产品的库存及后勤支持，而分销商则负责市场销售、财务及技术服务等业务。

通过集中管理库存并承诺物流服务，惠普改善了库存周转率。安富利计划以每年 4 千万美元的服务投入取代每年 4 亿美元的库存投入。惠普这样做的驱动力来自该行业产品生命周期较短以及库存问题，如某一分销商备有库存而另一分销商需要销售，或者库存在分销商手里，而销售是从惠普直接进行的。

HIP 是一种新型模式，分销商与惠普是一种服务的关系，而不是传统的充当库存管理者的角色。安富利和艾睿只是在提供他们的传统业务。有所改变的是，实际的产品直接从惠普发运到二级分销商那里。

可以预见，无库存业务虽然处在初探阶段，但由于其巨大的效益，这一模式很可能成为行业未来的发展趋势。

3. Artesyn 借助分销商管理库存

因为产品制造的低效率和原材料成本增加等原因。Artesyn 科技公司被迫调整 2003 年第一季度的财政盈利预测，从原来的 8.55 亿美元降到 7.80 亿美元，降幅约为 9%。

为了应付钽电容以及磁性元件在 2003 年度的预期短缺，这家电源产品制造商转向同安富利的集成材料业务(integrated materials business，IMS)分部合作。安富利的 IMS 准备在中国、欧洲和美国的 Artesyn 生产厂开设 6 个厂内仓库。通过这种合作，Artesyn 希望最终能够将运营和物料采购成本降低 20%以上。通过合理预测，安富利能够将交货期由几周降至一到两天，IMS 将与 Artesyn 的 MRP 系统相连接，监视物料需求情况，自动补充库存。该分销商还将承担将物料从仓库发送到 OEM 的生产厂之间的运输费用。厂内库存以及库存积压所占用的资金由分销商承担，并且安富利对存货进行管理。

艾睿也为用户管理着几十个厂内仓库。该公司在 2003 年前三季度，通过厂内库存的销售额增长了 50%，不过，尽管分销商提供的增值业务有所提升，但其核心竞争力还在于管理库存的能力。

事实上，安富利过去认为厂内库存业务在其总体业务中的比例将缩小，因为涉及初始成本的增加。但是，现在的情况正好相反，这部分业务在安富利总体业务中所占的比例正在增加，因为最终用户意识到，分销是处理物料问题和提高库存反应速度的最好途径，从长远来看还能降低成本。

【问题讨论】

1. 上述思科、惠普和 Artesyn 案例中，库存处于供应链的什么位置？为什么采取那样的策略？

2. 思科为摆脱对分销商的依赖采取了哪些方法？

3. 惠普是怎样集中管理后端库存的？

4. Artesyn 是怎样借助分销商管理库存的？

本 章 小 结

本章首先介绍了什么是供应链战略，以及供应链获取竞争优势的主要因素；接着，介绍了精益供应链和响应型供应链的概念及两种供应链战略的选择和比较；进一步地，介绍了推式、拉式以及推拉相结合的延迟供应链运作模式，并分析了不同供应链战略下的库存策略以及供应链战略对库存的影响；最后，阐述了影响供应链库存政策的因素、供应链上持有库存的位置以及供应链出现问题的迹象和解决方法。

在案例方面，首先以“利丰公司的全球供应链高效响应市场需求”为引导案例，引出供应链战略与竞争优势，以及不同供应链战略下的库存策略；接着，为了阐释供应链的竞争优势，介绍了“宝洁通过与供应商的全面合作来优化供应链时间”的案例，为了阐述精益供应链与响应型供应链两种战略，分别介绍了“丰田汽车公司的精益供应链”和“Zara

服装公司的响应型供应链”；进一步地，为了阐释延迟及其对库存品种数的影响，分别介绍了“奔驰公司的灵巧汽车”和“及时缝制”案例；再次，以“两个家具企业供应链的不同库存战略匹配”案例，阐释了供应链上持有库存的策略；最后，以“思科、惠普和 Artesyn 的库存战略转变对提高供应链敏捷性的影响”作为章后案例，对本章重要知识点，即不同供应链战略下的库存策略以及库存对供应链战略的影响进行总体阐释和呈现。

参 考 文 献

[1] 但斌，李宇雨，邱晗光，等. 供应链管理[M]. 2 版. 北京：科学出版社，2018.

[2] 国际贸易中心（ITC 联合国贸发组织/世界贸易组织）. 如何进行供应链中的物流管理[M]. CFLP 中国物流与采购联合会，译. 北京：中国物资出版社，2005.

[3] 国际贸易中心（ITC 联合国贸发组织/世界贸易组织）. 如何进行库存管理[M]. CFLP 中国物流与采购联合会，译. 北京：中国物资出版社，2005.

[4] 刘宝红. 采购与供应链管理——一个实践者的角度[M]. 2 版. 北京：机械工业出版社，2015.

[5] 刘宁. 浅析日本 7-11 公司的成功之道[J]. 江苏商论，2003（6）：61-63.

[6] 王道平，侯美玲. 供应链库存管理与控制[M]. 北京：北京大学出版社， 2012.

[7] 马士华，林勇. 供应链管理[M]. 4 版. 北京：高等教育出版社，2015.

[8] 谭峤，隋丽红. 基于电子商务的精益供应链管理模式探讨[J]. 物流技术，2015，34（11）：249-251.

[9] 曾凡婷，李宏余，孙蛟. 浅析敏捷供应链与精益供应链[J]. 物流技术，2004（01）：38-41.

[10] 贺显伟. 纺织服装业如何构建快速响应供应链[J]. 纺织导报，2015（11）：111-112.

[11] 喜崇彬. 敏捷供应链中的库存优化与管理——访 TIM 全面库存管理专家程晓华[J]. 物流技术与应用，2014，19（12）：104-106.

[12] 喜崇彬. 需求预测与库存优化：敏捷供应链信息化建设的关键——访 SAS 中国区首席咨询顾问李波[J]. 物流技术与应用，2014，19（12）：107-109.

[13] 张晓燕. 7-11 便利店的供应链物流系统[J]. 中外物流，2007（1）：47-49.

[14] 乔普拉，迈因德尔. 供应链管理——战略、规划与运作（清华管理学系列英文版教材）[M]. 3 版. 北京：清华大学出版社，2008.

第7章　供应链库存管理方法

【引导阅读】

别拿别人的库存不当钱

很多从事“流通”的经销或零售企业并没有在“库存”上动太大的“脑筋”，是这个问题不重要吗？不是，普遍认为库存管理是零售企业的三大核心能力之一(另外两个是商品管理和顾客行为分析)。那为什么分销企业对库存管理如此“冷漠”呢？

原因很简单，他们不知道同样做到了800万元的销售额，但A企业是用600万元库存做到了，而B企业是用1000万元库存做到的——B企业可能到资金链断裂而倒闭的那一天都不知道是库存出了问题。

具体如何降低库存，不同类型的企业有不同的库存政策。但如果完全从企业自身角度来进行库存管理的话，当你为转移了自己的库存风险而得意时，你的上下游供应商正通过其他的手段把库存损失再转回来——供应链上没有“一枝独秀”的美事。因此，分销企业应该鼓励或联合供应商一起来降低库存，提高周转率——“别拿别人的库存不当钱”。企业应该从供应链的角度考虑降低整条供应链的库存水平，降低供应链库存成本。让我们看看上海通用是如何解决这个问题的。

上海通用三种车型的零部件总量有5400多种，这相当于一个中型超市的单品数。通用的这些零部件来自180家供应商，这也和一个大型卖场的供应商数量相近。我们来看看通用是怎么提高供应链效率，帮助整个供应链降低库存的。

上海通用采取的是“柔性化生产”，即一条生产流水线可以生产不同平台多个型号的产品。这种生产方式对供应商的要求极高，即供应商必须时常处于“时刻供货”的状态，这样就会给供应商带来很高的存货成本。但是，供应商一般不愿意独自承担这些成本，就会把部分成本打在给通用供货的价格中。同时，他们还会把另一部分成本“赶”到其上游的供应商那里——于是上游就准备了更大的库存。

为了克服这个问题，上海通用与供应商时刻保持着信息沟通。通用有一年的生产预测，也有半年的生产预测，生产计划是滚动式的，基本上每个星期都有一次滚动，在滚动生产方式的前提下，通用的产量不断地调整。这个运行机制的核心是要让供应商也看到通用的计划，让其能根据通用的生产计划安排自己的存货和生产计划，减少对存货资金的占用。

7.1　牛鞭效应与供应链库存

7.1.1　牛鞭效应的含义

在供应链上，常常存在着如预测不准确、需求不明确、供给不稳定、企业间合作性与协调性差，造成了供应缺乏、生产与运输作业不均衡、库存居高不下、成本过高等现象。引起这些问题的根源有许多，但最主要的原因之一是“牛鞭效应”(bullwhip effect)。

“牛鞭效应”(图 7.1)是美国著名的供应链管理专家 Lee 教授对需求的信息扭曲在供应链中传递的一种形象描述。早在 20 世纪 50 年代，Forrester 教授就发现了这一现象，即微小的市场波动会造成制造商在进行生产计划时遇到巨大的不确定性。后来许多实证研究与企业调查发现，这种现象广泛地存在于制造业的供应链体系中。其基本思想是，当供应链的各节点企业只根据来自其相邻的下级企业的需求信息进行生产或供应决策时，需求信息的不真实会沿着供应链逆流而上，产生逐级放大的现象，达到最上端的供应商时，其获得的需求信息和实际消费市场中的顾客需求信息会有很大的偏差，需求变异系数比分销商和零售商的需求变异系数大得多。由于这种需求放大效应的影响，上游供应商往往维持比下游供应商更高的库存水平。

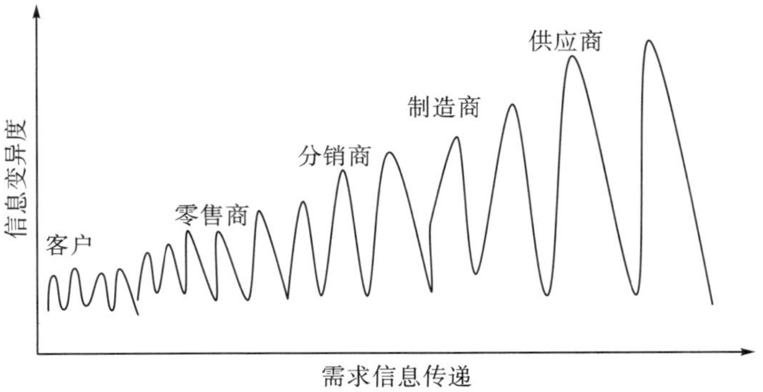

图 7.1　牛鞭效应

7.1.2　牛鞭效应产生的原因

从表面上看，“牛鞭效应”表现为需求的不确定性。实质上，这种不确定性却是由于需求变化的信息在供应链中传递时出现失真，进而扭曲放大的结果。“牛鞭效应”产生的原因复杂多样，但通常表现在以下几个方面。

(1) 需求预测的依据。为了安排生产进度，计划产量，控制库存和计划物料需求，供应链中的企业通常都会预测产品需求。而传统供应链的上游企业总是将下游企业的需求信息作为自己需求预测的依据。当下游企业订购时，上游企业的经理就把下游企业的需求信息作为将来产品需求的信号来处理。基于这个信号，上游企业的经理会调整需求预测，同时上游企业也会向其供应商增加订购。这一需求预测的依据是导致“牛鞭效应”的主要原因。

(2) 批量订购的行为。在供应链中，每个企业都会向上游企业订货。由于存货耗尽后，企业很难马上从其供应商那里获得补充，所以企业通常采用批量订购模式订货。例如，采购部门发给供应商的订单中，既包括实际需求的库存量，也包括必要的安全库存量。而供应商以接受的订单作为需求来向自己的上游企业发出订货信息，考虑安全库存。所以，从经销商→批发商→制造商→供应商，订货量要比实际销售量大得多，大量的安全库存产生了“牛鞭效应”。

(3) 价格的波动。价格的波动会促使购买提前或推迟。此时，顾客的购买模式并不能客观地反映货物消耗的真实情况，其购买数量的波动较其实际消耗量的波动大，从而产生“牛鞭效应”。

(4) 限量供应和短缺博弈。在市场上存在这样一种现象：当产品供不应求时，制造商常根据顾客订购的数量按照一定的比例进行限量供应，此时客户会在订购时夸大实际的需求量；当供不应求的情况得到缓和时，订购量反而会突然下降，同时大批客户会取消他们的订单。这种现象的原因是对已有或潜在的限量供应进行的短缺博弈，会使顾客产生过度的反应。这种现象导致的需求信息扭曲，最终导致“牛鞭效应”。

(5) 库存责任失衡。库存责任失衡加剧了订货需求放大。在营销操作上，通常的做法是供应商先送货，待销售商销售完成后再结算，这样的做法使库存责任自然转移到供货商。因此，销售商普遍倾向于加大订货量，这样也必然会导致“牛鞭效应”。

(6) 信息沟通不畅。由于缺少信息交流和共享，供应链上企业无法掌握下游企业的真正需求和上游企业的供货能力，只好自行多储备货物，各自持有高额库存，这也会导致“牛鞭效应”。

(7) 提前期拉长。有时企业对交货的准确时间不确定，或者出于某种“保险”的考虑会拉长供货提前期。但是需求的变动随提前期的增长而增大，因为提前期长了，预测的准确性就差，因此有加大安全库存的倾向，也就造成了“牛鞭效应”。

7.1.3 牛鞭效应对库存管理的影响

在供应链管理环境下，仍采用传统的采购模式已经不合适了，因为它不可能解决诸如需求放大现象这样一些新的库存增加的问题。因此人们致力于探讨适应供应链管理的采购管理新模式，这对供应链管理思想能否很好实施起着关键作用。在目前的经济环境中，通过采购模式的改良，是不能消除“牛鞭效应”的，但可以借助供应商或制造商和零售商之间的信息共享，来减轻“牛鞭效应”带来的负面影响。信息共享能给供应商带来减轻“牛鞭效应”、减少现有平均库存以及降低成本等好处，一方面，使供应商在采购、库存决策方面更为主动，降低由于过高的库存量而造成的风险；另一方面还可协调供应链节点企业的行为。供应链管理研究和实践表明，增加供应链节点企业间的联系与合作，提高信息共享程度，用覆盖整个供应链的决策系统代替缺乏柔性和集成度差的决策体系，可以使供应链各个节点企业都能清晰地观察到物流、资金流和信息流，以达到更好地协调各个节点企业，降低供应链成本，降低各个环节的延迟时间，消除信息扭曲的“牛鞭效应”的目的。

鉴于此，人们提出了采购模式的新主张：供应链采购，即供应商管理用户库存。这种模式也被认为是供应链上的库存管理策略，因为在实践活动中，采购是库存发生的前提，而库存又制约采购。

案例 7.1

“牛鞭效应”的发现

宝洁公司在研究尿不湿的市场需求时发现，该产品的零售数量相当稳定，波动并不大。但在考察分销中心订货情况时，吃惊地发现波动明显增大了，该分销中心说，他们是根据汇总的销售商的订货需求量订货的。宝洁公司进一步研究后发现，零售商往往根据对历史销量及现实销售情况的预测，确定一个较客观的订货量，但为了保证这个订货量是及时可得的，并且能够适应顾客需求增量的变化，零售商通常会将预测订货量做一定放大后向批发商订货，批发商出于同样的考虑，也会在汇总零售商订货量的基础上再做一定的放大后向销售中心订货。这样，虽然顾客需求量并没有大的波动，但经过零售商和批发商的订货放大后，订货量就一级一级地放大了。在考察其供应商（如 3M①公司）的订货情况时，宝洁公司惊奇地发现订货的变化更大，而且越往供应链上游，其订货偏差越大。除了宝洁公司，惠普公司在考察其打印机的销售状况时也发现存在这一现象。这就是营销活动中的需求变异放大现象。这种信息扭曲的放大作用在图形显示上很像一根甩起的赶牛鞭，因此被形象地称为“牛鞭效应”。

7.2　零 库 存

7.2.1　零库存产生的背景和含义

1. 零库存产生的背景

零库存管理（zero inventory management）的概念产生于 20 世纪 60 年代，当时汽车生产主要以福特汽车公司的“总动员生产”方式为主。伴随能源危机，再加上日本国内资源

① 全称明尼苏达矿务及制造业公司。

贫乏，丰田公司的大野耐一等考察美国汽车工业之后，结合公司的实际情况提出了准时制生产，指在正确的时间用正确的方式将正确的数量和正确的货物交给正确的人，这称为“5R”。当时的日本丰田汽车公司实施准时制生产，在管理手段上采用看板管理、单元化生产等技术实行拉式生产，基本实现在生产过程中没有积压的原材料和半成品。这不仅大大降低了生产过程中的库存及资金的积压，而且提高了相关生产活动的管理效率。需要说明的是，丰田汽车公司只是在生产领域实现了零库存，在原材料供应和产品销售领域并没有实现零库存。JIT 生产方式是丰田汽车公司在逐步扩大其生产规模、确立规模生产体制的过程中诞生和发展起来的。

JIT 生产方式作为一种在多品种小批量混合生产条件下，高质量、低消耗地进行生产的方式，是在实践中摸索、创造出来的。在 20 世纪 70 年代发生石油危机以后，市场环境发生巨大变化，许多传统生产方式的弱点日渐明显。从此，采用 JIT 生产方式的丰田汽车公司的经营绩效与其他汽车制造企业的经营绩效开始拉开距离，JIT 生产方式开始引起人们的关注和研究。

随着零库存理论在日本丰田汽车公司的成功实施，越来越多的日本企业加入到了实行零库存管理的行列中。经过几十年的发展，零库存管理在日本已经拥有了供、产、销的集团化作业团队，形成了以零库存管理为核心的供应链体系。而美国的企业从 20 世纪 80 年代开始逐步了解并认识了零库存管理理论。现在，零库存管理已从最初的一种减少库存水平的方法，发展成为内涵丰富，包括特定知识、技术、方法的管理科学。

此后，零库存管理不但应用在生产过程中，而且延伸到原材料供应、物流配送、产成品销售等各个环节。特别是计算机技术、网络信息技术在零售商业和物流业中的应用，使“信息代替库存”“动态代替静态”等与零库存异曲同工的概念被提出，而且正在被企业实践着。JIT 生产方式的核心思想总结起来有两点：避免浪费和消灭库存。JIT 生产方式为日本丰田公司渡过第一次能源危机起到了重要作用。后来 JIT 生产方式被世界各国所重视，并应用于各行各业，物流领域也提出了 JIT 物流的理念，即采用 JIT 思想对物流活动进行管理。

2. 零库存的含义

从物流运动合理化的角度来看，零库存概念包含两层含义：其一，库存对象物的数量趋近于零或者等于零(即近乎无库存物资)；其二，库存设施、设备的数量及库存劳动耗费同时趋于零或等于零(即不存在库存活动)。而后一种意义上的零库存，实际上是社会库存结构合理调整和库存集中化的表现。就其经济意义上而言，它远大于通常意义上的仓库物资数量的合理减少。

但是，零库存并不等于不要储备和没有储备。对某个具体企业而言，零库存是在有充分社会储备前提下的一种特殊存储形式，其管理核心在于有效地利用库存材料，尽快地生产更好的产品，并有一个反应迅速的营销系统把它们交到消费者手中，将生产、销售周期尽可能地压到最短，竭力避免无效库存。因此，作为一个生产企业，并不能真正实现所谓的库存为零，只能是库存沉淀为零，或者说，一切库存都是在按照计划流动，而“零库存”只是一个“零库存”的思想和“零库存”的管理制度。从全社会来看，不可能也不应该实现零库存。为了应付可能发生的各种自然灾害和其他意外事件，为了调控生产和需求，通常国家都以各种形式(包括库存形式)储备一些重要物资(如粮食、战略物资、抢险救灾物资等)。因此，在微观领域内，一些经营实体可以进行零库存式的生产和无库存式的销售，但整个国家或社会不能没有库存。因此，要全面了解“零库存”的含义，还需要了解传统库存管理与零库存管理的区别(表 7.1)。

零库存管理思想的实质是通过不断地降低库存以暴露问题，不断地改进、提高管理水平和效率，从而增加企业的经济效益。单纯的“零库存”指标不是目的，暴露问题—解决问题—提高管理才是零库存的意义所在。由于零库存是一种最高标准，因此企业总处于不断发现问题、不断进步的永无休止的动态改进过程中。零库存管理是在传统库存管理思想上的一次变革，是实现库存合理化的必然趋势。

表 7.1　传统库存管理和零库存管理的区别

比较项目	传统库存管理	零库存管理
库存行为认识	认为库存对企业极为重要，保持一定数量的库存，有助于企业提高效率	认为库存是一种浪费，是为掩盖管理工作失误提供方便
库存管理区域	只控制企业内部的物流	应对整个供应链系统的存货进行控制
库存管理重点	强调管理库存成本	强调存货质量和生产时机

7.2.2　零库存的形式

“零库存”是通过在生产和流通领域按照组织物品供应来实现的，但它并不限定于某种特定形式，因为许多现代生产库存管理制度都会降低库存总体水平，有的也实现了某些环节、某些部门的零库存。因此，零库存的具体形式很多，主要有以下几种：

(1)委托保管方式。接受企业的委托，由受托方代存代管，所有权属于企业，从而使企业不再保有库存，甚至可不再保有保险储备库存，从而实现零库存。受托方收取一定数量的代管费用。这种零库存的形式优势在于：受委托方利用其专业的优势，可以实现较高水平和较低费用的库存管理，用户不再设库存，同时减去了仓库及库存管理的大量事务，集中力量于生产经营。但是，这种零库存方式主要是靠库存转移实现的，并不能使库存总量降低。

(2)协作分包方式，即美国的“SUB-ON”方式和日本的“下请”方式。主要是制造企业的一种产业结构形式，这种结构形式可以以若干企业的柔性生产准时供应，使主企业的供应库存为零，同时，主企业的集中销售库存使若干分包劳务及销售企业的销售库存为零。主企业主要负责装配和产品市场开发，分包企业各自分包劳务、分包零部件制造、分包供应和分包销售。

(3) 轮动方式。轮动方式也称同步方式，是在系统进行周密设计前提下，使每个环节速率完全协调，从根本上取消工位之间暂时停滞的一种零库存、零储备形式。这种方式是在传送带式生产基础上，进行更大规模延伸形成的一种使生产与材料供应同步进行，通过传送系统供应实现零库存的形式。

(4) 准时供应方式。在生产工位之间或在供应与生产之间完全做到轮动，这不仅是件难度很大的系统工程，而且需要很大的投资，同时，有一些产业也不适合采用轮动方式。因而，很多企业广泛采用比轮动方式更灵活、更易实现的准时供应方式。准时供应方式不是采用类似传送带的轮动系统，而是依靠有效的衔接和计划达到工位之间、供应与生产之间的协调，从而实现零库存。如果说轮动方式主要靠"硬件"，那么准时供应方式则在很大程度上依靠"软件"。

(5) 看板方式。看板方式是即时方式中的一种简单有效的方式，也称"传票卡制度"或"卡片"制度，最早在日本得到完善和发展。准时化生产要求在需要的时候生产出需要的产品和数量，而看板方式却是实施拉动式准时化的一种非常有效的手段，它以"彻底消除无效劳动和浪费"为指导思想，以市场需求作为整个企业经营的初始拉动点，以市场需求的品种、数量、时间和地点准时地组织各环节生产，前工序仅生产后工序所要取走的品种和数量，不进行多余的生产，不设置多余的库存，使企业形成一个逆向的、环环相扣的物流链。

(6) 水龙头方式。这是一种像拧开水龙头就可以取水，无须自己保有库存的零库存形式，是日本索尼公司首先采用的。这种方式经过一定时间的演进，已发展成即时供应制度，用户可以随时提出购入要求，采取需要多少就购入多少的方式，供货者以自己的库存和供应系统承担即时供应的责任，从而使用户实现零库存。

(7) 配送方式。这是一种综合运用上述若干方式，采取配送制度保证供应，从而实现零库存的一种管理方法。在该方法中，将企业划分成若干个小部分，依据每个部分的特征，分别实施不同的管理方法，再从宏观的角度考虑统一的调配，整体的管理，最终使企业不论是在内部还是在全局都达到高效而流畅的供-产-销一体化模式。

7.2.3 零库存的实施原则和途径

企业要想实现零库存，首先应该解决企业是否适合采用零库存策略，然后才是如何实施的问题。

1.零库存的实施原则

企业是否能采用零库存，要根据综合平衡的原则，即企业必须根据自身所处的行业、商业环境、管理水平综合加以判断和决策。例如，物流的社会化程度、企业信息化水平、企业生产的产品特点等。

关于是否采用零库存，关键是要找到一个平衡点，在这一点上，增加单位库存量所增加的库存费用等于因为增加这个库存所减少的生产、交换和消费成本，也就是经济学上所讲的边际成本等于边际收益，这个平衡也是一个最优化点。

2. 零库存的实施途径

1) 充分利用第三方物流服务

采用委托第三方物流服务的方式实现零库存具有如下两个方面的好处：其一，受托方(第三方)可以充分发挥其专业化高水平的优势，开展规模经营活动，从而做到以较低费用的库存管理提供较高水平的后勤活动；其二，可以大量减少委托方的后勤工作。由此，委托方能够集中精力从事生产经营活动。

2) 推行配套生产和分包销售的经营制度

配套生产和分包销售多出现于制造业。实践证明，采用上述方式从事生产经营活动也可以在一定程度内实现零库存。原因如下：

其一，在协作、配套的生产方式下，企业之间的经济关系更加密切，从而在一些企业之间(如在生产零配件的企业和组装产品的主导企业之间)能够自然地构筑起稳定的供货(或购货)渠道，供货渠道稳定，则意味着可以免除生产企业在后勤保障工作上存在着的后顾之忧，进而可促使其减少物资库存总量，甚至取消产品库存，实现零库存。

其二，在分包销售的体制下，实行“统一组织产品销售、集中设库储存产品”的制度，并通过配额供货的形式将产品分包给经销商。因此，在各个分包(销售)点上是没有库存的，也就是说，在分包销售制度下，分包者的“销售品库存”等于零。在发达国家的制造业，许多生产商的零库存在很大程度上都是通过推行上述生产方式和产品销售制度实现的。在有些国家，生产汽车和家用电器等机电产品的企业都是集团性的组织，在结构上由少数几家规模很大的主导企业和若干家小型协作企业组成的。其中，主导企业主要负责完成产品装配和市场开发等任务，协作企业则负责自己的生产活动，并且能在指定的时间内送货到位。由于供货有保障，主导企业不再另设一级库存，从而使其库存呈现出零库存状态。

3) 实施库存集中管理

在保生产、保供应的思想下，一定数量的企业采用多级分散采购、分散管理库存的体制。这种分散管理体制使企业层层设库、层层设账，造成车间有小库、分厂设中库、总厂建大库的小而全、大而全的库存管理体系。这种体制虽然能满足二级单位使用方便和应付紧急需要，但却造成企业的人力、物力、财力的大量浪费，更为严重的是增加了企业总库存，占用了大量的企业流动资金。库存集中管理就是由企业的一个部门对企业库存物流物资统一协调、统一指挥、统一调度和总量控制，达到既保证企业的物资供应，又能使库存最小化和降低库存成本。库存集中管理体制不但有利于企业节约仓库设施，减少库存管理费用，进行库存物资统一调度，而且可以实现库存资源信息共享，提高企业应变能力。

4) 采用供应链管理模式

采用供应链管理模式实现零库存，就是从生产到消费的过程中，供应链企业之间通过信息交流与共享来增加库存决策信息的适时性、准确性、透明性，并减少不确定因素对库存的影响，达到供应链各成员单位的无缝连接，确保库存量最大限度地降低。

采用供应链管理模式实现零库存，需要从以下几个环节入手。

(1) 整合供应链业务流程，为订单而采购，减少库存。这就要求企业以顾客的需求为生产经营的起点，企业的采购、存货储备、生产和销售都由顾客的订单来支配，并围绕订单而运作。库存管理是以客户订单为依据，根据需求信息向前反馈；企业则根据订单将销售计划、生产计划和采购计划编制成整体计划。

(2) 充分利用供应商管理库存和联合管理库存来降低库存水平。采用供应商管理库存加强了供应商的责任，使供应商根据需求状况和变化趋势，确定库存水平和补给策略，以对市场需求实现快速响应，而需求方不设库存或少设库存，可以减少资金占用。联合管理库存是供需双方同时参与，共同制定库存计划，使供应链各成员企业之间对需求的预期保持一致，从而消除需求变异放大现象，提高供应链同步化程度和整体运作水平，以减少库存。

(3) 强化库存定额管理。供应链上的供应商和需求方，根据需求物资的重要性、使用频率快慢、价值高低、采购难易程度、制造周期长短、可替代程度等对物料进行分类，对不同类别的物料进行综合分析，确定库存定额和订货周期，并严格按照库存定额编制采购订单，避免无计划采购。

(4) 加强信息化基础建设。通过计算机和网络通信技术等，及时掌握并反馈库存信息，实现供应链内外信息系统集成和信息共享，从而有效地控制库存。

案例 7.2

戴尔电脑“零库存”管理

说起“零库存”，很多人马上就会想起戴尔公司。经过充分的传播，戴尔的名声已经与“零库存”联系在一起。

1984 年，19 岁的迈克尔·戴尔开始在大学宿舍外销售个人电脑，到 2003 年底 19 年间，他把宿舍里的销售业务转变为销售额突破 400 亿美元的计算机帝国。戴尔公司目前已经发展成为世界上最大的电脑直销商。在不景气的大环境下，戴尔却始终保持着较高的收益，并且不断增加市场份额。我们习惯于给成功者贴上“标签式”的成功秘籍，正如谈及沃尔玛成就商业王国时，“天天低价”被我们挂在嘴边；论及戴尔的成功之道，几乎是众口一词地归结为“直销模式”。但是，迈克尔说：“人们只把目光停留在戴尔公司的直销模式上，并把这看作是戴尔公司与众不同的地方。但是直销只不过是最后阶段的一种手段。

我们真正努力的方向是追求零库存运行模式。”

在库存的数量管理上，戴尔以物料的低库存与成品的零库存而声名远播，其平均物料库存只有约 5 天。在 IT 界，与戴尔最接近的竞争对手也有 10 天以上的库存，联想的库存管理是中国厂商的最高管理水平，有 22 天，业内的其他企业平均库存更是达到了 50 天左右。由于材料成本每周就会有 1%的贬值，因此库存天数对产品的成本影响很大，仅低库存一项就使戴尔的产品比许多竞争对手拥有了 8%左右的价格优势。

而高效率的物流配送使戴尔的过期零部件比例保持在材料开支总额的 0.05%～0.1%，2000 年戴尔全年在这方面的损失为 2100 万美元。而这一比例在戴尔的对手企业都高达 2%～3%，在其他工业部门更是高达 4%～5%。

当然，戴尔的库存管理并不仅仅着眼于“低”，通过双向管理其供应链，通盘考虑用户的需求与供应商的供应能力，使二者的配合达到最佳平衡点，实现“永久性库存平衡”，这才是戴尔库存管理的最终目的。

采用符合行业标准的、模块化的产品，是戴尔库存管理的另一个重要内容。戴尔很少在一个新技术或新产品刚刚出现时把它“推”向市场，而是要等到技术已经标准化、产品已经成熟时，才大规模进入市场，并力争在进入后马上成为市场的领导者。正因为如此，戴尔大量采用符合行业标准的、开放的技术，而不是独家、封闭的技术。这一点反映在库存物料的管理上，就使得戴尔特别强调库存本身的标准化，要求它们符合行业的标准，并尽可能地实现模块化与可互换，以最大限度地降低重复开发的成本。

当然，戴尔电子化的流程管理、强大的管理信息系统是戴尔实现成品“零库存”的保证。迈克尔曾说，我们最大的成功是以信息取代了库存。戴尔公司实施电子商务化物流后取得的效果是 1998 年成品库存为零；零部件仅有 2.5 亿美元的库存量(其盈利为 168 亿美元)；年库存周转次数为 50 次；库存期平均为 7 天；增长速度是市场成长速度的 4 倍，是竞争对手的两倍。

7.3　供应商管理库存

7.3.1　VMI 概述

长期以来，库存是由库存拥有者管理，即库存拥有与控制是由同一组织完成的，因此，供应链上的库存是各自为政的。供应链各环节中的每一个部门都是各自管理自己的库存，零售商、批发商、供应商都有各自的库存，都有自己的库存控制策略。但是，各自的库存控制策略不同，因此不可避免地产生需求的扭曲现象，出现“牛鞭效应”，无法使供应商快速地响应用户的需求。

在供应链管理环境下，供应链各个环节的活动都应该是同步进行的，为了寻求整个供应链全局的最低成本，供应链的各个环节的活动都应该是同步进行的，而传统的库存控制方法无法满足这一要求。近年来，出现了一种新的供应链库存管理模式——供应商管理库存(VMI)，这种库存管理模式打破了传统的各自为政的库存管理模式，体现了供应链的集成化管理思想，适应市场变化的要求，是一种新兴的有代表性的库存管理思想。

1. VMI 的基本概念

20 世纪 80 年代，VMI 已开始运用；20 世纪 90 年代，相关文献大量涌现，但由于各学者研究对象和目的不同，至今对 VMI 的定义并未达成一致。VMI 是一种供应链集成化运作的决策代理模式，以双方都获得最低成本为目标，在一个共同框架协议下将用户库存决策权代理给供应商，由供应商代理分销商或批发商行使库存决策权力，并通过对该框架协议经常性监督和修正使库存得到持续改进。这一定义将供应链理念引入 VMI，体现了供应链集成化思想，是目前比较公认的 VMI 定义。我国学者马士华借鉴此定义，将 VMI 表述为“一种以用户和供应商双方都能获得最低成本为目的，遵守一个共同的协议，由供应商管理库存，并不断监督协议执行情况和修正协议内容，使库存管理得到持续改进的库存管理方法”。

VMI 的主要思想是供应商在用户的允许下设立库存，确定库存水平和补给策略并拥有库存控制权。精心设计与开发的 VMI 系统，不仅可以降低供应链的库存水平，降低成本和改善资金流，而且还可以使用户获得高水平的服务，同时使供应商获得更高的用户信任度。

综上所述，VMI 是指供应商库存管理在供应链环境下，由供应链上的制造商、批发商等上游企业对众多分销商、零售商等下游企业的流通库存进行统一管理和控制的一种新型管理方式。其主要思想是实施供应厂商一体化，在这种方式下，供应链的上游企业不再是被动地按照下游订单发货和补充订货，而是根据自己对众多下游经销商需求的整体把握，主动安排一种更合理的发货方式，既满足下游经销商的需求，同时又使自己的库存管理和补充订货策略更合理，从而使供应链上供需双方成本降低，实现 VMI 下的双赢。

2. VMI 系统的构成

VMI 系统可分成两个模组：第一个是需求预测计划模组，可以产生准确的需求预测；第二个是配销计划模组，可根据实际客户订单、运送方式，产生客户满意度高及成本低的配送。

1) 需求预测计划模组

需求预测最主要的目的是要协助供应商做库存管理决策。准确预测可让供应商明确了解应该销售何种商品、销售给谁、以何种价格销售、何时销售等。

预测所需参考的要素包括：客户订货历史资料，即客户平常的订货资料，可以作为未来预测的需求；非客户历史资料，即市场情报，如促销活动资料等。

需求预测程序包括：第一，供应商收到用户最近的产品销售资料，然后作需求历史分析；第二，使用统计分析方法，以客户的平均历史需求、客户的需求动向、客户需求的周期做参考，产生最初的预测模型；第三，由统计工具模拟不同的条件，如促销活动、市场动向、广告、价格异动等，产生调整后的预测需求。

2）配销计划模组

配销计划最主要是有效地管理库存量，VMI 可以比较库存计划和实际库存量并得知目前库存量尚能维持多久。所产生的补货计划是依据需求预测模组得到的需求预测、与用户约定的补货规则（如最小订购量、配送提前期、安全库存）、配送原则等。至于补货订单方面，VMI 可以自动完成最符合经济效益的建议配送策略（如运送量、运输工具的承载量）及配送进度。

7.3.2　VMI 实施方法与步骤

1. VMI 的实施方法

1）改变订单的处理方式，建立基于标准的托付订单处理模式

首先，由供应商和批发商一起确定供应商的订单业务处理过程所需要的信息和库存控制参数；然后，建立一种订单的处理标准模式，如 EDI 标准报文；最后，把订货、交货和票据处理各个业务功能集成在供应商一边。

2）库存状态透明性（对供应商）是实施供应商管理用户库存的关键

供应商能够随时跟踪和检查到销售商的库存状态，从而快速地响应市场的需求变化，对企业的生产（供应）状态做出相应的调整。为此需要建立一种能够使供应商和用户（分销商、批发商）的库存信息系统透明连接的方法。

VMI 使用 EDI 使供应商与客户彼此交换资料。交换的资料包括产品活动、计划进度及预测、订单确认、订单等。每个交换资料包含的主要项目见表 7.2。

表 7.2　供应商与客户交换资料列表

项目	资料内容
产品活动资料	可用产品、被订购产品、计划促销产品、零售产品
计划进度及预测资料	预测订单量、预定或指定的出货日期
订单确认资料	订单量、出货日期、配送地点
订单资料	订单量、出货日期、配送地点

3) VMI 补货作业过程

VMI 的补货作业过程具体如下：

(1) 批发商每日或每周向供应商送出正确的商品活动资料。

(2) 供应商接收用户传送来的商品活动资料，结合商品的历史资料做出预测。

(3) 供应商使用统计方法，针对每种商品做出预测。

(4) 供应商根据市场情报、销售情形对上述产生的预测进行适当调整。

(5) 供应商按照调整后的预测再修订补货系统预先设定的条件、配送条件、客户要求的服务等级、安全库存量等，产生出最具效益的订单量。

(6) 供应商根据现有的库存量、已订购量做出最佳的补货计划。

(7) 供应商根据自动货物装载系统计算得到最佳运输配送。

(8) 供应商根据以上得到的最佳订货量，在供应商内部产生用户所需的订单。

(9) 供应商产生订单后确认资料并传送给用户，通过用户补货。

2. VMI 的实施步骤

VMI 的实施可以分为以下步骤：

1) 建立顾客情报信息系统

供应商要有效地管理销售库存，必须能够获得顾客的有关信息。通过建立顾客的信息库，供应商能够掌握需求变化的有关情况，把由批发商(分销商)进行的需求预测与分析功能集成到供应商的系统中来。

2) 建立销售网络管理系统

供应商要很好地管理库存，必须建立起完善的销售网络管理系统，保证自己的产品需求信息和物流畅通。为此，必须保证产品条码的可读性和唯一性：解决产品分类、编码的标准化问题；解决商品存储运输过程中的识别问题。目前已有许多企业开始采用 MRP 或 ERP 企业资源计划系统，这些软件系统都集成了销售管理的功能。通过对这些功能的扩展可以建立完善的销售网络管理系统，保证企业的产品需求信息流和物流畅通。

3) 建立供应商与销售商(批发商)的合作框架协议

供应商和销售商(批发商)一起通过协商，确定处理订单的业务流程以及控制库存的有关参数(如再订货点、最低库存水平等)、库存信息的传递方式(如 EDI 或 Internet)等。

4) 组织机构的变革

组织机构的变革很重要，因为 VMI 策略改变了供应商的组织模式。过去一般由财务部处理与用户有关的事情，引入 VMI 策略后，在供货部门产生了一个新的职能——负责用户库存的控制、库存补给和服务水平。

根据 Carlyn 和 Mary 的研究，VMI 主要存在以下 4 种管理存货方式。

(1) 供应商提供包括所有产品的软件进行存货决策，用户使用软件执行存货决策，用户拥有存货所有权，管理存货。

(2) 供应商在用户所在地，代表用户执行存货决策、管理存货，但是存货的所有权归用户。

(3) 供应商在用户所在地，代表用户执行存货决策、管理存货，供应商拥有存货的所有权。

(4) 供应商不在用户所在地，但是定期派人代表用户执行存货决策、管理存货，供应商拥有存货的所有权。

7.3.3　VMI 的运行模式

常见的 VMI 的运行模式有以下 4 种：

1. 供应商-制造商(多对一)VMI 运行模式

该模式为多个供应商对一个制造商的情形。该供应链属于制造商为核心企业的工业供应链，制造商对多个供应商的零部件或原材料的需求为相关需求。整个供应链系统的优化以制造商的产品和服务绩效为目标。制造商生产规模较大，生产较稳定，每天对零配件或原材料的需求种类多且需求量变化不大；制造商要求供应商每次供货数量较小，一般满足 1 天的零配件需求，有的甚至是几个小时的需求；供货频率要求较高，有时甚至要求 2～3 次/天；为了保持生产的连续性，一般不允许发生缺货现象，即服务水平要求达到 99%以上。

一般该模式中有几十家甚至上百家的供应商为制造商供应零配件或原材料。如果让每一个供应商都要在制造商的附近建立仓库，显然是不经济的。因此，在制造商的附近建立一个供应商库存管理中心(VMI HUB)，以实现以下两个方面的作用。

(1) 缓冲作用。由于一个制造商要对应 N 个供应商且制造商对供货频率要求较高，可能会出现多个供应商同时将货物送达的情况。如果事先没有安排势必会出现混乱的卸货场面，严重地影响生产秩序，给企业的正常工作带来不便。有了 VMI HUB，可以以专业的配送方式送货，不仅可以提高配送效率，节约成本，同时避免以上现象的发生，起到了缓冲作用。

(2) 增加了深层次的服务。在没有 VMI HUB 时，供应商彼此都是独立的，送达的货物都是彼此分开的。有了 VMI HUB 后，可以在发货之前先提供拣货的服务，VMI HUB 会按照生产企业的要求把零配件按照成品的比例配置好，然后再发送给生产商，这样就提高了生产商的生产效率。

VMI 在正常实施的时候，不仅仅要求每个供应商与 VMI HUB 之间交换库存信息，还包括生产计划、需求计划、采购计划、历史消耗、补货计划、运输计划等信息。生产商与VMI HUB之间的信息交换可以实现完全地、实时地、自动地发生。

当发生需求突然变化时，如由于生产商的销售突增，VMI HUB中的库存不能及时满足生产商的需求时，VMI的实施结构会做出相应的改变。VMI HUB直接把补货计划发给供应商的信息系统，这时供应商不经过VMI HUB直接向生产商进行补货，从而节约了时间与成本。

2. 供应商-零售商(多对一)VMI运行模式

该模式为多个供应商对一个零售商的情形。其供应链属于零售商为核心企业的商业供应链，零售商对各个供应商的产品需求为独立需求。当零售商把销售等相关信息通过EDI传输给供应商后(通常是一个补货周期的数据，如3天，甚至1天)，供应商根据接收到的信息对需求进行预测，然后将预测的信息输入物料需求计划系统，并根据现有的企业内的库存量和零售商仓库的库存量，生成补货订单，安排生产计划，进行生产。生产出的成品经过仓储、分拣、包装，运送给零售商。

该模式下，当零售商比较强势时，如沃尔玛，只有在“接收货物”后且供应商的货物真正被销售以后才向供应商付款(也称为“赊销”)，否则不产生“应付账款”。

该模式一般不需要建造VMI HUB这个中枢环节。因为对零售商来说，供应商所供应的产品是相互独立的，在同一段时间内它们不是同时需要；不像制造商需要零部件或原材料那样，对生成一个产品来说是必须同时获得的。为了提高服务水平，一般情况下，供应商会在零售商附近设立仓库或租用仓库。

3. 第三方物流企业的参与模式

在供应商-制造商模式或供应商-零售商模式下，将物流业务外包给第三方物流服务提供商，由第三方物流服务提供商管理VMI HUB或靠近零售商的供应仓库。在具体运作中，有时需要第三方物流服务提供商的参与。原因如下：

(1)在供应商-制造商模式中，不论对制造商还是供应商来说，它的核心竞争力主要体现在其生产制造上，而不是物流配送上。显然，让供应商或制造商去管理VMI HUB都是不经济的。

(2)在供应商-零售商模式下，由于零售商的零售品范围比较广，供应商和零售商的地理位置相距较远，直接从供应商处向零售商补货的提前期较长，不利于进行准确的需求预测和应付突发状况。解决这一问题的折中方案就是供应商在零售商附近租用或建造仓库，由这个仓库负责直接向零售商供货。

基于上述原因，让一家专业化程度较高的“第三方物流企业”来管理VMI HUB或零售商仓库是最合适不过了。由于第三方物流企业的加入，多了一个运行节点，VMI运行模式也就做出了相应的改变。

4. 制造商-分销商(一对多)VMI 运行模式

这种模式由供应链的核心企业——制造商，充当 VMI 中的供应商角色。该模式下，核心企业收集各个分销商的销售信息并进行需求预测，然后按照预测结果对分销商的库存统一管理与配送。由于该模式下的供应商只有一个，供应商会依据分销网络来优化布局仓库设施，统一安排对各个分销商的配送，从而保证每批次都以经济批量的方式发货，每次配送的路线都调整为最佳配送路线。

7.3.4　VMI 的优点和局限性

通过国内外几年的实践应用，VMI 被证明是一种先进的库存管理模式，它具有以下优点：

(1) 由供应商掌握库存就可以把客户从库存陷阱中解决出来，客户不需要占用库存资金，不需要增加采购、入库、出库、保管等一系列的工作，能够集中更多的资金、人力、物力用于提高其核心竞争力，从而为整个供应链，包括供应链企业制造一个更加有利的局面。

(2) 供应商掌握客户的库存具有很大的主动性和灵活性，能够提高资源的利用率，减少浪费及非增值活动，提高生产、运输的效率。

(3) 供应商管理库存就是掌握市场。客户的库存消耗就是市场需求的组成部分，它直接反映了市场的消费水平和消费倾向，这对于供应商改进产品结构和设计、开发出适销对路的新产品，以及对于企业的生产决策和经营决策都起着有利的信息支持作用。

(4) 供应商通过共享客户的需求信息，削弱了供应链的需求波动逐级放大效应——牛鞭效应，从而减少安全库存。

(5) 降低交易成本。在 VMI 模式下，供需双方是基于互信的合作伙伴关系，客户将其库存的补货决策权完全交给了供应商，从而减少传统补货模式下协商、谈判等事务性工作，大大节约了交易费用。

(6) 提高服务水平。VMI 通过供应商将供需双方的信息及职能活动集成，使得企业访问的界面更加友好，业务活动同步运作，从而提高供需双方的柔性及顾客响应能力。如当需求异常波动时，供应商能够及时获取需求信息，并快速调整补货策略。同时，生产、运输部门也同步做出快速反应，调整作业计划。

尽管 VMI 是一种非常有效的库存管理模式，但也存在着一定的局限性。

(1) 企业间缺乏信任，合作意识不强。VMI 是跨企业边界的集成与协调，要求供需双方建立互信的合作伙伴关系。如果企业缺乏信任，要实现信息共享和企业间的集成与协调是不可能的。供需双方互信与合作是 VMI 成功的必备条件。VMI 对于企业间的信任要求较高，而且由于供应商和客户实行库存信息共享，也存在滥用信息和泄密的可能。

(2) VMI 中的框架协议虽说是双方协议，但供应商仍处于主导地位，是单行的过程，决策过程中缺乏足够的协商，难免造成失误。

(3) 责任与利益不统一。在 VMI 模式下，供应商承担了客户的库存管理及需求预测分析的责任，但它比其客户获取更少的利润，而未承担库存管理责任的客户却获得更多的利润，造成了责任与利益不统一，从而影响了供应商实施 VMI 的积极性。因此，购买方应从长远利益来考虑，采取一些激励措施来激发供应商的积极性，如通过合约将一定比例的利润支付给供应商。VMI 的实施减少了库存总费用，但在 VMI 系统中，供应商比以前承担更多的管理责任，如库存费用、运输费用和意外损失(如物品损坏)不是由客户承担，而是由供应商承担，由此可见，VMI 实际上是对传统的库存控制策略进行“责任倒置”后的一种库存管理办法，这无疑加大了供应商的风险。

由上述分析可以看出，实施 VMI 必须慎重，既要看到 VMI 所带来的利益，也要考虑其存在的问题，绝不能草率行事。

案例 7.3

达可海德服装公司的 VMI 系统

美国达可海德(DH)服装公司把 VMI 看作增加销售量、提高服务水平、减少成本、保持竞争力和加强与客户联系的战略性措施。在实施 VMI 过程中，DH 服装公司发现有些客户希望采用 EDI 先进技术并且形成一个紧密的双方互惠、信任和信息共享的关系。

为对其客户实施 VMI，DH 服装公司选择了意法半导体(STS)公司的会员管理系统(membership management system，MMS)，以及基于客户机/服务器的 VMI 管理软件。在 STS 公司的帮助下，对员工进行了培训，设置了必要的基本参数和使用规则。技术人员为主机系统的数据和 EDI 业务管理编制了特定的程序。

起步阶段，DH 服装公司选择了分销链上的几家主要客户作为试点单位。分销商的参数、配置、交货周期、运输计划、销售历史数据以及其他方面的数据，被统一输进了计算机系统。经过一段时间的运行，根据 DH 服装公司信息系统部副总裁的统计，分销商的库存减少了 50%，销售额增加了 23%，取得了较大的成效。

接着，DH 服装公司将 VMI 系统进行了扩展，并且根据新增客户的特点又采取了多种措施，在原有 VMI 管理软件上增加了许多新的功能。

(1) 某些客户可能只能提供总存储量的 EDI 数据，而不是当前现有库存数。为此，DH 服装公司增加了一个简单的 EDI/VMI 接口程序，计算出客户需要的现有库存数。

(2) 有些客户没有足够的销售历史数据用来进行销售预测。为解决这个问题，DH 服装公司用 VMI 软件中的一种预设的库存模块让这些客户先运行起来，直到积累了足够的销售数据后再切换到正式的系统中去。

(3) 有些分销商要求提供一个最低的用于展示商品的数量。DH 服装公司与这些客户一起工作，一起确定他们所需要的商品和数量(因为数量太多影响库存成本)，然后用 VMI 中的工具设置好，以备今后使用。

VMI 系统建立起来后，客户每周将销售和库存数据传送到 DH 服装公司，然后由主机系统和 VMI 接口系统进行处理。DH 服装公司用 VMI 系统，根据销售的历史数据、季节款式、颜色等不同因素，为每一个客户预测一年的销售和库存需要量。

为把工作做好，DH 服装公司应用了多种不同的预测工具进行比较，选择出其中最好的方法用于实际管理工作。在库存需求管理中，他们主要做的工作是：计算可供销售的数量和安全库存、安排货物运输计划、确定交货周期、计算补库订货量等。所有计划好的补充库存的数据都要复核一遍，然后根据下一周(或下一天)的业务，输入主机进行配送优化，最后确定出各配送中心装载/运输的数量。DH 服装公司将送货单提前通知各个客户。

一般情况下，VMI 系统需要的数据通过 ERP 系统获得，但是 DH 服装公司没有 ERP。为了满足需要，同时能够兼顾 VMI 客户和非 VMI 客户，DH 服装公司选用了最好的预测软件，并建立了另外的 VMI 系统数据库。公司每周更新数据库中的订货和运输数据，并且用这些数据进行总的销售预测。结果表明，DH 公司和其客户都取得了预期的效益。

7.4　联合库存管理

7.4.1　JMI 概述

为了克服 VMI 系统的局限性，同时避免或减少“牛鞭效应”，联合库存管理(jointly managed inventory，JMI)随之出现。不同于 VMI 集成化运作的决策代理模式，联合库存是一种风险分担的库存控制模式。JMI 体现了战略供应商联盟的新型企业合作关系，强调了供应链企业之间的双方互利合作关系。适合实施联合库存的核心企业是零售业以及连锁经营企业中的地区分销中心(或在供应链上占据核心位置的大型企业)。

1. JMI 的概念

联合库存管理，顾名思义，就是供应链上的各类企业(供应商、制造商、分销商)通过对消费需求的认识和预测，共同进行库存的管理和控制，利益共享、风险同担。VMI 是一种供应链集成化运作的决策代理模式，它把用户的库存决策权代理给供应商，由供应商、代理分销商或批发商行使库存决策的权力。而 JMI 是一种风险分担的库存管理模式，它使得供应链环节中的各类企业共同对库存问题进行管理。因此，在供应链企业之间的合作关系中，JMI 更强调双方的互利合作关系，更集中体现了战略供应商联盟的新型企业合作思想。

2. JMI 的基本思想

JMI 的基本思想可以从分销中心的联合库存功能谈起。地区分销中心体现了一种简单的联合库存管理思想。传统的分销模式是分销商根据市场需求直接向工厂订货，如汽车分销商(或批发商)，根据用户对车型、款式、颜色、价格等的不同需求向汽车制造厂订货，需要经过一段较长时间才能达到，因为顾客不想等待这么久的时间，各个分销商不得不进行库存备货，这样大量的库存使分销商难以承受，以致破产。

JMI 旨在解决供应链系统中由于各节点企业的相互独立库存运作模式导致的需求放大现象，是提高供应链同步化程度的一种有效方法。和 VMI 不同，JMI 强调供应链中各个节点同时参与、共同制定库存计划，使供应过程中的每个库存管理者(供应商、制造商、分销商)都从相互之间的协调性考虑，使供应链相邻的两个节点之间的库存管理者对需求的预期保持一致，从而消除需求变异放大现象。JMI 把供应链系统管理进一步集成为“上游”和“下游”两个协调管理中心，从而消除了部分由于供应链环节之间的不确定性和需求信息扭曲现象引起的供应链的库存波动。通过协调处理中心，供需双方共享需求信息，使供应链的运行更加稳定。JMI 模型如图 7.2 所示。

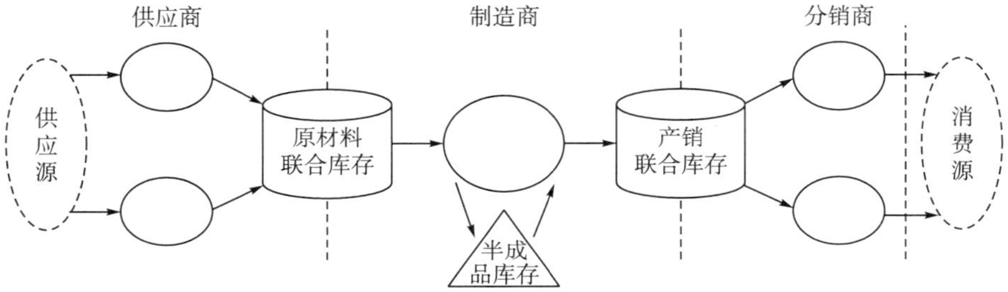

图 7.2　JMI 模型

7.4.2　JMI 实施策略

1. 建立供需协调管理机制

为了发挥联合库存管理的作用，供需双方应从合作的精神出发，建立供需协调管理机制，进行有效的联合库存管理，明确各自的目标和责任，建立合作沟通的渠道，为供应链的联合库存管理提供有效的机制。没有一个协调的管理机制，供需双方就不可能进行有效的联合库存管理。建立供需协调管理机制，要从以下几个方面着手。

1) 建立共同合作目标

要建立联合库存管理模式，首先供需双方必须本着互惠互利的原则，建立共同的合作目标。为此，要理解供需双方在市场目标中的共同之处和冲突点，通过协商形成共同的目标，如用户满意度、利润的共同增长和风险的减少等。

2) 建立联合库存的协调控制方法

联合库存管理中心担负着协调供需双方利益的角色，起协调控制器的作用。因此，需要对库存优化的方法进行明确确定。这些内容包括库存如何在多个需求商之间调节与分配，最高库存水平和最低库存水平的设定、安全库存量的确定、需求的预测等。

3) 建立一种信息沟通的渠道或系统

信息共享是供应链管理的特色之一。为了提高整个供应链需求信息的一致性和稳定性，减少由于多重预测导致的需求信息扭曲，应增加供应链各方对需求信息获得的及时性和透明性。为此，应建立一种信息沟通的渠道或系统，以保证需求信息在供应链中的畅通性和准确性；要将条码技术、扫描技术、销售点(point of sale，POS)管理系统和 EDI 集成起来，并且要充分利用因特网的优势，在供需双方之间建立一个畅通的信息沟通桥梁和联系纽带。

4) 建立利益的分配和激励机制

要有效运行基于协调中心的库存管理，必须建立一种公平的利益分配制度，将通过供应链管理实现的利益在供应链各节点企业之间进行合理分配。另外，将建立有效的激励机制，并对参与协调库存管理中心的各个企业(供应商、制造商、分销商或批发商)进行有效的激励，防止机会主义行为，增加供应链运作的协调性。

2. 发挥两种资源计划系统的作用

为了发挥联合库存管理的作用，在供应链库存管理中应充分利用目前比较成熟的两种资源管理系统：MRP Ⅱ 和 DRP。原材料库存协调管理中心应采用制造资源计划系统，而在产品联合库存协调管理中心则应采用物资资源配送计划，然后将这两种资源计划系统很好地结合并发挥其作用。

3. 建立快速响应系统

快速响应系统是在 20 世纪 80 年代末由美国服装行业发展起来的一种供应链管理策略，目的在于减少供应链中从原材料到用户过程的时间和库存，最大限度地提高供应的运作效率。快速响应系统在美国等西方国家的供应链管理中被认为是一种有效的管理策略，经历了三个发展阶段。第一阶段为商品条码化，通过对商品的标准化识别处理加快订单的传输速度；第二阶段是内部业务处理的自动化，采用自动补库与 EDI 数据交换系统提高业务自动化水平；第三阶段是采用更有效的企业间的合作，消除供应链组织之间的障碍，提高供应链的整体效率，如通过供需双方合作确定库存水平和销售策略等。

目前在欧美等西方国家，快速响应(quick response，QR)系统应用已到达第三阶段，通过协同规划、预测和补给等策略进行有效的用户需求反应。美国的 Kurt Salmon 协会调查分析认为，实施快速响应系统后供应链效率大有提高，缺货大大减少，通过供应商与零售商的联合协作保证 24 小时供货库存周转速度提高 1～2 倍；通过敏捷的制造技术，企业的产品中有 20%～30%是根据用户的需求而制造的。快速响应系统需要供需双方的密切合作，因此，协调库存管理中心的建立为快速响应系统发挥更大的作用创造了有利的条件。

4. 发挥第三方物流系统的作用

第三方物流系统（third party logistics，TPL）是供应链集成的一种物流管理方法。TPL 也叫作物流服务提供者（logistics service provider，LSP），它为用户提供各种服务，如产品运输、订单选择、库存管理等。第三方物流系统的产生一种是由一些大的公共仓储公司通过提供更多的附加服务演变而来的，另一种是由一些制造企业的运输和分销部门演变而来。把库存管理的部分功能代理给第三方物流系统管理。第三方物流系统作为供应商和用户之间联系的桥梁，使企业获得如下好处：

(1) 减少成本。

(2) 使企业集中于核心业务。

(3) 获得更多的市场信息。

(4) 获得一流的物流咨询。

(5) 改进服务质量。

(6) 快速进入国际市场。

面向协调中心的第三方物流系统使供应与需求双方都取消了各自独立的库存，增加了供应链的敏捷性和协调性，并且能够大大改善供应链的用户服务水平和运作效率。第三方物流在供应链库存控制中的作用如图 7.3 所示。

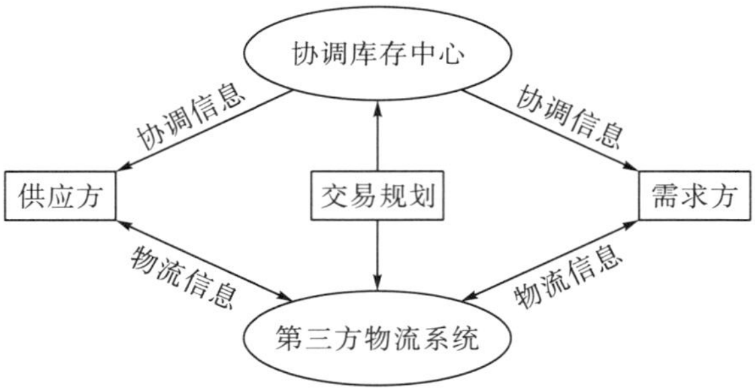

图 7.3　第三方物流在供应链库存控制中的作用

5. 选择合适的 JMI 模式

JMI 模式主要有以下两种：

(1) 各个供应商的零部件都直接存入核心企业原材料库的集中库存。其重点在于核心企业根据生产的需要，保持合理的库存量，既能满足需要，又要使库存总成本最小。

(2)无库存模式。供应商和核心企业都不设立库存，供应商直接在核心企业的生产线上连续小批量多频次地补充货物，并与之实行同步生产、同步供货，从而实现 JIT 供货模式。由于完全取消了库存，所以效率最高，成本最低，但对供应商和核心企业的运作标准、配合程度、协作精神和操作过程等要求严格，而且两者的空间距离不能太远。

对于实施 JMI 的企业来说，应根据自身和合作方的实际情况，选择合适的 JMI 模式，从而取得最为理想的效果。

JMI 可以大大改善供应链的供应水平和运作效率，是提高供应链同步化程度的有效方法。但就目前 JMI 中企业间的系统集成还比较困难，亟待进一步的改进和完善。

7.4.3　JMI 实施步骤

为了充分发挥联合库存的优势，建立供需协调管理机制，供需双方应从充分合作的精神出发，明确各自的目标和责任，建立合作和沟通的渠道，为供应链的联合库存管理机制提供条件。针对企业的供应链结构，对有关供应链联合库存管理的实施步骤(图 7.4)提出以下建议。

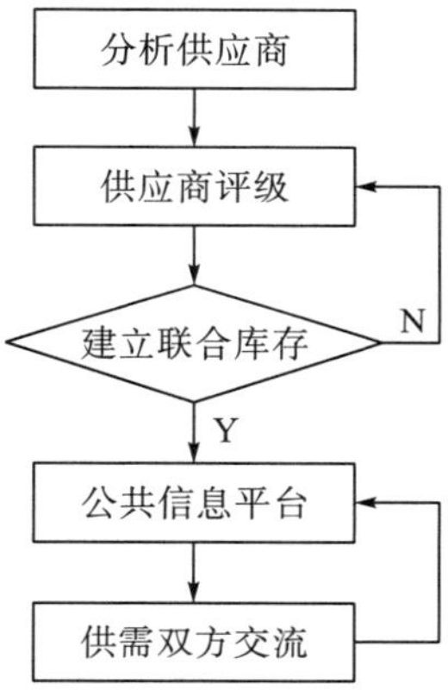

图 7.4　联合库存管理的实施步骤

(1)分析供应商现状，如利用现存的关键表现指数(key performance indicator，KPI)对供应商评级。

(2)选取级别最高的若干个物料供应商，建立联合库存管理模式。供需双方应本着互惠互利的原则，树立共同的合作目标；采用 SWOT 法(优势、弱势、机会、威胁)，通过协商形成共同的目标。

(3)建立联合库存的协调控制方法。供需双方利用 EDI 技术建立一个共用的工作平台，将双方的库存信息，最大、最小库存，安全库存，需求的预测等实现实时共享。

(4)在供需双方的资源管理系统(如 MRP Ⅱ/DRP)之间建立系统间的共享，增强供需双方的协调机制。

(5) 定期召开供需双方见面会，就联合库存的协调问题、数据处理和共享的问题、双方工作流程的沟通等进行面对面的交流，增进了解，促进合作。联合库存管理协调机制因能对需求变化做出快速响应，从而能提高供应链各个节点企业的运行效率，降低库存成本，赢得竞争优势。

7.4.4 JMI 的保障措施

(1) 要建立供需协调的管理机制。制造商要担负起责任，提供必要的资源与担保，使经销商相信承诺，协调其经销商的工作(有时可能是相互竞争的经销商)，本着互利互惠的原则，建立共同的合作目标和利益分配、激励机制，在各个经销商之间创造风险共担和资源共享的机会。

(2) 建立信息共享与沟通的系统。利用 EDI 和 POS 管理系统，条码和扫描技术以及互联网的优势，在供需之间建立一个畅通的信息系统，使各经销商协调一致，快速响应用户要求。

(3) 经销商之间要建立相互信任。有的经销商会怀疑参加这样一个系统是否值得，尤其是当他的库存比别人多的时候。同时，参与进来的经销商要依靠其他经销商帮助他们提供良好的顾客服务，这时，制造商就要大力支持，多做工作，使经销商之间建立信任，使不同的经销商能够发挥不同领域的技能，实现联合库存管理的目标。

案例 7.4

威特布莱德啤酒公司的联合管理库存

威特布莱德(Whitbread)啤酒公司(以下简称威特布莱德)是英国的主要啤酒酿造商之一。市场需求的不断改变决定了威特布莱德像大多数其他竞争者一样，实行产品组合多样化，但是新产品的不断出现造成了生产的复杂性，导致成品库存量大，当成品分散在广泛的销售系统中时，就变得很难管理，与此同时，这又威胁着产品质量，导致产品寿命降低，尤其是对少量的高档品牌。

从 20 世纪 90 年代初，威特布莱德就已经逐步重组和合理化了它的饮料物流结构，发展了一个更为有效和柔性化的网络。公司尽可能把自己的产品合并。同时，将准时制交货从集团的生产地点介绍到其 3850 个酒店和客栈，1524 个大街上的酒馆。

1995 年，啤酒代销价格的下跌迫使威特布莱德调查其销售网络内进一步降低库存持有量的可能性，并与主要的饮料供应商订立了 JMI 协议。

公司认为 JMI 的引入能够缓解自己的业务压力，同时提高库存适用性，是缩短提前期和订货周期的一个阶段性变革。

第一步，威特布莱德向最大的代销业务的供应商——以美国为基地的 Anheuser-Busch

提出了 JMI 的建议。

Anheuser-Busch 是国际酿造业的巨人，制造的百威(Budweiser)等品牌的啤酒占据了美国市场的 45%。作为库存最低的美国酿造商，受到了广泛认可，也以产品的新鲜度而自豪。

威特布莱德是 Anheuser-Busch 在英国最大的客户，后者的产品中的 4 种占了威特布莱德代销销售额的 9%。因此，双方都可以获取相当大的利益。

Anheuser-Busch 的专门知识和与威特布莱德之间的业务相对可预测的事实(涉及巨大的数量和低的 SKU[①])，使这家美国酿造商成为一个理想的示范伙伴。两个公司为这个项目采用了一种 EDI 辅助的合作方法。

在示范项目中，威特布莱德向 Anheuser-Busch 提供一个 13 周的滚动预测，以及威特布莱德的每个销售中心中 Anheuser-Busch 产品存货持有量的每日更新数据。这些数据使 Anheuser-Busch 能够了解到威特布莱德正在计划卖什么，以及客户每天在买什么。然后允许 Anheuser-Busch 按照组合和数量决定发什么货，规定存货滞留天数维持在预定的存货期内(通常为 2～4 天)，符合经过协商的产品组合。这种柔性允许供应商管理好它的生产和运输计划，使其达到最佳效果。作为安全保障，威特布莱德要求在交货前 24 小时得到通知，但是它很高兴地发现在应用 JMI 的整个第一年，供应商提交的订货都没有修正的必要。

示范项目使 Anheuser-Busch 的产品在威特布莱德的库存量从 8 天降到了 4 天(节约 30 万英镑)，服务水平从 98.6%上升到 99.3%。同时威特布莱德自身还生产了许多替代产品，这给了 Anheuser-Busch 一种不小的压力——不允许超期存货的发生。

作为一个 JMI 的供应商，Anheuser-Busch 受到了在黄金时段昼夜交货的特惠待遇，被允许用整辆卡车运送混合的货物。发货频率和数量为每天 3 次到威特布莱德的 5 个销售中心，通过往返运载的交通工具，能够提高运输效率。

1996 年 7 月，威特布莱德为它的 72 个供应商中的顶级的 7 个举行了一次供应商大会，分享从 JMI 示范者那里获得的经验，讨论项目计划的扩展。这些，占了威特布莱德约 50%的库存成本，60%的销售量。

据威特布莱德估计，通过向这 7 个顶级供应商滚动扩展 JMI 计划，将会缩减库存成本 140 万英镑。而且，更低的库存意味着更小的仓库和更少的销售中心，引导更长期的大量节约。

到 1996 年后期，其中的两个主要供应商——软饮料制造商布瑞特威克(Britvic)和酿造商吉尼斯(Guinness)，都加入了 JMI 的行列中，在他们和威特布莱德之间实现完全的 JMI。

英国酒店及饮食集团(BASS)也是威特布莱德集团的 7 个最大供应商之一。有趣的是，它同时是威特布莱德集团的供应商、竞争者和客户。然而，BASS 也在朝着威特布莱德的完全 JMI 供应商地位而努力。其余的主要供应商预计到 1998 年 6 月会完全参与。

与它的转售饮料主要供应商结盟是威特布莱德最优先考虑的事，但是公司也在调查扩

① 表示存货单位。

展 JMI 计划的可能性，把原材料的供应商也包括在内，最终将 JMI 供应商的数目增加到大约 12 个。其间，在提高效率的基础上，EDI 的连接范围在 1997 年被进一步延伸，又增加了 32 个供应商。

【复习思考题】

1. 什么是牛鞭效应？牛鞭效应产生的主要原因是什么？
2. 简述零库存管理的定义和主要思想？
3. 供应商管理库存实施前的准备有哪些？供应商管理库存有什么优势和不足？
4. 联合库存管理的实施策略有哪些？

【案例讨论】

雀巢与家乐福的供货商管理库存系统

雀巢公司(以下简称雀巢)为世界最大的食品公司，由亨利・雀巢(Henri Nestle)设立于 1867 年，总部位于瑞士威伟市，行销全球超过 81 国，200 多家子公司，超过 500 座工厂，全球员工总数约有 22 万名，主要产品涵盖婴幼儿食品、乳制品及营养品类、饮料类、冰淇淋、冷冻食品及厨房调理食品类、巧克力及糖果类、宠物食品类与药品类等。台湾雀巢股份有限公司成立于 1983 年，为国内最大的外商食品公司，其销售渠道主要包括现代型渠道(特别是量贩店)、军公教代送商(23 家)与专业经销商(14 家)以及非专业经销商(如餐饮业者，约 100 多家)等。

家乐福公司(以下简称家乐福)为世界第二大的连锁零售集团，成立于 1959 年，总部位于法国，全球有 9061 家店，24 万名员工。台湾家乐福为台湾量贩店的龙头，拥有 23 家分店。

雀巢与家乐福在全球均为流通产业的领导厂商，在有效的消费者快速响应(efficient consumer response，ECR)方面的推动更是不遗余力。1999 年两家公司协商在 ECR 方面做更密切的合作，中国台湾地区分公司也被指示进行供货商管理库存(VMI)示范计划，并要把相关成果移转至其他厂商。台湾雀巢股份有限公司在同年 10 月积极开始与台湾家乐福合作，建立整个计划的运作机制，总目标是增加商品的供应率、降低顾客(家乐福)库存持有天数、缩短订货前置时间以及降低双方物流作业的成本。

就雀巢与家乐福既有的关系而言，只是单纯的买卖关系，唯一特别的是家乐福对雀巢来说是个重要的顾客，所以设有相对应专属的业务人员，买卖方式也仍是家乐福具有十足的决定权，决定购买产品的种类与数量。在系统方面，双方各自有独立的内部 ERP 系统，彼此间不兼容，在推动计划的同时，家乐福也正在进行与供货商以 EDI 联机方式的推广计划，雀巢的 VMI 计划也打算以 EDI 的方式进行联机。

VMI 是 ECR 中的一项运作模式或管理策略，主要的概念是供货商依据实际销售及安全库存的需求，替零售商下订单或补货，而实际销售的需求则是供货商依据由零售商提供每日的库存与销售资料并以统计等方式预估而来的，整个运作上通常供应商具有一套管理的系统来做处理。如此的做法将大幅改进供货商面对市场的响应时间，较早得知市场确切销售情报，从而降低供货商与零售商用以应对市场变化的不必要库存，进一步提早引进与生产市场所需商品，降低缺货率。但实际在实施与运用上，因供货商与零售商的价格对立关系以及系统和运作方式的不同很难有具体的合作运用。

整个计划主要是在一年之内建立一套 VMI 的运作环境并且可以顺畅地不断执行下去，具体而言，分为系统与合作模式建立阶段以及实际实施与改善阶段，在第一个阶段约占半年的时间，包括确立双方投入资源、建立评估指针或评量表、分析与协议所需的条件，确立整个运作方式以及系统设置。第二个阶段为后续的半年，以先导测试方式不断修正使系统与运作方式趋于稳定，并以评估指针不断进行问题寻找与改善，一直到达不需人工介入为止。

在人力投入方面，雀巢与家乐福双方分别设置有一个全职的对应窗口，其他包括如物流、业务或采购、信息等部门则是以协助的方式参与计划，并逐步转变物流对物流、业务对采购以及信息对信息的团队运作方式。

经费的投入上，家乐福方面主要是在 EDI 系统建置的花费，雀巢方面除了 EDI 建置，还引进了一套 VMI 的系统，花费约 250 万新台币。

计划目标除了建置一套可行的 VMI 运作模式及系统，还要依据自行订定的评量表以达到：雀巢对家乐福物流中心产品到货率达 90%，家乐福物流中心对零售店面产品到货率达 95%，家乐福物流中心库存持有天数下降至预设标准，以及家乐福对雀巢建议订货单修改率下降至 10%等具体的目标。另外雀巢也期望将新建立的模式扩展至其他渠道上，特别是对其占有重大销售比率的军公教渠道，以加强掌控能力并得更大规模的效益，相对地，家乐福也会持续与更多的主要供货商来进行相关的合作。

在计划的实际执行上，除了有两大计划阶段，还可细分至 5 个子计划阶段。①评估双方的运作方式与系统在合作上的可行性：合作前双方评估各自的运作能力与系统整合与信息实时程度等以及彼此配合的步调是否一致，来判定合作的可行性。②高阶主管承诺与团队建立：双方在最高主管的认可下，由部门主管出面协议细节以及取得内部投入的承诺，并且建立初步合作的范畴和对应的窗口，开始进行合作。③密切的沟通与系统建立：双方合作人员开始进行至少每周一次的密集会议，讨论具体细节，并且逐步建设合作方式与系统，包括补货依据、时间、决策方式、评量表、系统选择与设置等。④同步化系统与自动化流程：不断地测试，使双方系统、作业方式与程序趋于稳定，成为每日例行性工作，并针对特定问题做处理。⑤持续性训练与改进：回到合作计划的本身，除了使相关作业人员熟练作业方式和不断改进作业程序，对库存的管理与策略也不断思考根本性问题，以求改进，使 VMI 系统能够长期不断进行下去，并进一步针对促销产品做策略研究。

在系统配置方面，针对数据传输部分，雀巢与家乐福双方都通过采用泛伦公司所提供的EDI加值网络的方式进行传输，而在雀巢的VMI管理系统部分，则是采取外购产品的方式来配置。雀巢先前评估过迈极信息(Manugistics)和 Infuse 等公司的产品，最后选用Infuse的EWR的产品，主要原因包括：一是家乐福推荐；二是法国及其他国家雀巢的建议；三是系统可以满足其计划需求等。

目前整个VMI运作方式分为如下5个步骤：①每天9：30前，家乐福用EDI方式传送结余库存与出货资料等信息至雀巢；②9：30～10：30，雀巢将收到的资料合并至EWR的销售数据库系统中，并产生预估的补货需求，系统将预估的需求量写入后端的 BPCS ERP系统中，依据实际库存量计算出可行的订货量，产生所谓的建议订单；③10：30前，雀巢以 EDI 方式传送建议订单给家乐福；④10：30～11：00，家乐福在确认订单并进行必要的修改(量与品项)后回传至雀巢；⑤11：00～11：30，雀巢依照确认后的订单进行拣货与出货。

虽然两家公司在国际上均承诺要推动VMI计划，但落实在执行层面，却存在许多问题。如彼此的执行人员习惯于过去的买卖关系而较难有对等及互信的态度；再者在 VMI计划本身大部分的参与人员并未有完整的相关知识与实务经验，再加上彼此既有的运用方式与系统的显著差异都增加了计划执行的复杂与困难度。漫长的发展过程中，历经了冷漠、争吵与对立等，直到彼此有共同的认知与乐意分享，而计划就在这种过程中逐步推展，参与人员也从中彼此学习，并取得成果。然而针对未来进一步的计划发展上，仍需要双方组织运作与系统的调整配合，才有可能顺利达成。

在成果上，除配置了一套VMI运作系统与方式，对于具体目标达成上也已有显著的成果，雀巢对家乐福物流中心产品到货率由原来的80%左右提升至95%(超越目标值)，家乐福物流中心对零售店面产品到货率也由70%左右提升至90%左右且仍在继续改善中，库存天数由原来的25天左右下降至目标值以下，在订单修改率方面也由60%～70%的修改率下降至现在的10%以下。

除了在具体成果的展现上，对雀巢来说最大的收获是在与家乐福合作的关系上，过去与家乐福是单向的买卖关系，顾客要什么就给他什么，甚至是尽可能地推销产品，彼此都忽略了真正的市场需求，导致销售好的商品经常缺货，而不畅销的商品却有很高的库存量，经过这次合作，一方面，双方更加了解，也愿意共同解决问题，并使原本各项问题的症结点一一地浮现，有利于根本性改进供应链的整体效率；另一方面雀巢也开始推动了将VMI系统运用到军公教代送商的计划，在原来与家乐福的VMI计划上也进一步考虑针对各店降低缺货率，以及促销合作等计划的可行性。

如果信息的运用与电子商务只是单纯地将既有作业电子化与自动化，只能带来作业成本的减少，其本身意义并不大，唯有针对经营的本质做改善，才能产生较大幅度的效益提升。对流通业而言这种本质改善就是ECR，雀巢与家乐福的VMI计划就是其中的一种应用，通过经营模式的改变而逐步改善库存管理与配置的效益，就供应链的角度而言，ECR更可能影响整个后端的工厂制造与前端店面生产以及库存效率的提升。然而这些应用最难的仍在创造合作的第一步，唯有上下游双方均有宏观的思考，愿意共同合作，才会有进步的可能，雀巢与家乐福的合作计划虽然仍有很长的路要发展下去，但是一个很好的示范，值得其他公司与产业效法。

【问题讨论】

(1) 实施 VMI 给雀巢与家乐福带来了哪些好处？
(2) 为了实施 VMI，雀巢与家乐福做了哪些工作？
(3) 上述案例中供应商库存管理系统的特点有哪些？对你有什么启示？

本 章 小 结

本章对供应链库存管理、方法进行了系统的阐述。首先介绍了供应链“牛鞭效应”及其对库存的影响，进一步地，分别介绍了三种重要的供应链库存管理方法：零库存、供应商管理库存、联合库存管理。

案例方面，首先通过引导案例“别拿别人的库存不当钱”引出供应链库存管理这一思想，然后再用几个节后案例一一阐述供应链库存管理方法，如用宝洁公司的案例阐述“牛鞭效应”这一现象；通过分析戴尔公司的“零库存”策略，体现了“零库存”管理的正面效应；为了进一步总结 VMI 的效用，案例“达可海德服装公司的 VMI 系统”的应用呈现出 VMI 使供应商快速地响应用户需求，提升企业运营效率；通过“威特布莱德啤酒公司的联合管理库存”案例，进一步呈现了 JMI 实施的具体流程和方法；最后，章后案例分析了“雀巢与家乐福的供货商管理库存系统”，强化了供应链库存管理的重要意义，也进一步阐述了 VMI 的应用。

参 考 文 献

[1] Zipkin P H. Foundations of Inventory Management[M]. Chicago：Irwin/McGraw-Hill，2000.
[2] Douglas J T，Paul M G. coordinated supply chain management[J]. European Journal of Operatonal Research，1996(94)：1-15.
[3] 但斌，李宇雨，邱晗光，等. 供应链管理[M]. 2 版. 北京：科学出版社，2018.
[4] 马士华，林勇，陈志祥. 供应链管理[M]. 北京：机械工业出版社，2000.
[5] 李述容. 采购与供应管理[M]. 武汉：武汉理工大学出版社，2010.
[6] 王道平，侯美玲. 供应链库存管理与控制[M]. 北京：北京大学出版社，2011.
[7] 林勇. 供应链库存管理[M]. 北京：人民交通出版社，2008.
[8] 李苏剑，游战清，胡波. 企业物流管理理论及案例[M]. 北京：机械工业出版社，2003.
[9] 沈默. 现代物流案例分析[M]. 南京：东南大学出版社，2006.

[10] 张浩. 采购管理与库存控制[M]. 北京：北京大学出版社，2010.

[11] 王海斌，陈旭阳. 供应链下的库存管理[J]. 济南大学学报：社会科学版，2002：89-90.

[12] 张晓华. 采购与库存控制[M]. 武汉：华中科技大学出版社，2017.

[13] 程晓华. 制造业库存控制技巧[M]. 4 版. 北京：中国财富出版社，2016.

第 8 章　供应链安全库存与聚集效应

【引导阅读】

可口可乐“1.5 倍安全库存”

可口可乐给终端送货，不是终端要多少就给多少，而是告诉终端应该进多少货，这就是可口可乐的标准作业流程：1.5 倍安全库存。

决定进货量的因素有 4 个：一是送货周期；二是送货周期的正常销量；三是销量波动概率(可口可乐定为正常销量的 1.5 倍)；四是陈货数量。于是有

$$\text{正常进货量}=1.5\times\text{一个送货周期正常销量}-\text{陈货数量} \tag{8.1}$$

不要小看这个简单的“1.5 倍安全库存”，多少企业由于没有这种标准化的作业流程而产生下列问题：第一，不能有规律地送货，或送货的效率低；第二，要么占压客户资金，要么缺货，客户满意率低；第三，配送费用居高不下。

8.1　供应链安全库存与服务水平

8.1.1　供应链安全库存

在供应链中，企业都会面临每日需求量、交货时间、供应商的配合程度等较多的不确定因素，如果协调不好这些因素，企业就会很容易因为断货影响生产，进而影响企业的交货，给企业带来损失。这种不确定性来源各异，从需求或消费者方来说，不确定性涉及消费者购买多少和什么时候进行购买。处理不确定性的一个习惯做法是预测需求，但企业很难准确地预测出需求的大小。从供应来说，不确定性来源于满足零售商或厂商需要的数量，以及完成订单所需要的时间。就交付的可靠性来说，不确定性来源于运输时间的改变、运输方式的变更和运输公司的营运状况改变等。为了应对这些不确定性，防止缺货的发生，企业要备有安全库存来进行缓冲处理。安全库存在正常情况下不动用，只有在库存量过量使用或送货延迟时才能使用。

1) 安全库存的概念

企业在生产过程中会使用原材料、半成品和成品的库存，库存对于各种类型的企业，都是不可忽视的问题。库存管理起着缓冲作用，它能在每一库存点吸收掉需求量和补给周期中的正常变化，因此库存的这种调节作用使整个系统能够相对独立有效地进行各项工作。如果库存太少，企业就必须改进协调工作和计划进度，以进行补偿。在大多数生产活动中，库存补给是有限的，当产品和成品零部件生产出来检验合格后，就可以交给仓库，不论何种仓库补给方式，一般生产需求总是低于总订货量。当工厂内部生产活动具有为整个配线提供零件的特征时，就属于这种情况，仓库经常需要适应各种变化情况。大多数企业的大多数货物某些天的需求量超过平均值，而另一些天的需求量低于平均值。即使产品没有变化的企业，由于多种因素的影响，也会发生实际需求和平均需求不一致的情况，实际需求并不是严格按照平均需求变化的，而是围绕着平均需求上下波动。

当实际需求率比预期需求高时，就会产生产品供给不足、库存短缺的现象。当然，上游交货误期也会出现库存短缺的情况，从而导致客户退货或造成停工损失，更可能因此失去客户。合理的库存系统在处理这类问题时，可以增加或建立预防的方法，最简单的办法是设置安全库存量。

安全库存是指为了防止由于不确定性因素(如大量突发性订货、交货期突然延长等)而准备的缓冲库存。安全库存是企业额外持有的库存，它作为一种缓冲器用来补偿在订货提前期内实际需求量超过期望需求量，或实际提前期超过期望提前期所产生的需求。

安全库存的作用表现为当需求量较高时，安全库存量弥补了高需求所引发的库存短缺情况，保障了产品的交货时间，维护了企业的信誉。当订货过程中由于某些原因导致货物不能如期到达时，安全库存此时可以保障生产的继续进行，减轻企业因原材料不能如期到达而发生的停工现象。一方面，提高安全库存水平能满足顾客对产品的满意度，增加来自顾客的边际效益，缩短顾客的响应时间；另一方面，提高安全库存水平的同时，也增加了供应链中的库存持有成本，这一点对于产品寿命周期短、需求不确定的高科技产业尤为突出。因此，在不损害产品供给水平的情况下，设定合理的安全库存水平，找到降低安全库存水平的有效途径，显得尤为重要。

2) 影响安全库存的因素

随着生产规模的扩大和产品需求的多样化，越来越多的企业意识到通过加大库存来保障客户服务水平的做法给企业带来了沉重的成本负担，企业必须建立科学合理的安全库存量，在保证企业服务水平的同时，尽量地降低企业的库存成本和资金占用。为了更准确地确定安全库存水平，需要了解决定安全库存水平的重要因素，并对这些重要因素对安全库存水平的影响程度进行分析和评估。影响安全库存水平的因素有以下两个。

(1) 需求和供给的不确定性。供求不确定性的增加会导致安全库存水平的增加。例如，某电脑制造商，刚推出某款新电脑时，由于市场需求不确定，而保持较高的安全库存，当产品被市场接受时，需求趋于稳定，不确定性降低，安全库存就应随之降低。

(2)顾客服务水平。如果企业的目标是保证新产品对市场的满足率，就应该保持较高的库存水平，反之，可适当降低。随着产品供给能力的增强，要求的安全库存水平也会提高。例如，如果某公司为了满足顾客对新产品更高水平的需求，它保有的新产品的库存水平必高于其老产品。

8.1.2 服务水平

虽然安全库存的设置能够避免企业缺货的可能，但基于成本的考虑，企业不可能持有过多的安全库存，很多情况下会出现以下情形：当补充订货到来时，剩余的库存不是过多积压就是短缺。因此，企业必须根据一个指标来确定安全库存量的设置，这个指标称为服务水平。

服务水平是指企业从订货到收到货物的提前期内库存能满足顾客需求所占的比率。服务水平反映一个企业的产品供给能力。一般情况下，衡量一个企业产品供给能力是在一个特定的时间周期内，如一天、一周、一月、一年等，采用平均方法确定的，主要的度量方法如下。

1) 订单满足率

订单满足率是指在所有的订单需求中，用库存满足订单需求所占的比率。它与产品的市场需求中由库存可提供的市场需求的概率相等。例如，某冰箱销售商用持有的库存向96%的顾客提供所需的冰箱，剩余的 4%由于库存不足而丢失订单，则该公司的订单满足率为 96%。当订单包括一种产品时，则可用订单满足率确定企业的服务水平，而当订单包括多种产品且库存能够提供订单中所有产品时，库存才能满足该订单的要求。国外的一些企业采用订单满足率这一指标表示企业的客户服务水平。这一指标有两个优点：一是物理意义清晰，容易理解，该指标清晰地表明了企业设置的库存水平能够满足的市场需求，又有多少订单因为库存不足而丢失，容易被企业管理者理解和接受；二是该指标的计算与补货量无关，间接反映了服务水平与库存成本的关系。然而，该指标也有其不足之处，计算比较复杂，需要查阅相关的状态分布表，推导过程也比较抽象，较难理解。

2) 补给周期供给水平

补给周期供给水平是指在所有的补给周期中，能满足顾客所有需求的补给周期所占的比率。补给周期是指连续两个补充订货交付点的时间间隔。它测量的是在一个补给周期中不出现货物短缺的概率。例如，某公司的库存经理将补给周期供给水平设定为 90%，这意味着在给定的 10 个补给周期中，有 9 个补给周期能够满足市场所有的需求，不会出现缺货。而另外的 1 个补给周期则会出现货物短缺的情况。

目前，国内企业通常会使用补给周期供给水平作为服务水平的测量工具，该方法的优点是计算简单，从概率的角度易于理解。但是该方法有两个缺点：一是物理意义不明确，不能准确反映库存管理的客户服务水平。如前面所说的供给水平为90%，指的是10个补给周期中有9个不发生缺货，而在可能出现缺货的1个补给周期中，并不是指所有的顾客需求都没有得到满足，实际上有可能大部分的客户需求都满足了，只是在补给周期的最后阶段到达的顾客需求没有得到满足。因此，一个90%的补给周期供给水平对应的订单满足率往往超过90%。二是这一指标与每次补货量无关，事实上，小批量多批次的补货与大批量少批次的补货所引起的库存成本是不同的，因此该指标不能准确反映出客户服务水平与成本的关系。

3) 累计服务水平

累计服务水平是指所有产品中能够满足所有需求的比例，也就是指满足所有需求的概率，是一个累计的服务水平。一个产品满足所有的需求不能代表服务水平为100% 。例如，某个产品由A和B两种零部件组装成，由于对各个零部件的需求数量不同，其库存设置也就不同，当零部件A能够满足其需求的75%，而零部件B能够满足其需求的90%时，零部件A、零部件B的累积服务水平为67.5%(75%×90%)。

在按订单装配环境中，为了能够最大限度地满足到达的订单需求，往往需要根据产品需求预测设置一定水平的零部件库存。这就涉及不同种类的零部件库存的设置问题。由于一些零部件可以用于多种产品，这就给库存的设置工作增加了难度。因此，为了实现某种产品一定的服务水平，需要把相关的零部件的库存水平维持在一定的范围内，满足一定的订单需求。此时就可以根据累计服务水平来确定库存。

以上介绍的度量方法都可以用来衡量企业对于客户的需求所达到的服务水平。在具体实践中，企业应当选取哪种方法进行度量则应根据企业自身的需求和各种测量方法的特点而定。

8.1.3 供应链安全库存与服务水平的关系

安全库存是为了满足补货周期内出现的不确定需求，通过设置一定水平的安全库存来预防缺货。一方面，当发生缺货时，顾客因需求得不到满足而转向竞争者购买或寻找其他代替品等，企业存在着损失，安全库存虽然能够缓解缺货现象，但企业要支付库存成本；另一方面，安全库存虽然能够缓解缺货现象，但企业要支付库存成本。于是企业必须在持有库存所带来的成本和缺货损失成本之间进行权衡，在此基础上设定合适的安全库存水平。然而在实践中，这两个目标经常发生冲突：一方面，为了达到客户服务水平要求保有大量的库存，而大量的库存往往会增加供应链总成本；另一方面，为降低供应链成本，尤其是库存成本，又要求减少库存，然而盲目地减少库存却容易导致客户服务水平的下降。

显然，服务水平越高，安全库存越大，所花费的成本也越大，但服务水平过低又将失去顾客，减少利润。因而确定适当的服务水平是十分重要的。在服务水平较低时增加安全库存，服务水平提高效果显著，此时的安全库存增加量相对减少。而当服务水平增加到一定程度(如 95%)时，再提高服务水平就需要大幅度增加安全库存量来实现，即安全库存的边际增加量随着产品供给水平的增大而增加。这个现象使得选择适当的客户服务水平变得更为重要。在实际运营过程中，只有持有高水平的安全库存量，才能提高产品供给水平。

案例 8.1

詹姆(JAM)电子的供应链安全库存控制策略(一)

——如何平衡服务水平和安全库存水平之间的关系

美国詹姆公司(以下简称詹姆公司)是詹姆电子的一个子公司，专门为美国国内提供配送和服务功能。公司在芝加哥设有一个中心仓库，为两类顾客提供服务，即分销商和原始设备制造商。分销商一般持有詹姆公司产品的库存，根据顾客需要供应产品。原始设备制造商使用詹姆公司的产品来生产各种类型的产品，如自动化车库的开门装置。

詹姆电子大约生产 2500 种不同的产品，所有这些产品都是在远东制造的，产成品储存在韩国的一个中心仓库，然后从这里运往不同的国家，在美国销售的产品是通过海运送达芝加哥的仓库。

近年来，美国詹姆公司已经感到竞争大大加剧了，并感受到来自顾客要求提高服务水平和降低成本的巨大压力。不幸的是，正如库存经理艾尔所说，“目前的服务水平处于历史最低，只有大约 70%的订单能够准时交货，同时，很多没有需求的产品占用了大量库存。”

在最近一次与美国詹姆公司总裁、总经理及韩国总部代表的会议中，艾尔指出了服务水平低下的几个原因：

(1) 预测顾客需求存在很大的困难。

(2) 供应链存在很长的提前期。美国仓库发出的订单一般要 6～7 周后才能交货。存在这么长的提前期主要是因为：一是韩国的中央配送中心需要 1 周来处理订单；二是海上运输时间比较长。

(3) 公司有大量的库存。如前所述，美国公司要向顾客配送 2500 种不同的产品。

(4) 总部给予美国子公司较低的优先权。美国的订单提前期一般要比其他地方的订单长 1 周左右。

公司总经理认为可以通过空运的方式来缩短提前期。这样，运输成本肯定会提高，但是，怎么样进行成本节约呢？最终，公司决定建立一个特别小组来解决如下问题：

(1) 如何平衡服务水平和安全库存水平之间的关系？

(2) 怎么处理长提前期导致的高安全库存水平的问题？

詹姆公司面临的主要问题之一是较低的订单准时交付率(70%)和大量的库存。70%的订单准时交付率到底意味着什么呢？

多数公司都是这样定义订单准时交付率的：订单准时交付率=期间内准时交付订单

数÷期间内总订单数。一般来说，每张订单都包含了几种产品(订单行)。要完成订单，则要求订单中的每个品种(订单行)都必须完成。因此，除订单配送时间等因素，每个品种的库存可得率是影响订单完成率的主要因素。而产品品种的库存可得率水平，将直接影响到品种的库存水平。比如，如果JAM公司每张订单的产品品种平均为7种且要保持70%的订单完成率，则这7种产品每种平均都要设定95%的可得率。95%×95%×…×95%=0.95^7≈70%！由此可见，要保持70%的订单交付率，订单中涉及的每个单品的可得率要达到95%，这需要维持很高的安全库存水平。服务水平要求越高，库存水平要求就越高，库存的成本(或投资)就越高。

针对詹姆公司为了平衡服务水平与库存水平的情况，艾尔经理建议采用“分而治之”的策略，即对产品的重要性(如金额或利润)和波动性进行分析，然后就不同的分类，设定不同的服务水平，而不是进行“一刀切”。詹姆公司拥有2500种不同的产品，要解决所有产品的库存和配送问题，满足所有客户的服务要求是不现实的，必须有的放矢。对于重点产品和重点客户，尽量保持高的服务水平，而对于价值或利润不高、滞销或销售情况不好的产品则维持相对较低的服务水平，降低安全库存的持有量。

8.2　供应链安全库存水平的确定

安全库存的确定是建立在数理统计理论基础上的。首先，假设库存的变动是围绕着平均消费速度发生变化，大于平均需求量和小于平均需求量的可能性各占一半，缺货概率为50%。

安全库存越大，出现缺货的可能性越小，但库存越大，引起剩余库存出现的可能性也越大，企业应根据不同物品的用途以及客户的要求，将缺货保持在适当的水平上，允许一定程度的缺货现象存在。安全库存的量化计算可根据顾客需求量变化、提前期固定，顾客需求量固定、提前期变化，以及需求与提前期同时发生变化等情况，利用正态分布图、标准差、期望服务水平等求得。

8.2.1　供应链库存订货点的确定

确定订货点实际上就是确定订货提前期内的需求。如果需求是确定的，即库存需求率不发生变化，订货提前期也是确定的，订货点就等于订货提前期与需求率之积。如果订货提前期是随机变化的，其分布规律是可掌握的，则订货点就等于订货提前期的期望值与需求率之积，这时就有缺货的风险。若需求率是随机变量，并能掌握其分布规律，同时订货提前期是确定的，则订货点等于订货点提前期与需求率的期望值之积，这时也有缺货的风险。如果需求率和订货提前期均为随机变量，并且具有分布规律，则订货点等于订货提前期期望值与需求率的期望值之积，当然也存在缺货风险。管理者为了减少缺货风险，在设定订货点时需要考虑安全库存。

在需求与提前期都是常数的情况下，订货点可以根据经济订货批量模型计算。在需求与提前期发生变化(成为随机变量)时，实际需求就有可能超过期望需求。因此，企业为了减少缺货风险，应持有额外库存，即安全库存，这时，订货点为

$$R = SS + E(D_L) \tag{8.2}$$

式中，R 为订货点；SS 为安全库存；$E(D_L)$ 为提前期内需求的期望值。

安全库存是一种额外持有的库存，它作为一种缓冲器用来补偿在订货提前期内实际需求超过期望需求量，或实际提前期超过期望提前期所产生的需求。在随机库存系统中，需求率和订货提前期的随机变化被预先持有的安全库存所吸收。安全库存对企业的成本有双重的影响：一方面，降低库存持有费用会增加缺货损失费，降低服务水平；另一方面，降低缺货损失费，提高服务水平，会增加持有库存费用。即使有安全库存的存在，仍不能保证顾客的每一次需求都能得到满足，因此缺货是不可避免的。

服务水平是衡量随机型库存系统的一个重要指标，它关系到库存系统的竞争能力，衡量服务水平可以采用如下参数：

(1) 整个周期内供货的数量/整个周期的需求量。

(2) 提前期内供货的数量/提前期的需求量。

(3) 顾客订货得到完全满足的次数/订货发生的总次数。

(4) 不发生缺货的补充周期数/总补充周期数。

(5) 目前存货可供的时间/总服务时间。

把提前期内的需求 D 不超过订货点 R 的概率作为服务水平，可得

$$SL = P(D \leqslant R) \tag{8.3}$$

式中，SL 为服务水平；R 为订货点；D 为提前期内需求。

如果提前用内需求符合正态分布，式(8.2)可以改写为

$$R = SS + E(D_L) = E(D_L) + Z\sigma_D \tag{8.4}$$

式中，SS 表示安全库存；$E(D_L)$ 表示提前期内需求的期望值；Z 表示服务水平 $P(Z)$ 的标准正态分布系数，也称安全因子；σ_D 表示订货提前期内需求的标准差。

如果提前期内各单位时间需求分布相互独立，则有

$$\sigma_D = \sqrt{LT\sigma_P^2}, \quad p = 1,2,\cdots,n \tag{8.5}$$

式中，LT 为提前期内所含单位时间数；σ_P 为提前期内各单位时间需求量的标准差。

【例 8.1】 某公司产品每月的需求呈正态分布，提前期内的平均值为 200 台，标准差为 15 台，求在服务水平为 95%[$P(Z) = 0.95$] 的订货点。

解：由题意可知 $E(D_L) = 200$ 台，查表 8.1 得 $Z = 1.65$，$\sigma_D = 15$ 台，在服务水平为 95% 的订货点为

$$R = SS + E(D_L) = E(D_L) + Z\sigma_D = 200 + 1.65 \times 15 \approx 225 \text{（台）}$$

表 8.1 常用的顾客服务水平对应的需求变化安全因子

顾客服务水平/%	安全因子 Z
100.00	3.09
99.00	2.33
98.00	2.08
97.00	1.88
96.00	1.75
95.00	1.65
90.00	1.28
85.00	1.04
80.00	0.84

对于需求率或提前期的实际分布不是正态分布，利用式(8.4)可得近似的订货点，但如果提前期内的需求数据不充分，就不能用式(8.4)确定订货点。

当需求和提前期均为常数时，设置订货点仅仅是满足提前期内的市场平均需求，这只是一种理想的状况。现实中，企业经常需要在需求和提前期都不确定的条件下做出决策。为了占有一定的市场份额，企业就需要满足一定的客户服务水平，此时就需要通过安全库存缓冲，以吸收需求或提前期的不确定因素。而安全库存的存在使得企业的再订购水平在原来的基础上提高了安全库存的数值。仅当市场需求或由于提前期延迟而引起的需求超过预计的平均水平时，安全库存才发挥作用。

8.2.2 需求确定提前期随机的安全库存水平

当市场的需求相对稳定，而由于供应商的技术水平、设备故障、运输等原因导致提前期变化不稳定，出现波动的趋势时，为了能够满足提前期内的客户订单，就需要通过设置安全库存进行缓冲来满足客户需求。

假设提前期服从均值 L 、标准差 δ_L 的正态分布且市场的需求是稳定的，单位时间内的需求为 d ，则安全库存的设置是为了应对出于一些突发状况引起的提前期延迟所需的市场需求。在这种情形下，某一特定的服务水平下安全库存的计算公式为

$$SS = Z\sigma_D = Zd\delta_L \tag{8.6}$$

式中，SS 表示安全库存；Z 表示服务水平 $P(Z)$ 的标准正态分布系数，也称安全因子；σ_D 表示订货提前期内，需求的标准差；δ_L 表示订货提前期的标准差。

【例 8.2】已知 A 公司某产品的市场需求是稳定的，每天为 130 个单位。针对该产品的订货提前期服从正态分布，其平均值为 5 天，标准差为 2 天，当服务水平为 98%时，求安全库存。

解：根据题意，有 d =130，提前期均值 L =5，标准差 δ_L =2，查表 8.1 得 98%的服务水平所对应的 $Z = 2.08$ ，则有

$$SS = Z\sigma_D = 2.08 \times 130 \times 2 \approx 541 \text{个产品单位}$$

企业为了在经营过程中满足一定程度的服务水平，通过设置缓冲安全库存来减缓由于需求或提前期的变化造成的缺货损失，根据安全库存与服务水平之间的这种关系，当需求稳定、提前期随机时也可以通过服务水平推导出安全库存。此时，服务水平为

$$SL = P(D \leqslant R) = P(Ld < R) = P\left(L < \frac{R}{d}\right) \tag{8.7}$$

【例 8.3】已知 A 公司某产品的市场需求是稳定的，每天为 130 个单位。针对该产品的订货提前期服从正态分布，其平均值为 5 天，标准差为 2 天，当服务水平为 98%时，求安全库存。

解：由于所需达到的服务水平为 98%，则有 $P\left(L < \frac{R}{d}\right) = 0.98$ 。查表 8.1 得 $Z = 2.08$ ，这表明在一个补货周期中，实际提前期有 98%的概率小于平均值。则订购点

$$R = (5 + 2.08 \times 2) \times 130 \approx 1191 \text{个单位产品}$$

而平均的提前期 L =5 天，则在提前期内的平均需求 D 为

$$D = Ld = 5 \times 130 = 650 \text{个单位产品}$$

安全库存

$$SS = 1191 - 650 = 541 \text{个单位产品}$$

8.2.3　提前期确定需求随机的安全库存水平

假设单位时间内的产品市场需求服从均值为 d ，标准差为 σ 的正态分布，订货至交货的提前期为 L ，各个时期的市场需求是相互独立的，即 $\text{cov}(i,j) = 0$ ，当 D 表示提前期内需求均值，标准差为 σ_D 时，根据正态分布的性质，有

$$D = Ld \tag{8.8}$$

$$\sigma_D = \sqrt{L\sigma^2} \tag{8.9}$$

通过服务水平，可以计算出订货至交货周期内需求低于订货水平的概率，利用正态分布的特点计算安全库存

$$SS = Z\sigma_D = Z\sqrt{L\sigma^2} = Z\sigma\sqrt{L} \tag{8.10}$$

式中，SS 表示安全库存；L 表示订货至交货的提前期；Z 表示服务水平 $P(Z)$ 的标准正态分布系数，也称安全因子；σ_D 表示订货提前期内需求的标准差。

【例 8.4】根据历年资料，C 公司的 A 产品每天的需求服从均值为 320 台、标准差为 50 的正态分布。已知订货提前期为 4 天，公司所提供的服务水平为 95%，试确定该公司应当持有的安全库存量。

解：根据题意有

$$d = 320,\quad \sigma = 50,\quad L = 4$$

查表 8.1 得 95%的服务水平所对应的

$$Z = 1.65$$

则

$$SS = Z\sigma\sqrt{L} = 1.65 \times 50 \times \sqrt{4} = 165 \text{（台）}$$

可见，当市场需求具有不确定性，企业无法进行准确预测时，需要通过持有一定的安全库存来实现一定的客户服务水平目标。从式(8.8)可以看出，需求的波动性越大，即需求偏离平均值越多，则需要的安全库存水平越高。然而，市场上的各种产品的需求分布是各不相同，有的产品需求比较稳定，有的波动比较大，有的季节性明显，此时企业应当结合产品需求情况，设定合理的安全库存量。

8.2.4　需求和提前期均随机的安全库存水平

前面讨论了需求确定下提前期随机和提前期确定下需求随机的情况，但现实生活中企业面对的是提前期和需求均不确定的情况。接下来分析当提前期和需求均不确定的情况下，如何确定安全库存水平。

假设需求和提前期均服从正态分布，其中，需求的均值为 d，标准差为 σ，提前期的均值为 L，标准差为 δ_L；用 D 表示提前期内需求的均值，标准差为 σ_D，安全库存可以表示为

$$SS = Z\sigma_D = Z\sqrt{L\sigma^2 + \delta_L^2 d^2} \tag{8.11}$$

式中，SS 表示安全库存；d 表示单位时间内的需求量；σ 表示单位时间内需求的标准差；δ_L 表示订货提前期的标准差；σ_D 表示订货提前期内需求的标准差；Z 表示服务水平 $P(Z)$ 的标准正态分布系数，也称安全因子。

【例 8.5】已知某公司的 A 产品每天的需求服从均值为 400 台，标准差为 30 台的正态分布。由于更换供应商或技术改进，提前期也服从均值为 7 天，标准差为 3 天的正态分布。要想保证 95%的服务水平，此时的安全库存水平为多少？

解：根据题意，可得

$$d = 400,\quad \sigma = 30,\quad L=7,\quad \delta_L = 3$$

查表 8.1 得 95%的服务水平所对应的

$$Z = 1.65$$

则相应的安全库存

$$SS = Z\sigma_D = Z\sqrt{L\sigma^2 + \delta_L^2 d^2} = 1.65 \times \sqrt{7 \times 30^2 + 400^2 \times 3^2} \approx 1985 \text{（台）}$$

通过上述分析可知，对于企业来说，设定安全库存的关键是要能找到需求率的变动规律和提前期的变动规律，确定其变动的均值和方差。企业通常的做法是对历史数据进行统计分析。如果需求率和提前期的变动都符合正态分布的统计规律，这样就容易获得其均值和方差，从而设定安全库存就显得容易。然而，现实中，需求率和提前期的变动会表现出不符合正态分布的特性。例如，一些产品的市场需求不是连续的，可能会出现某些时期对

该产品的需求多一些，订单急剧增加，而另一些时间需求很低，两种情况下需求绝对值相差很多的现象，如时装、空调、冰箱等。对于此类产品很难用正态分布正确表达它的需求趋势。再者，随着营销手段、气候、竞争对手策略、新产品的出现等因素的不同，需求也会产生很大的差异。此时，临近月份的需求数据对未来的库存策略的制定具有相当重要的作用。前面探讨的方法不能够表现出上述季节性需求下，安全库存的设定与邻近月份的需求之间的关系。美国生产与库存管理委员会(American Production and Inventory Control Society，Inc.，APICS)推荐了一种安全库存的计算方法。这种方法在 ERP 系统中被认为是标准的计算安全库存的方法，应用很广泛。

案例 8.2

安科公司的库存管理

安科公司是一家专门经营进口医疗用品的公司，2001 年该公司经营的产品有 26 个品种，共有 69 个客户购买其产品，年营业额为 5800 万元人民币。对于安科公司这样的贸易公司而言，因为进口产品交货期较长，库存占用资金大，因此，库存管理显得尤为重要。

安科公司按销售额的大小，将其经营的 26 种产品排序，划分为 ABC 三类。排序在前 3 位的产品占到总销售额的 97%，因此把它们归为 A 类产品；第 4～7 种产品每种产品的销售额在 0.1%～0.5%，把它们归为 B 类产品；其余的 21 种产品(共占销售额的 1%)为 C 类产品。

对于 A 类的三种产品，安科公司实行了连续性检查策略，每天检查库存情况，随时掌握准确的库存信息，进行严格的控制，在满足客户需要的前提下维持尽可能低的经常量和安全库存量，通过与国外供应商的协商，并且对运输时间做了认真的分析，算出了该类产品的订货前置期为 2 个月(也就是从下订单到货物从安科公司的仓库发运出去，需要 2 个月的时间)，即如果预测在 6 月份销售的产品，应该最迟在 4 月 1 日下订单给供货商，才能保证在 6 月 1 日可以出库，订单流程如表 8.2 所示。

表 8.2　订单流程

4 月 1 日	4 月 22 日	5 月 2 日	5 月 20 日	5 月 30 日	6 月 30 日
下订单给供应商(按 6 月份预测的销售数量)	货物离开供应商仓库，开具发票	船离开美国港口	船到达上海港口	货物进入安科公司的仓库，发货给客户	全部货物销售完毕

由于该公司的产品每个月的销售量不稳定，因此，每次订货的数量就不相同，要按照实际的预测数量进行订货。为了预防预测的不准确和工厂交货的不准确，还要保持一定的安全库存，安全库存是下一个月预测销售数量的 1/3。对于 A 类产品的订货点和订货量是这样确定的：该公司对该类产品实行连续检查的库存管理，即每天对库存进行检查，一旦手中实际的存货数量加上在途的产品数量等于下两个月的销售预测数量加上安

全库存时，就下订单订货，订货数量为第三个月的预测数量。因其实际的销售量可能大于或小于预测值，所以，每次订货的间隔时间也不相同。这样进行管理后，这三种 A 类产品库存的状况基本达到了预期的效果。由此可见，对于货值高的 A 类产品应采用连续检查的库存管理方法。

对于 B 类产品的库存管理，该公司采用周期性检查策略。每个月检查库存并订货一次，目标是每月检查时应有以后两个月的销售数量在库里(其中一个月的用量视为安全库存)，另外在途中还有一个月的预测量。每月订货时，再根据当时剩余的实际库存数量，决定需订货的数量。这样就会使 B 类产品的库存周转率低于 A 类产品。

对于 C 类产品，该公司采用了定量订货的方式。根据历史销售数据，得到产品的半年销售量为该产品的最高库存量，并将其两个月的销售量作为最低库存。一旦库存达到最低库存时就订货，将其补充到最高库存量，这种方法比前两种更省时间，但库存周转率更低。

该公司实行了产品库存的 ABC 管理以后，虽然 A 类产品上用了最多的时间、精力进行管理，但得到了满意的库存周转率。而对于 B 类产品和 C 类产品，虽然库存的周转率较慢，但相对于其很低的资金占用和很少的人力支出来说，这种管理也是个好方法。

接着，该公司又对其顾客按照购买量进行了分类，发现在 69 个客户中，前 5 位的客户购买量约占全部购买量的 75%，将这 5 个客户定为 A 类客户，到第 25 位客户时，其购买量已达到 95%，因此第 6～25 位的客户归为 B 类客户；其他的第 26～69 位客户归为 C 类客户。对于 A 类客户，实行供应商管理库存，一直与他们保持密切的联系，随时掌握他们的库存状况：对于 B 类客户，基本上可以用历史购买记录做出他们的需求预测作为订货的依据，而对于 C 类客户，有的是新客户，有的一年也只购买一次，因此，只在每次订货数量上多加一些，或用安全库存进行调节。这样一方面可以提高库存周转率，同时也提高了对客户的服务水平，尤其是 A 类客户对此非常满意。

8.3 提前期对安全库存的影响

8.3.1 提前期波动对安全库存的影响

持有安全库存的部分原因是订货提前期的不确定性，造成交货延迟，不能满足到达的订单需求，此时可以通过启用安全库存来缓解缺货现象。可见，提前期的变化与安全库存水平的设定存在着关联。

戴尔公司的直销模式使得它在同类行业中具有无法被模仿的竞争优势，而这种优势又以灵活的供应链管理为基础。戴尔公司采取推拉式的供应链运作模式，即根据顾客的需求进行计算机装配，由顾客的需求来拉动生产，而在零部件层面，则采取推动的模式，即根据历史的需求数据来预测各种型号的零部件的需求量，并存储在仓库中，这样，生产线可以在顾客订单到达时就进行装配。此时，戴尔公司在确定安全库存时需要考虑需求的不确定性，以及可能由于供应商产品质量问题或设备故障等原因不能及时交付订单而导致的提前期的不确定性。

8.2 节仅仅讨论了当需求和提前期随机变动情况下如何计算安全库存，接下来将通过例 8.6 具体说明提前期的不确定性(供应的不确定性)对安全库存量的影响。

【例 8.6】假设 C 公司每生产一台产品 A 需要有某种型号的硬盘驱动器一个，已知 C 公司的每天对产品 A 的需求服从均值为 320 台、标准差为 40 台的正态分布。由于更换供应商或技术改进，提前期也服从均值为 6 天、标准差为 3 天的正态分布，问要想保证 95%的服务水平，需要设定什么样的订购策略？此时的安全库存水平为多少（不考虑装配生产提前期)？

解：由题知，单位时间的市场需求量 $d=320$；单位时间内的市场需求标准差 $\sigma=40$；产品 A 的平均交付期 $L=6$；交付期的标准差 $\delta_L=3$。

查表 8.1 得 95%的服务水平所对应的 $Z=1.65$，则生产 A 产品相应的硬盘驱动器的安全库存

$$SS=Z\sigma_D=Z\sqrt{L\sigma^2+\delta_L^2 d^2}=1.65\times\sqrt{6\times40^2+320^2\times3^2}\approx1592\text{（个）}$$

当零部件供应商的交付提前期的标准差为 3 天时，C 公司必须保有 1592 个硬盘驱动器的安全库存量，这相当于大约 5 天的硬盘驱动器市场需求量。

当 C 公司协助其硬盘驱动器的供应商共同努力将其交付提前期的标准差从 5 天降低到 0 天时，各个阶段的安全库存量如表 8.3 所示。

表 8.3　供应商提前期不确定下的安全库存量

提前期标准差 δ_L	提前期内需求的标准差 σ_D	安全库存 SS /台	能满足平均需求的天数/天
5	1603	2645	8.27
4	1284	2119	6.62
3	965	1592	4.97
2	647	1068	3.34
1	335	553	1.73
0	98	162	0.50

由表 8.3 可知，当供应商的交付提前期的不确定性下降时，C 公司的安全库存需求量也明显下降。随着交付提前期的标准差从 5 天降低到 0 天，安全库存量也相应地从可以满足约 8 天的市场需求量降为 0.5 天的市场需求量。

例 8.6 说明，供应商(原材料、零部件等)的交付提前期的变化程度对安全库存的影响，同时也指出了通过降低交付提前期的不确定性或提高按时交货次数可获得极大的潜在利润。通过减少供应的不确定性，可以在不降低服务水平的基础上减少必备的安全库存量。

实践中，供应商的交付提前期的变动，是由于供应商和接受订单的机构的运作行为引

起的，供应商由于原材料短缺、设备故障、运输延迟等原因而造成无法准时交付产品，造成下游企业的交付提前期波动。此时，下游企业可以通过协助供应商进行改造，如采用配套的信息系统进行订单信息的传递；帮助改进供应商的生产技术；让供应商在下游企业的制造厂附近设厂，防止运输造成的延迟等来减少供应提前期的波动。随着信息系统的发展，先进的专业软件的应用，大多数供应链的计划体系都有良好的生产计划手段，允许供应商承诺可以确保的货物交付期，这也有助于减少货物交付期的变动性。在接受订单方面，通过将多次订购的货物平均分配在一周内，避免所有的订货在一周的同一天到达，给厂家的货物接收工作增加困难，造成虽然供应商已经把货物运达，但由于厂家未能把到货及时入库以致无法立即使用。

8.3.2　提前期长度对安全库存的影响

提前期的不确定程度对安全库存的确存在着影响，也起着重要的作用。下面将分析提前期长度对安全库存的影响。

一方面，提前期的长度会直接对安全库存水平产生影响。由

$$SS = Z\sigma_D = Z\sqrt{L\sigma^2} = Z\sigma\sqrt{L} \tag{8.12}$$

可知，如果交付提前期下降到 L ，则必备的安全库存量就下降到 $\sqrt{L}$ ，同时，也必须认识到要缩短交付提前期，需要供应商做出很大的努力，如投入资金、人力等，而引起的安全库存的降低则是发生在下游的客户企业领域。此时，就需要下游企业将一部分由此产生的利润与供应商分享，这一点很重要。沃尔玛、日本的 7-11 公司、DELL 等都对他们的供应商施加极大的压力，以缩短补给货物的提前期。

另一方面，提前期的长短影响着信息流的准确性。当供应商能够提供较短的提前期甚至提前期为零时，企业就可以根据实时的订单状况安排生产，对市场需求做出准确的反应，这样就减少了不必要的产品库存。然而这只是一种理想的状况，现实中企业下订单给供应商能够马上交货的情况是不可能发生的，即使没有供应商的生产准备周期，也存在着运输时间，供应链中的上下游企业只能通过采用先进的信息系统或管理方法去最大限度地压缩提前期。

现实中，由于提前期的存在，企业为了能够达到高标准的服务水平，往往需要通过对市场需求进行预测来安排生产，储存一定的原材料、零部件、成品等。而提前期越短，企业就越能把这些生产活动推迟至需求信息到达。掌握的生产信息越多，越有利于企业安排生产，降低生产成本，反之，企业就必须付出库存过多或缺货的代价。

在复杂多变的市场环境下，对市场需求的预测来说，预测的时间跨度越大，预测的误差（σ）越大，压缩提前期缩短了时间跨度，从而能够降低需求预测的误差（σ）。因此，压缩供应链的提前期就成了降低需求不确定性的有效技术方法。根据美国最大的零售公司沃尔玛的调查，如果提前 26 周进货，需求预测误差为 40%；如果提前 16 周进货，需求预测误差为 20%；如果在销售初期进货，需求预测的误差为 10%。即可以通过压缩提前期，

实现预测精度的提高，从而降低供应链中的不确定性，实现安全库存水平的下降。因此，压缩供应链的提前期可以提升供应链的利润，以及整个供应链的竞争力。

8.3.3　提前期的均值和方差同时波动对安全库存的影响

前面几节从定性的角度分别讨论了提前期长度及其不确定性对安全库存的影响，然而，实际运作中，当企业处于随机的市场需求环境时，如何通过对提前期(均值和方差)的控制来有效控制安全库存是一个不得不重视的问题。

假定提前期和需求的分布相互独立，客户服务水平用订货周期内的缺货率来衡量[式(8.1)]，分别对式(8.11)中的 L 和 δ_L 求导，可得

$$\frac{\partial SS}{\partial L}=\frac{Z\sigma^2}{2\sqrt{L\sigma^2+\delta_L^2 d^2}} \tag{8.13}$$

$$\frac{\partial \mathrm{SS}}{\partial \delta_L}=\frac{Z\delta_L d^2}{\sqrt{L\sigma^2+\delta_L^2 d^2}} \tag{8.14}$$

显然，提前期变量对安全库存的影响受到几个参数的影响，随着提前期变量的增加，安全库存也增加(而如果客户服务水平是用满足率来衡量，结果是不一样的)。

令式(8.12)等于式(8.13)，则有

$$\frac{\sigma}{d}=\sqrt{2\delta_L} \tag{8.15}$$

令 $\beta_D=\dfrac{\sigma}{d}$ (需求方差系数)，则

$$\beta_D=\sqrt{2\delta_L} \tag{8.16}$$

如果 $\beta_D>\sqrt{2\delta_L}$ 成立，这意味着，在制定决策中企业选择通过缩短平均提前期来降低安全库存优于减小提前期标准方差，因为提前期均值对安全库存的影响大于提前期标准方差对安全库存的影响；另一方面，如果企业不得不(或者)延迟平均提前期，企业也只能增加提前期的均值而不是方差来实现安全库存的变化，因为平均提前期对安全库存的作用大于提前期方差的作用。

因此，在 $\beta_D=\sqrt{2\delta_L}$ 成立的情况下，企业改变平均提前期和改变方差对安全库存产生同样的效果，因此，企业可以通过同等地改变平均提前期或者方差来保证维持一定的库存水平。

当 $\beta_D<\sqrt{2\delta_L}$ 时，情况正好相反。要降低同等程度的安全库存水平，平均提前期的减少量大于提前期方差的减少量，在同等降低这两个变量的情况下，企业应该选择降低提前期方差直到 $\beta_D=\sqrt{2\delta_L}$ ，一旦达到这个点，平均提前期减少对降低安全库存水平的效果就会大于同等变化提前期方差所产生的效果。以上决策规则的结果见表 8.4。

表 8.4　提前期对安全库存影响的决策规则

选择同等程度降低平均提前期或提前期方差的情况		选择同等程度增加平均提前期或提前期方差的情况	
条件	决策	条件	决策
$\beta_D > \sqrt{2\delta_L}$	降低平均提前期	$\beta_D > \sqrt{2\delta_L}$	增加提前期标准差（直到 $\beta_D = \sqrt{2\delta_L}$ ）
$\beta_D = \sqrt{2\delta_L}$	降低平均提前期	$\beta_D = \sqrt{2\delta_L}$	增加平均提前期
$\beta_D < \sqrt{2\delta_L}$	降低提前期标准差（直到 $\beta_D = \sqrt{2\delta_L}$ ）	$\beta_D < \sqrt{2\delta_L}$	增加平均提前期

前面讨论了采用控制提前期均值和方差中其中一种来对安全库存进行管理，然而在实际操作中，企业可能考虑同时改变提前期的均值和方差，甚至是按相反的方向变化来控制库存的情况。例如，企业可能会有两个选择方案来实现安全库存的最小化。一方面企业可以提高平均提前期一天而降低标准方差两天；另一方面，企业也可以降低平均提前期两天，同时降低标准方差一天。这两种方案如何选择？哪一种对控制安全库存的效果更明显？

提前期平均值和方差同时变化时，对于最小化安全库存的效果可以用式(8.17)来评价。

$$\beta_D < \sqrt{\frac{(\delta_L+\lambda_2)^2-(\delta_L+\lambda_1)^2}{(L+A_1)-(L+A_2)}} \tag{8.17}$$

式中，$(L+A_1)>(L+A_2)$；A_i 表示第 i 种选择下平均提前期的实际变化值；λ_i 表示第 i 种选择下提前期标准方差的实际变化值。尽管平均提前期 L 可以从式(8.17)中省略，但为了表示得更清楚而作了保留。

将相应的参数值代入式(8.17)，如果不等式成立，选择第一种，否则，选择第二种。如果使得式(8.17)成为等式，那么两种选择的作用是一样的，将会达到一样的安全库存水平，选择是任意的；如果其中一个选择的作用明显强于另一个选择，那么就没有必要用式(8.17)来进行评价。

在企业实际决策中，除了比较方案中哪一个对安全库存控制效果更明显外，还要考虑实现不同方案需要付出的成本，企业需要在库存控制效果和付出的成本之间做出平衡。

案例 8.3

詹姆(JAM)电子的供应链安全库存控制策略(二)

——如何处理长提前期引起的高安全库存水平的问题

詹姆电子面临的第二个关键问题是如何处理长提前期引起的高安全库存水平问题。一般来说，安全库存是用来满足提前期内需求的波动量。安全库存与顾客需求和订单的提前期有很大关系，顾客需求难以确定，安全库存就无法确定；提前期越长，安全库存的水平就越高。因此，詹姆电子要有效地解决库存管理问题，抛开成本因素不谈，就必须解决以上因素的相关问题，比如，有效地预测客户需求、减少提前期等。但是，很多错综复杂的原因使得顾客需求的不确定性大大增加。一是产品寿命周期的不断缩短，由于詹姆电子是生产电子类产品的，所以产品寿命周期对其影响比较大；二是电子产品市场上不断出现新的竞争性产品或替代产品，这些产品的增多使詹姆电子预测某一具体产品的需求变得更加困难，尽管预测同一市场上相互竞争的所有产品的需求量相对比较容易，但预测单个产品的需求量就比较困难；三是很多产品的销售受季节的影响，需求波动比较大。同时，詹姆电子所有产品都是在远东制造，产成品先储存在韩国的一个中心仓库，然后从这里运往不同的国家，导致过长的提前期，而过长的提前期又进一步加剧了不确定性。

针对上述问题，艾尔经理提出了如下策略。

由于不同客户的订单有所区别：来自任意制造商订单上的品种数可能会很少，而来自经销商们的订单上的品种数可能会多。因此，考虑芝加哥的库存专门为制造商客户服务，而由韩国的中心仓库直接对经销商的库存进行补足。这会带来两个好处：一是可以减少库存的层次，降低“牛鞭效应”的影响；二是如果这些产品在北美市场之外的其他地方还有需求，则可以通过库存整合以降低整体库存水平，即通常说的风险共担。

另外，对于一些高价值产品，改变以往水运的做法，采用航空运输的方式。虽然航空运费比较昂贵，但空运可以使提前期大大缩短，从原先的 6～7 周缩短到 2 周之内(假设韩国订单处理的一周时间不变)。不管詹姆电子主要采用哪种库存计划方法，如连续检查库存的计划方法、定期检查库存的计划方法，还是“最大-最小”的计划方法，但有一点可以肯定，即空运能降低对芝加哥的库存水平，同时，由于库存减少使得仓储费用大量降低，除此之外，提前期的缩短也会减少预测的难度，提高预测的准确性。

从长远考虑，由于美国顾客需求量足够大，艾尔建议詹姆公司在美国芝加哥建设一个制造分厂。这样，订单提前期的问题就会迎刃而解，运输成本也会大大降低，同时客户的响应度也会有较大幅度的提高。当然，建设制造分厂就会带来一笔巨大的资金支出，这也是詹姆电子必须面对的问题。

8.4 聚集效应与安全库存

提高安全库存可以增加供应链中产品的供给能力，增加供应链的库存成本。后者在高科技产业中的影响尤为显著，因为高科技产品生命周期短且产品市场需求极其不稳定。库存过多可以抵挡需求狂潮，但如果新产品投放市场，那么处于库存状态的旧产品的市场需求就会萎缩，现有库存就毫无价值了，企业的利润就会受到损害。所以，供应链管理成功的关键是在不损害产品供给水平的情况下，找到降低安全库存水平的有效途径。

在实战中，供应链上的库存有效地聚集是降低安全库存的重要途径。当作出库存聚集决策时，必须考虑聚集效应对降低安全库存量的效果。如果聚集能使必备的安全库存下降较多，那么最好是设立一个中心仓库；如果聚集使某种产品的必备安全库存下降有限，那么最好是设立多个分散的内存点，从而降低对市场的反应时间和运输成本。

8.4.1　供应链同级库存的聚集效应对安全库存的影响

1. 供应链同级库存的分散与聚集策略

供应链的层次从原材料供应商到最终用户可以分很多层级，可以聚集为供应-生产-分销这样的多级库存模式。同级库存的聚集一般针对供应链上的分销库存，分销库存通常处于生产商、分销商和顾客之间，其表现形式有生产商持有的库存、分销商持有的库存或第三方(如第三方物流公司)持有的库存等多种形式。分销库存的决策有分散式和聚集式两种类型。分散式库存系统如图 8.1 所示，库存点分布在靠近顾客的地方，对市场有快速反应能力和运输成本优势，但要保有很大的安全库存量，而基于分销中心的聚集式库存系统(图 8.2)是把供应链中多个分销库存点聚集成一个中心仓库(或分销中心)，大量的库存放在分销中心，进行集中存储和配送，提高了需求预测的准确性，并有效地降低安全库存量，相应也降低库存成本和产品积压风险，增强了企业的竞争力。

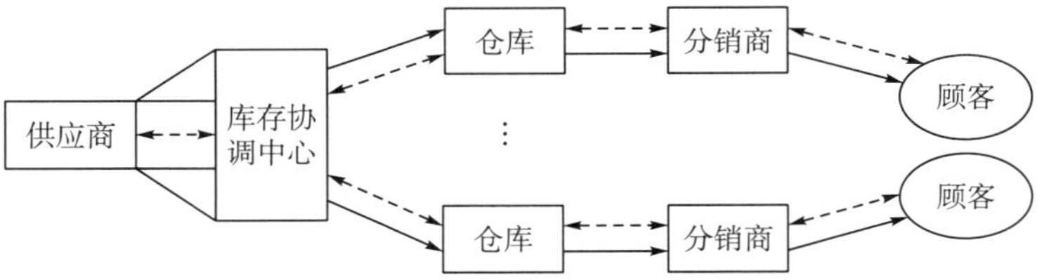

图 8.1　分散式库存系统

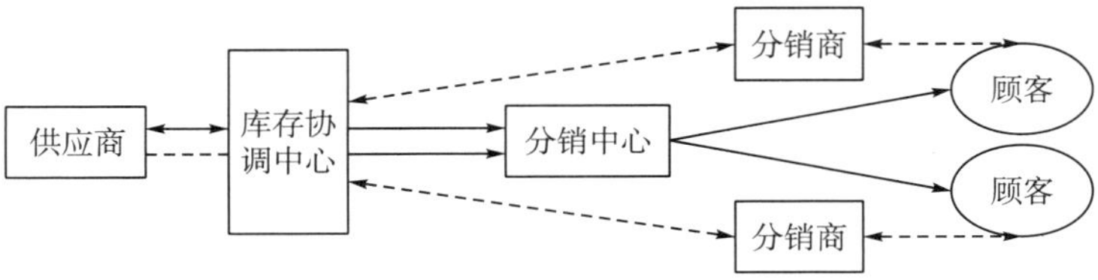

图 8.2　基于分销中心的聚集式库存系统

究竟采取分散策略还是聚集策略，需要以整个供应链分销库存系统优化为目标，通过与分销商的协调与合作，统一对分销库存的数量和布局做出安排。

2. 聚集效应对安全库存的影响

把多个库存点聚集成一个中心仓库的同时，把原库存所在地的市场需求在空间上聚集在一个分销中心。假设提前期不变，在需求不确定的条件下，安全库存 SS 与提前期内需求的标准差 σ_D、安全库存因子 Z 成正比（Z 与提前期产品现货供给水平有关）。

$$SS = Z\sigma_D \tag{8.18}$$

因此，需求空间的聚集会对安全库存量产生影响。如果各个库存点产品的需求量都呈正态分布，那么聚集的总需求也呈正态分布，各个库存点均值、标准差与库存聚集后的均值、标准差的关系下。

$$D = \sum\nolimits_{i=1}^{n} D_i \qquad (i = 1, 2, \cdots, n) \tag{8.19}$$

式中，D 表示库存聚集后的需求均值；D_i 表示各个库存需求均值。

$$\sigma_D = \sqrt{\sum_{i=1}^{n}\sigma_{D_i}^2 + 2\sum_{i\neq j}\mathrm{cov}(i, j)} \quad (i、j = 1, 2, \ldots, n) \tag{8.20}$$

式中，σ_D 表示库存聚集后的需求标准差；σ_{Di} 表示各个库存需求标准差。

协方差公式可表示为

$$\mathrm{cov}(i, j) = \rho_{ij}\sigma_{D_i}\sigma_{D_j}$$

如果 $\rho_{ij} = 1$，那么不同库存点市场需求呈完全正相关。

如果 $\rho_{ij} = 0$，那么不同库存点市场需求不相关。

如果 $\rho_{ij} = -1$，那么不同库存点市场需求呈完全负相关。

(1) 当 $\rho_{ij} = 1$ 时，

$$\sigma_D = \sqrt{\sum_{i=1}^{n}\sigma_{D_i}^2 + 2\sum_{i\neq j}^{n}\sigma_{D_i}\sigma_{D_j}} \tag{8.21}$$

即 $\sigma_D = \sum\nolimits_{i=1}^{n}\sigma_{D_i}$，表示不同库存点市场需求呈完全正相关时，聚集后的需求标准差等于单个库存点需求标准差之和，聚集后的安全库存量等于单个库存点的安全库存量之和。

(2) 当 $\rho_{ij} < 1$ 时，

$$\sigma_D = \sqrt{\sum_{i=1}^{n}\sigma_{D_i}^2 + 2\sum_{i\neq j}\rho_{ij}\sigma_{D_i}\sigma_{D_j}} < \sum_{i=1}^{n}\sigma_{D_i} \tag{8.22}$$

当聚集分布在不同库存点的需求量之间并不完全正相关时，聚集效应才会降低需求的标准差，并且需求的标准差随着不同库存点之间需求的相关度的减小而减小。由于必备的安全库存量与需求标准差之间成正比，所以，非完全正相关的需求量的聚集可以降低必备的安全库存量，又不损害产品的供给水平。

【例 8.7】某公司通过 3 个库存点(分散库存)向西部地区分拨产品，每个库存点提前期内的需求呈正态分布，各库存点的平均需求量分别为 210 单位、300 单位、280 单位，需求的方差分别为 50、60、55。现在公司考虑在不降低产品原有供给水平(0.93)的前提下建立一个中心仓库(聚集库存)对产品进行集中储存和分拨。当相关系数在 0 和 1 之间变化时，分散库存和聚集库存所需的安全库存水平量见表 8.5。从表 8.5 可知，不同库存点提前期内需求量的相关系数越小，聚集库存情况下执有的安全库存量越少，即当需求不完全相关时，公司能够通过建立一个中心仓库减少总的库存量，从而增加企业利润。

表 8.5　分散库存和聚集库存所需的安全库存水平量

相关系数	分散库存的安全存量	聚集库存的安全库存量
0.0	244.2	141.2
0.2	244.2	167.2
0.4	244.2	189.3
0.6	244.2	209.2
0.8	244.2	227.4
1.0	244.2	244.2

库存的聚集效应对安全库存带来的影响是显而易见的，但同时也存在不利之处，如延长了顾客对订单的反应时间，增加了顾客的出行成本。因此在进行库存聚集时，中心仓库的选址和信息集中化就显得尤为重要。

8.4.2　实现库存聚集的策略及因素

1.信息集中化

美国麦克马斯特—卡尔公司是一家提供维护、修理和经营用产品的分销商，通过美国联合包裹递送共同将产品送到顾客手中。由于运费的高低取决于产品的产地与目的地，因此一个集中分布的仓库会增加平均运输成本和对顾客的响应时间。所以，麦克马斯特—卡尔公司设立了 5 个仓库，以确保向美国的大部分地区提供隔天送货服务。聚集方式给安全库存带来的利益是显而易见的，但如果麦克马斯特—卡尔公司只设立一个供货仓库，那么通过美国联合包裹递送公司以合理的价格向全美提供隔天送货服务就不可能实现。美国麦克马斯特-卡尔公司通过采取信息集中化，在实质上实现了所有库存的聚集。该公司建立了一个信息系统，从中能方便地了解各仓库当期的库存记录。例如，一张来自芝加哥的顾客订单订购了发动机和抽水机各一台；当顾客订单到达时，麦克马斯特-卡尔公同首先检查芝加哥的库存，确认那里的库存是否能够满足订单的全部要求，如果芝加哥的库存可以满足顾客的订单要求，那么顾客的订货就由芝加哥发出，从而使运输成本最小化；如果芝加哥的仓库只有发动机的现货，而抽水机缺货，麦克马斯特-卡尔公司就从有现货且距离最近的仓库中提取抽水机，再将抽水机运送到芝加哥，连同发动机一起交付给顾客。这样，不管仓库设在哪个地区，所有的订单都可以调用所有地区的库存商品。信息集中化使得麦克马斯特-卡尔公司通过实质上的库存聚集，既降低了必备安全库存水平，又确保了高水平的产品供给。

信息集中化的好处来自大多数的订单从顾客最近的仓库调出并满足顾客需求，从而使运输成本维持最低，在库存缺货的情况下，由其他仓库完成订单，从而提高了产品的供给水平。结果，麦克马斯特-卡尔公司可以在不削弱产品供给水平的情况下，降低安全库存水平。

零售商嘉普也采取信息集中化方式来管理库存。如果某一个店铺没有顾客想要的规格或颜色的产品，店员就可以通过共享信息系统获得相关的信息，将拥有该产品且距离最近的店铺通知到顾客，这样顾客就可以自己去有现货的商店购买，也可以让商店把所需产品送货上门。嘉普公司通过信息集中化，实质上实现了所有零售商店的库存聚集，虽然各个库存在实体上是各自分开的。通过这种管理方法，嘉普公司在确保产品供给水平的同时，降低了安全库存量。

沃尔玛公司拥有这样一个信息系统，通过这个信息系统，各个店铺经理可以查看到在其他店铺过剩但在本店有可能热卖的产品。公司为各个店铺之间调换产品提供运输服务，使产品在最需要的地方出售。因此，沃尔玛公司利用信息集中化和反应型运输系统，在确保高水平的产品供应的同时，降低了公司的安全库存量。

2. 需求变异系数

当公司拥有多个库存点时，供应链管理者就会面临这样一个关键性决策：是否每个库存点都应该储存所有种类的商品？哪些产品适合聚集？哪些产品适合分散？

某种产品是聚集还是分散，一个必须考虑的因素是，聚集效应下安全库存的减少量。如果聚集使某种产品必备的安全库存下降很多，那么最好是设立一个中心仓库来储存该类产品；如果聚集使某种产品必备的安全库存下降有限，那么最好是设立多个库存点来储存该类产品，从而降低反应时间和运输成本。

聚集能否使安全库存量下降，受到产品需求变异系数的强烈影响。对于需求变异系数很低的产品来说，可以准确预测其分散的需求，因而其聚集的效果非常小。对于需求变异系数较高的产品而言，我们很难预测其分散的需求。聚集对于预测精确度的提高作用十分明显，企业因此可以获得巨大利益。

通常称需求量非常小的商品为滞销商品，该商品通常具有较高的变异系数；称需求非常大的商品为畅销商品，该商品通常具有较低的变异系数。在许多供应链的专业化配送网络中，畅销商品储存在多个靠近顾客的分散库存点，滞销商品储存在一个集中仓储中心，这样既可以大幅度地降低整个系统所持有的安全库存量，又不会增加对顾客的反应时间，也不增加商品的运输成本。

当然，决定产品库存位置时，还需考虑一些其他因素，如急需品，即使该商品具有较高的变异系数，也应该将其存储在零售店；另一个需要考虑的因素是商品的价格。高价商品采用聚集储存方式会比低价商品获益更多。

当一家公司制定电子商务战略时，采用专业化的经营理念非常重要。例如，一家图书连锁店，每个零售店的图书拥有量不超过十万种，其所有图书的库存分为两大类：一是需求量大的畅销书；二是需求量很小的其他图书。因此该公司电子商务战略设计如下：零售书店的库存以畅销书为主，当然也可以保存其他图书，但每部图书仅保存 1 册，最多不超过 2 册，以方便顾客浏览。顾客可以通过书店的电子阅览室而不是实际书库来获得所有的书目。电子阅览室可以通过网站为顾客提供所有的库存图书，这种策略可以使顾客从书店接触到更多种类的图书。这样，顾客就可以在网上书店订购书店里存量少的图书，直接在书店购买存量大的图书，通过这种专业化分工策略将所有滞销图书集中储存，并在网上出售；将所有畅销书分散在各零售书店，使之更接近于读者，便于销售。

嘉普公司也采取了类似的库存策略：将网上销售与零售点结合起来。在零售店里为顾客提供终端设备，使顾客可以上网订购商品。零售店出售热销商品，顾客可以上网订购颜色或规格滞销的商品。这样，嘉普公司就可以为顾客提供更多品种的商品，同时，供应链的库存水平也会持续下降。

这样，滞销商品的供应链以运输成本的少许提高为代价，降低了库存成本，而热销商品通过将其储存于接近顾客的零售店而降低了运输成本，缩短了反应时间。

案例 8.4

格雷杰公司的聚集库存策略

格雷杰公司是一家提供维护、修理和经营用产品的供应商，拥有遍布全美的 1600 家分店。其主要经营两种产品：大型发动机和工业用清洁剂。每台发动机的价格为 500 美元，每罐清洁剂的价格为 30 美元。每个店铺每周的发动机需求量呈正态分布，均值为 20，标准差为 40。每个店铺每周的清洁剂需求量也呈正态分布，均值为 1000，标准差为 100。每个店铺的需求量互不影响，发动机和清洁剂的货物供给交付期为 4 周。格雷杰公司的存储成本为 25%。公司设定的补给周期供给水平 CSL=0.95。当这两种产品的库存从各个零售店持有聚集到一个集中配送中心时，两种产品的安全库存量的各项指标值以及聚集给两种产品所带来的价值收益如表 8.6 所示。

表 8.6　格雷杰公司聚集的价值　（单位：美元）

各项指标	发动机	清洁剂
每个商店各自储备库存	—	—
每个商店的每周需求量均值	20	1 000
标准差	40	100
需求变异系数	2.0	0.1
每个商店的安全库存量	132	329
总安全库存量	211 200	526 400
安全库存的价值	105 600 000	15 792 000
库存集中在配送中心	32 000	16 00 000
每周聚集需求量的平均值	1 600	4 000
聚集需求量的标准变异系数	0.05	0.0025
集中的安全库存量	5 264	13 159
安全库存量的价值	2 632 000	394 770
聚集的总安全库存节约	102 968 000	15 397 230

续表

各项指标	发动机	清洁剂
售出单位产品的仓储成本节约	7.74	0.046
节约所占产品成本的百分比	1.55%	0.15%

由表 8.6 可知，发动机集中储存所得的收益比清洁剂多得多。因此，可以建议格雷杰公司在零售店储存清洁剂，在配送中心储存发动机。由于清洁剂是高需求商品，故顾客当天就可以在商店买到，而发动机是低需求商品，那么顾客也许愿意多等一天，以获得所需商品，这一天是商家将货物从配送中心运送到顾客手里所必需的时间。

【复习思考题】

1. 什么是安全库存？影响安全库存的因素有哪些？
2. 如何度量服务水平？供应链安全库存与服务水平之间存在什么样的关系？
3. 不同条件下如何设定安全库存量？
4. 比较分析库存的分散与聚集策略各自的优缺点及适用条件。
5. 如何通过信息集中化来实现供应链安全库存的聚集？
6. 如何针对需求变异系数来选择库存的分散与聚集策略？

【案例讨论】

艾尔科公司的库存管理

艾尔科(ALKO)公司始建于 1943 年，它是由约翰•威廉斯在其家乡克里夫兰创办的一家汽车修配厂发展起来的。约翰一直酷爱修配工作，在 1948 年，他发明了一种照明设备并获得了专利。他便决定在自己的修配厂生产该产品，并尝试在克里夫兰地区销售。照明设备的销售状况良好，截至 1957 年，艾尔科已经发展成为资产达 300 万美元的公司。公司的照明设备以其卓越的质量而著称，那时，艾尔科公司共销售 5 种产品。

1963 年，约翰将公司实行股份制。从此以后，艾尔科公司的经营十分成功，并且开始在全美范围内经销其产品。随着企业之间的竞争在 20 世纪 80 年代增强，艾尔克公司开始引进许多新式照明设备。然而，公司煞费苦心以确保产品质量，但是公司的利润水平开始下降。问题的关键在于，随着市场竞争加剧，公司所获的边际效益开始下滑。在这种情况下，公司董事会决定要从公司上层入手，对公司进行全面改组，加里•费雪在此时受聘，负责进行改组和重构。

当费雪于 1999 年到艾尔科公司上任时，他发现呈现在他面前的是一家因背负荣誉而摇摇欲坠的公司。他一开始先花费几个月的时间，着手了解公司的业务以及公司的组织方式。最终发现，公司经营状况不佳的关键在于经营业绩。尽管艾尔科公司在研制生产新产品方面出色，但是公司长期以来忽视了产品销售系统的建设，公司内部存在着这样一种错误理念：一旦公司设计并生产出好的产品，其他的事情就顺其自然。费雪设立了一个特别工作组，任务是对公司当前的销售系统进行检查并拿出相应的解决方案。

特别工作组发现，艾尔科公司 1999 年经营 100 种产品。所有产品都是通过位于克里夫兰地区的 3 家工厂生产的。为了促销，公司将美国大陆划分为 5 个区域，每个区域都设有一个归艾尔科公司所属的独立配送中心。顾客向配送中心订货，配送中心则利用库存，努力为顾客提供所需产品。当任何一种产品的库存量减少时，配送中心又向工厂订货。工厂按照配送中心的订单制订生产计划。由于订单上的订货数量往往很大，公司用满载卡车把工厂生产出来的货物整车运往配送中心。然而，从配送中心到顾客的货运量通常小于整车运载量。艾尔科公司雇用第三方货运公司来承担两条线路的运输任务。1996 年，从工厂到配送中心的整车货物的运费平均为 0.09 美元/件，从配送中心到顾客的非整车运费平均为 0.10 美元/件。从配送中心向工厂发出订单到该工厂向配送中心发货平均需要 14 天的时间。

当时的库存策略是在每个配送中心储存每种产品。对生产线的详细研究表明：按照销售量可以将产品分为三大类：高需求产品、中等需求产品和低需求产品。每类中的代表性产品的市场需求量见表 8.7。

表 8.7　艾尔科公司日需求量分布表

产品类型		销售区 1	销售区 2	销售区 3	销售区 4	销售区 5
产品 1	均值	35.48	22.61	17.66	11.81	3.36
	标准差	6.98	6.48	5.26	3.48	4.49
产品 2	均值	2.48	4.15	6.15	6.16	7.49
	标准差	3.16	6.20	6.39	6.76	3.56
产品 3	均值	0.48	0.73	0.80	1.94	2.54
	标准差	1.98	1.42	2.39	3.76	3.98

产品 1、产品 3 和产品 7 分别代表高需求产品、中等需求产品和低需求产品中的代表性产品，在艾尔科公司销售的 100 种产品中，有 10 种属于高需求产品，有 20 种属于中等需求产品，有 70 种属于低需求产品。每种产品的市场需求量分别与它们的代表性产品 1、产品 3 和产品 7 的市场需求量相等。

特别工作组发现，工厂的生产能力可以保证任何合理的订单在一天之内完成。这样，工厂就可以在接到订单一天后发货，经过 4 天的运输到达订货的配送中心。配送中心全部采用周期性检查策略，不管产品是在运输过程中还是处于库存状态，每件货物每天的库存成本是 0.15 美元。所有配送中心持有的安全库存量都能确保补给周期供给水平达到 95%。

特别工作组建议艾尔科公司在芝加哥地区的郊区建立一个全国性的配送中心(national distribution center，NDC)，关闭现有的 5 个配送中心，并将它们的库存转移到全国性配送中心去。仓储容量按照每年经营产品的品种数衡量。艾尔克公司预期可从每个关闭的仓库中获得 50000 美元的收益。全国性配送中心的补给周期供给水平仍将维持在 95%。由于芝加哥与克里夫兰地区的距离很近，因此从工厂运往全国性配送中心的运费降到 0.6 美元/件，然而，由于平均运输距离的增加，从全国性配送中心到顾客的运费将增加到 0.24 美元/件。

经过考虑，特别工作组提出的另一种选择是在保留区域性配送中心的同时，建立一个全国性配送中心，在这种情况下，一些产品可以储存在区域性配送中心，而另一些产品可以储存在全国性配送中心。

加里•费雪仔细考虑了特别工作组提出的报告。由于工作组成员没有提供任何支持其结论的详细数据，于是，费雪决定在得出具体数据之后再作决定。

【问题讨论】

(1) 分析艾尔科公司库存管理中存在的关键问题是什么？

(2) 分析特别工作组提出的两种方案各自的优缺点和合理性？还有没有其他改善库存管理的方案？

(3) 你认为费雪应该选择什么方案？给出相应的支持数据。

本 章 小 结

本章首先介绍了供应链安全库存的概念及影响因素，服务水平的常见度量方法以及供应链安全库存与服务水平的关系；接着，介绍了需求确定提前期随机、提前期确定需求随机以及需求和提前期均随机条件下的供应链安全库存的确定方法；进一步地，阐述了提前期对安全库存的影响；最后，分析聚集效应对安全库存的影响，介绍信息集中化以及需求变异系数对供应链聚集策略的影响。

在案例方面，以可口可乐“1.5 倍安全库存”为引导案例，引出安全库存的概念及意义；接着，为了阐述服务水平与安全库存之间的关系，以及提前期对安全库存的影响，分别介绍了案例“詹姆(JAM)电子的供应链安全库存控制策略(一)”、“詹姆电子的供应链安全库存控制策略(二)”；另外，为了阐述订货点和安全库存的设定以及企业对订货点和安全库存策略的应用，引入了“安科公司的库存管理”案例；进一步地，以“格雷杰公司的聚集库存策略”案例，阐述了实施聚集策略的影响因素及效果；最后，以“艾尔科公司的库存管理”案例对本章重要知识点供应链安全库存控制的策略和因素进行总体阐述和呈现。

参 考 文 献

[1] 王道平，侯美玲. 供应链库存管理与控制[M]. 北京：北京大学出版社，2012.

[2] 张晓华，魏晓安，陶水莲. 采购与库存控制[M]. 武汉：华中科技大学出版社，2017.

[3] 张浩. 采购管理与库存控制[M]. 北京：北京大学出版社，2010.

[4] 马士华，林勇. 供应链管理[M]. 4 版. 北京：高等教育出版社，2015.

[5] 苏尼尔・乔普拉，彼得・迈因德尔. 供应链管理——战略、规划与运作[M]. 4 版. 北京：清华大学出版社，2012.

[6] 徐春迎，阮文彪. 供应链不确定性与安全库存研究[J]. 商业研究，2005(13)：65-68.

[7] 岳超源，李武，陈阳. 供应链环境安全库存优化配置研究[J]. 华中师范大学学报(自然科学版)，2008，42(04)：523-529.

[8] 楼润平，薛声家. 两个实用的安全库存公式[J]. 系统工程，2008，26(12)：77-82.

[9] 林勇，马士华. 基于提前期的通用件安全库存管理[J]. 系统工程，2003(01)：71-75.

[10] 姜爱萍，高峻峻. 基于安全库存策略的提高订单及时率方法研究[J]. 工业工程，2014，17(01)：80-86.

[11]王宪杰，黄佳伟，王淑云. 基于安全库存系数的一体化冷链库存价格协调[J]. 工业工程与管理，2016，21(04)：43-49.

[12] 练建标. 可口可乐“1.5 倍安全库存”案例[OB/EL]. http：//blog.sina.com.cn/s/blog_4e2fcaa501009hzm.html . 2008-06-13.

[13] 赵志波. 詹姆(JAM)电子如何平衡库存与服务水平的关系[OB/EL]. http：//blog.sina.com.cn/s/blog_4b6e24b2010006s3.html. 2007-03-09.

第 9 章　供应链采购与补货策略

【引导阅读】

海尔集团的全球采购

从 20 世纪 80 年代开始，为了顺应国际贸易高速发展的趋势，以及满足客户对服务水平提出的更高要求，企业开始将采购环节视为供应链管理的一个重要组成部分，通过供应链管理，达到优化采购方式的目的。在当前全球经济一体化的大环境下，采购管理作为企业提高经济效益和市场竞争能力的重要手段之一，在企业管理中的战略性地位日益突显。

海尔集团采取的采购策略是利用全球化网络集中购买，以规模优势降低采购成本，同时精简供应商队伍。据统计，海尔的全球供应商数量由原先的 2336 家下降至 840 家，其中国际化供应商的比例已达到了 71%，目前世界 500 强中有 44 家是海尔的供应商。

在供应商关系管理方面，海尔采用的是共同发展供应业务(suburban business district，SBD)模式，海尔有很多产品的设计方案是直接交给供应商来做的，很多零部件是由供应商提供市场今后两个月的产品预测，并将待开发产品形成图纸，这样一来，供应商就真正成为海尔的设计部和工厂，加快了开发速度。许多供应商的厂房和海尔的仓库之间甚至不需要汽车运输，供应商的叉车直接开到海尔的仓库，大大节约了运输成本。海尔本身则侧重于核心交易和结算业务。这与传统的企业与供应商关系的不同之处在于：它从供需双方简单的买卖关系，成功转型为战略合作伙伴关系，是一种共同发展的双赢策略。

网上采购平台的应用是海尔优化供应链采购环节的主要方法，其具体做法是：

(1) 网上订单管理平台。采购订单 100%由网上下达，实现采购计划和订单的同步管理，使采购周期由原来的 10 天减少到 3 天，同时，供应商可以在网上查询库存，根据订单和库存的情况及时补货。

(2) 网上支付平台。支付准确率和及时率达到 100%，为供应商节省近 1000 万元的差旅费，有效降低了供应链的管理成本，目前网上支付已达到总支付额的 80%。

(3) 网上招标竞价平台。通过网上招标，不仅可以使竞价过程管理、价格信息管理标准化，而且可以防止暗箱操作，降低供应商管理的成本。

(4) 在网上可以与供应商进行信息互动交流，实现信息共享，强化战略合作伙伴关系。

据海尔集团副总裁梁海山透露：1999 年海尔的采购成本为 5 个亿，虽然业务不断发展，但采购成本预计将控制在 4 个亿左右。

9.1　供应链采购策略

采购管理在供应链管理中占据十分重要的地位。供应链采购与传统采购相比，物资供需关系没有发生变化，采购的概念没有发生变化，但采购的观念和采购的操作都发生了很大变化。企业的采购应该着眼于供应链的整体框架，考虑从供应的速度、柔性、风险方向来优化采购模式，从单一的竞争性采购模式变成 JIT 采购、电子采购、全球采购等多种模式及其优化组合以增强供应链竞争力。

9.1.1　JIT 采购

JIT 采购，又称为准时化采购或即时制采购，是在 20 世纪 90 年代受 JIT 生产管理思想启发而出现的。1953 年，日本丰田汽车公司首先提出了 JIT 的概念，1961 年在全公司推广。在 1973 年爆发的全球石油危机中，JIT 生产方式使丰田公司渡过了难关，从而引起西方企业界的普遍关注和效仿，并获得了一定的成功。近年来，JIT 模式不仅作为一种生产模式，也作为一种采购模式开始流行起来。

1. JIT 采购的概念

JIT 采购是一种先进的采购模式，它的基本思想是：在恰当的时间、恰当的地点，以恰当的数量、恰当的质量提供恰当的物品。

JIT 采购具有以下功能：①采购送货直接送到需求点上；②客户需要什么，就送什么，品种规格符合客户需要；③客户需要什么质量，就送什么质量，品种质量符合客户需要，杜绝次品和废品；④客户需要多少，就送多少，不少送，也不多送；⑤客户什么时候需要，就什么时候送货，不晚送，也不早送，讲求准时；⑥客户在什么地点需要，就送到什么地点。

JIT 采购既做到了很好地满足客户的需求，又使得客户的库存量最小，甚至客户不需要设库存，只在货架上(或在生产线边)有一点临时的存放，一天销售完毕(一天工作完，生产线停止时)，这些临时存放就消失，库存完全为零，真正实现了零库存。

2. JIT 采购的优点

1) 减少库存

根据国外一些实施 JIT 采购策略企业的测算，JIT 采购可以使原材料和外购件的库存降低 40%～85%，原材料和外购件库存的降低，有利于减少流动资金的占用，加速流动资金的周转，同时也有利于节省原材料和外购件库存占用的空间，从而降低库存成本。

2) 提高质量

实施 JIT 采购后，企业的原材料和外购件的库存很少，甚至为零。因此，为了保障企业生产经营的顺利进行，采购物资的质量必须从根源上抓起，也就是说，购买的原材料和外购件的质量保障，应该是由供应商，而不是由企业的物资采购部门负责。

JIT 采购就是要把质量责任返还给供应商，从根源上保障采购质量。为此，供应商必须参与制造商的产品设计过程，制造商也应帮助供应商改善技术能力和管理水平。

一般来说，实施 JIT 采购，可以使购买的原材料和外购件的质量提高 2～3 倍。而且，原材料和外购件质量的提高，又会引起质量成本的降低。据估计，推行 JIT 采购可以使质量成本减少 26%～63%。

3) 降低价格

由于供应商和制造商的密切合作以及内部规模效益与长期订货，再加上消除了采购过程中的一些浪费(如订货手续、装卸环节、检验手续等)，就使购买的原材料和外购件的价格得以降低。例如，生产复印机的美国施乐(Xerox)公司，通过实施 JIT 采购策略，使其采购物资的价格下降了 40%～50%。

此外，推行 JIT 采购策略，不仅缩短了交货时间，节约了采购过程所需资源(包括人力、资金、设备等)，而且提高了企业的劳动生产率，增强了企业的适应能力。

3. JIT 采购与传统采购的比较

传统采购是一种基于库存的采购，直接目的是填充库存，再以一定的库存来满足经营者的需求。在这一模式下，经营者主要将注意力集中在控制库存上，即力求使订购点维持在采购成本与存货成本均衡及库存成本与服务目标均衡的水平上，从而避免浪费，提高效率。从经济学的角度来看，这一思想并不属于最优选择，而是属于次优或者是三优选择。

事实上，订购点是一个很难量化的变量，与之相关的使用率、定置前置时间及服务水平同样很难确定，不同的经济环境、不同的产品生命周期阶段、不同的消费群体等所确定的以上变量值都是不一样的。因此，在传统模式下，压缩库存的方法往往效果有限，特别是在需求急剧变化的情况下，常常导致既有高库存，又有存货短缺的局面，从而影响企业生产，降低服务水平，浪费企业资源。

JIT 采购与传统采购的比较如表 9.1 所示。

表 9.1　JIT 采购与传统采购的比较

项目	JIT 采购	传统采购
采购批量	小批量，送货频率高	大批量，送货频率低
选择供应链	长期合作，单源供应	短期合作，多源供应
供应商评价	质量、交货期、价格	质量、价格、交货期
检查工作	逐渐减少，最后消除	收货、点货、质量验收
协商内容	长期合作关系，质量和合理的价格	获得最低价格
运输	准时送货，买方负责安排	较低成本，卖方安排
文书工作	文书工作少、需要的是有能力改变交货时间和质量	文书量大，改变交货期和质量的采购单多
产品说明	供应商革新、强调性能宽松要求	买方关心设计、无特别说明
包装	小、标准化容器包装	普通包装、无特别说明
信息交流	快速、可靠	一般要求

4. JIT 采购带来的问题及其解决办法

1) 小批量采购问题

小批量采购必然引起送货频率的增加，提高运输成本。对供应商来说，这是很为难的事情，特别是供应商在国外等远距离的情形下，实施 JIT 采购的难度就更大。可以通过混合运输、代理运输等方式解决，或尽量使供应商靠近客户等。具体来说，可以通过以下方法来解决小批量采购的问题：一是供应商在地理位置上尽量靠近制造商，如日本汽车制造商扩展到哪里，其零部件供应商就跟到哪里；二是供应商在制造商附近建立临时仓库(这其实是将库存负担转嫁给了供应商，并没有从根本上解决问题)；三是由一个专门的运输承包商或第三方物流企业按照事先达成的协议，搜集分布在不同地方的供应商的小批量物料，按时按量送到制造商的生产线上；四是让一个供应商负责供应多种原材料和外购件。

2) 采购单源供应问题

采用单一的供应源也会给企业带来一些问题，如供应商可能因意外原因中断交货；企业不能得到竞争性的采购价格，使得企业对供应商的依赖性很大，有时候会处于被动地位等。为避免上述风险，很多企业常采用同一种原材料由两个供应商供货的办法，其中一个为主，另一个为辅。在实际工作中，许多供应商也不是很愿意成为制造商的单一供应源：一方面供应商是独立性较强的商业竞争者，不愿意把自己的成本数据披露给客户；另一方面供应商不愿意成为客户的一个原材料库存点(制造商将库存转移给供应商)，实施 JIT 采购，减少的是企业的库存，于是库存成本原先是在客户一方，现在转移到了供应商一方。企业应该考虑到供应商的这种忧虑，因此，企业与供应商之间必须逐渐磨合，与供应商建立长期互利合作的新型关系，这样才能达到双赢的目的，从而提高整体社会效益。

5. JIT 采购的实施步骤

想要成功实施 JIT 采购策略，除了要具备一定的前提条件，还必须遵循一定的科学实施步骤，具体步骤如下：

1) 创建 JIT 采购班组

JIT 采购班组的作用就是全面处理 JIT 有关事宜。一是通过制定 JIT 采购的操作规程；二是通过协调企业内部各有关部门的运作，以及企业与供应商之间的运作。JIT 采购班组除了采购部门有关人员，还要有本企业及供应商企业的生产管理人员、技术人员、搬运人员等。一般应成立两个班组：一个班组是专门处理供应商事务的班组，该班组的任务是认定和评估供应商的信誉、能力或与供应商谈判签订准时化订货合同，向供应商发放免检签证等，同时要负责供应商的培训与教育；另一个班组是专门从事消除采购过程中浪费的班组。这些班组人员对 JIT 采购的方法应该有充分的了解和认识，必要时要进行培训，如果这些人员本身对 JIT 采购的认识和了解都不彻底，就不可能指望与供应商合作了。

2) 制订计划，确保 JIT 采购策略有计划、有步骤地实施

这一步骤要制定采购策略，改进当前的采购方式，减少供应商的数量、正确评估供应商、向供应商发放签证等内容。在这个过程中，企业要与供应商一起商定 JIT 采购的目标和有关措施，保持经常性的信息沟通。

3) 精选少数供应商，建立伙伴关系

选择供应商应从下述几个方面考虑：产品质量、供货情况、应变能力、地理位置、企业规模、财务状况、技术能力、价格、其他供应商的可替代性等。

4) 进行试点工作

先从某种产品或某条生产线试点开始，进行零部件或原材料的准时化供应试点。在试点过程中，取得企业各个部门的支持是很重要的，特别是生产部门的支持。通过试点、总结经验，为正式实施 JIT 采购打下基础。

5) 搞好供应商的培训，确定共同目标

JIT 采购是供需双方共同的业务活动，单靠采购部门的努力是不够的，需要供应商的配合。只有供应商对 JIT 采购的策略和运作方法有了认识和理解，才能获得供应商的支持和配合，因此需要对供应商进行教育培训。通过培训，大家达成一致的目标，相互之间就能够很好地协调，做好采购的准时化工作。

6) 向供应商颁发产品免检合格证书

JIT 采购和传统的采购方式的不同之处在于，JIT 采购中，买方不需要对采购产品进行比较多的检验手续。要做到这一点，需要供应商做到提供百分之百的合格产品，当其做到这一要求时，即发给免检手续的免检证书。

7) 实现配合准时化生产的交货方式

JIT 采购的最终目标是实现企业的生产准时化，为此要实现从预测交货方式向准时化适时交货方式转变。

8) 继续改进，扩大成果

JIT 采购是一个不断完善和改进的过程，需要在实施过程中不断总结经验教训，从降低运输成本、提高交货的准确性和产品的质量、降低供应商库存等方面改进，不断提高 JIT 采购的运作绩效。

9.1.2 电子采购

随着互联网技术飞速发展、电子商务的迅猛崛起，利用互联网进行采购日渐盛行。

1. 电子采购的含义

所谓电子采购，就是用计算机系统代替传统的文书系统，通过网络支持完成采购工作的一种业务处理方式，也称网上采购。它的基本特点是在网上寻找供应商和商品、网上洽谈贸易、网上订货，甚至网上支付货款。电子采购具有费用低、效率高、速度快、操作简单、对外联系范围广等特点，因此成为当前最具有发展潜力的企业管理工具之一。

2. 电子采购的模式

一般来说，企业的电子采购主要有以下三种模式：

1) 卖方一对多模式

卖方一对多模式，是指供应商在互联网上发布其产品的在线目录，采购方通过浏览获取所需的商品信息，做出采购决策，并下订单以及确定付款和交付方式，该模式如图 9.1 所示。这就像一个购物者在一条商业大街上，选出各个“商店”不断地进行比较，购买商品。

在这个模式里，供应商(卖方)必须投入大量的人力、物力和财力建立、维护和更新产品目录，其成本较高、操作较为复杂。对于采购方(买方)而言，一切似乎都没有改变，没有自动化，采购方还是得寻找供应商的网站，登录上去之后，通过目录网络形式输入订单。

只是由于信息批量处理的关系，供应方通常不保留采购方的模板或公司的采购信息。每个采购方每次都必须输入所有信息，如公司名称、地址、电话号码、账户等。很明显，如果一家制造商同时拥有 500 家供应商，那就要访问 500 个网站，不停地重复输入信息。这使得工作内容更加复杂难办。虽然这种方法与纯纸化的目录相比具有明显优势，但是从实际操作来讲，这是很难实行的(对于一家想与 5000 家供应商进行联系的企业尤为如此)。

另外，采购方与供应商通过供应商的系统进行交流，由于双方所用的标准不同，供应商系统向采购方传输的电子文档不一定能为采购方的信息系统所识别并自动地加以处理和传送到相关责任人处，这些文档必须经过一定的转化，甚至需经手工处理，大大降低电子采购的效率，延长采购的时间。

2) 买方一对多模式

买方一对多模式，是指采购方在互联网上发布所需采购产品的信息，供应商在采购方的网站上录入自己的产品信息，供采购方评估，并通过采购方网站双方进行进一步的信息沟通，完成采购业务的全过程，该模式如图 9.2 所示。

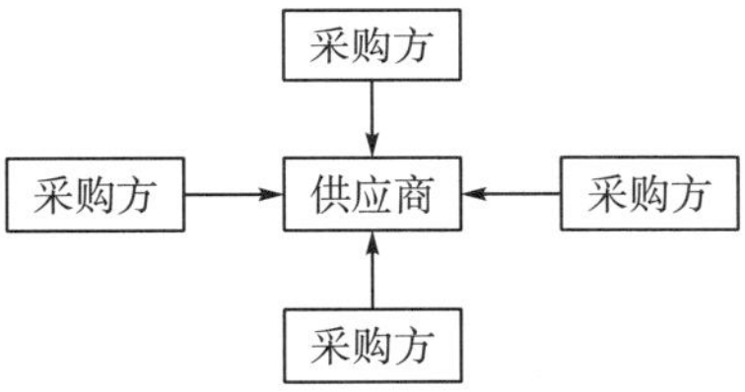

图 9.1　卖方一对多模式

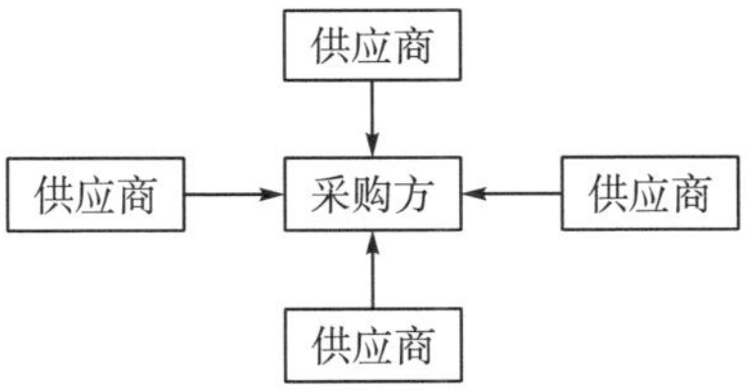

图 9.2　买方一对多模式

在这个模式里，采购方承担了建立、维护和更新产品目录的工作。虽然这样花费较多，但采购方可以更紧密地控制整个采购流程。它可以限定目录中所需产品的种类和规格，甚至可以给不同的员工在采购不同的产品时设定采购权限和数量限制，除此之外，员工只需通过一个界面就能了解所有可能的供应商的产品信息，并能方便地进行对比和分析。同时，由于供求双方是通过采购方的网站进行文档传递，因此采购网站与采购方信息系统之间的无缝连接将使这些文档流畅地被后台系统识别并处理。

当然，这一模式也有着自身的劣势：买方保留了目录和系统维护的艰巨工作，最初的信息整合和合理化过程中需要很大的投入。设想一家公司涉及不同国家成百上千的供应商，就可能有成百上千的项目条款，每个条款都有很多项规格说明。不同的供应商对相同的产品又有着不同的措辞，各种供应商一般都会为不同的板式图形提供不同的产品 ID 号码。因此，对于那些没有将目录和系统维护作为核心竞争力的公司来说，他们可能会考虑将这一工作外包。当然，这涉及成本问题，还有技术更新的问题，同时就算将维护工作外包，公司系统也应该考虑到不同的维护通道方法，以便使政策适合未来发展需要。这一系统将需要提供网络基础上的维护以便供应商能随时修改更新自己的目录，方便买方更新自己的目录。

3）第三方模式

第三方模式又称市场模式，是指供应商和采购方通过第三方设立的网站进行采购业务的过程，该模式如图 9.3 所示。在这个模式里，无论是供应商还是采购方都只需在第三方网站（也是独立的门户网站）上发布并描绘自己提供或需要的产品信息，第三方网站则负责产品信息的归纳和整理，以便于用户使用。

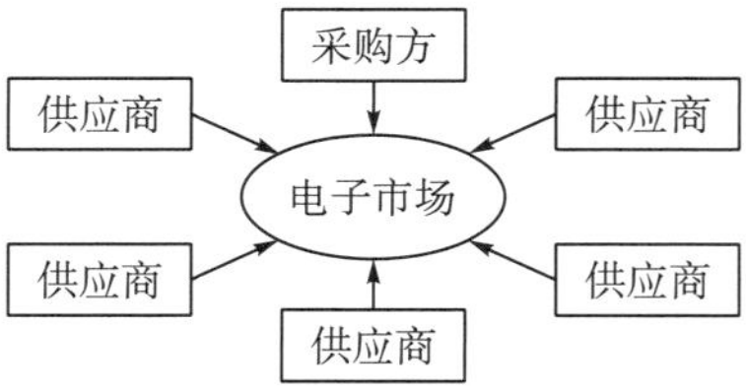

图 9.3　第三方系统门户

互联网网站是全世界范围内的任何人都可以进入的网络站点，它允许任意参与者登录并进行交易，但是要交纳一定的费用，这是按交易税金或是交易费的百分比来计算的。网站上的主要内容有查看目录、下订单（在线拍卖的情况下称为竞标）、循序交货、支付等。虽然这样省去了建立网站的花费，但由于这一市场是独立的第三方网站，它与采购方的后台系统集成比较难。为了弥补这一缺陷，现今一些网上交易市场，特别是由电子采购方案提供商建立的电子交易中心，纷纷采用了开放型架构，这种架构已逐渐成为构建电子交易中心的主流模式。因为在这种架构下，不论企业自身的系统是什么“语言”，都可以顺利地进行“沟通”，同时他们还能为客户提供后台集成的服务，使企业能顺畅地通过电子市场进行采购。

不过这些电子交易中心的发起人也在目的和服务水平上千差万别。许多电子交易都只是局限于为多个买方和供应商提供一个在线的多对多的商店门面，而且通常只是关注某个行业领域。目前，大约 10%～30%的采购由交易中心进行。

第三方模式的三种现实情况：第一种是应用综合性电子商务网站，如阿里巴巴、慧聪等，这类网站通常作为企业销售渠道的延伸，企业可以进行企业品牌宣传、产品展示、新产品发布等营销活动；第二种是应用行业类电子商务网站，对于企业来说这类网站聚集了众多行业内买家，目标客户明确，可以有针对性地展开营销活动；第三种是集团或企业级电子商务网站，这种方式与第三方的交易性电子商务网站类似，就是集团或企业搭建自己的电子商务网站。

3. 电子采购的流程

上述三种模式的电子采购的流程都有基本相似性，如图 9.4 所示。

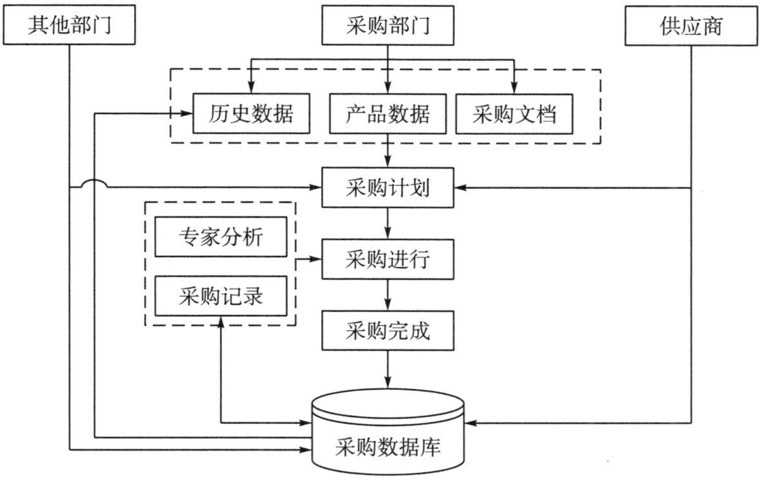

图 9.4　电子采购的流程图

当采购部门需要制订采购计划时，首先从采购数据库中查找以往的采购历史信息和数据、相关物资产品数据以及采购文档，结合市场供求状况，制订新一期的采购计划。供应商通过访问电子采购系统，获取招标文件，与采购等部门进行相关的数据交换和信息共享，然后按照要求提交标书。其他参与采购决策的部门(包括生产、计划、财务和质量部门等)也通过电子采购系统中的数据与信息共享为供应商的选择提供依据和支持，并实时地对采购计划的执行情况实行监控。

采购计划下达后，电子采购系统会根据以往采购记录和专家分析结果，解答在采购进行过程中所出现的各种问题，这些解决问题的知识作为储备存入采购数据库中。该电子采购系统处理和解决问题的能力依赖于采购数据库中这类知识的量。

当采购完成以后，电子采购系统还会自动记录本次采购活动的各种相关信息和数据。这样的即时信息数据录入会成为整个供应链上所有成员的共同信息，同时保证以最新的信息数据支持采购部门制订后续的采购决策，从而适应需求的快速变化。

9.1.3　全球采购

进入 21 世纪，随着经济全球化的深入发展，产品不再完全由一个国家以当地资源为基础进行生产，也不再是所有的零部件都在一国生产组装。现代制造业往往在一个国家设计产品，然后在本国或他国组装，而其中许多部件则是从不同的国家进口，因此全球采购成为一种趋势。

1) 全球采购的基本模式

目前，企业通常使用以下三种商业模式来实现全球采购，这三种模式各有各的优势和不足之处，而关键区别在于其采购承诺和责任的不同。

(1) 贸易代理模式。采购企业通过当地或专门的贸易代理商获取所需采购的产品或服务。贸易代理商可以帮助采购商筛选当地的供应商、谈判价格并负责打理其后的订单履行以及物流。这个模式的优点是，贸易代理商作为第三方的服务提供商，可以使其客户免于应付复杂琐碎的日常操作，甚至可以替代客户进行一些较小规模的投资；初期投资比较小，总的风险比较小，由于贸易代理商比较了解当地的市场，拥有较多的供应商信息以及与当地供应商保持着良好的关系，使采购企业比较容易获得质量上的保证。但是这种模式的缺点是，有时候会造成全球采购的公司失去对供应商的控制权，同时，由于贸易代理中间商的存在，采购方无法获得最好的产品价格，另外，采购方不直接与生产商联络，而贸易商在某个产品上未必是专业的，有可能造成对产品要求的不理解，造成信息沟通障碍等。由于这些特性的存在，跨国公司在选择贸易代理的时候必须非常留心保持自己的控制权，以及了解贸易代理的能力水平和责任履行情况。

(2) 当地合资或独资的外商投资企业模式。跨国公司或实施全球采购的企业可以在低成本国家建立合资或独资企业。这种模式优点是，一般情况下，投入了更多的精力和资金，公司可以与供应商建立更深入的联系，并对质量进行更紧密的控制，也便于与供应商开展更为长期和直接的合作。这对于公司在当地的长期发展以及进入当地市场十分有利。这个模式的缺点是，跨国公司采购的流程将复杂化，如果没有有效的全球供应链管理，将无法体现这个模式的优势，甚至由于提前期的增加、中间的运输和仓储等成本增加而无法通过这种采购模式达到降低成本的目的。在这种模式下，采购不仅仅是买和卖的关系，还包括大量的沟通等工作，这会使部分成本上升。例如，需要公司在不同国家甚至大洲之间协调不同工厂的外包项目，并管理相应的订单履行情况和运输分拨。

(3) 在全球范围内建立采购中心或采购办事处模式。跨国公司通过在供应商国家或设立专门的全球采购中心或采购办事处来专门评估、选择和发展当地供应商。这种方式基本上是一种共享服务的模式，利用一批专业的采购团队、专门负责打理从订单到物流管理的相关事宜。这种采购模式集合了其他两种模式的优点，投资少，风险小，无语言等障碍，可以直接参与到当地供应商的选择、开发和评估中，也可以与当地供应商建立长期直接的合作关系。这种模式的缺点是，对于采购中心和办事处员工的要求较高，不仅要了解所采购产品的技术和质量要求，同时要懂得管理外包项目的质量、交货期和物流等。所以，在采用这种模式的情况下，公司内部各个商业部门的大力支持无疑是其成功的关键，除此之外，该采购中心或办事处管理自营或外包物流的能力也至关重要。

在以上三种不同模式中，建立国际性的采购中心或采购办事处可能是最广泛使用，也是最成功的模式。“全球采购中心或办事处”通常可以降低公司的采购成本和采购周期，当地的全球采购办事处还可以促进各种形式的采购信息在全球范围内的公司各部门之间得到充分的沟通和共享。总的来说，这种模式被认为是将新兴的采购目的地国家或地区融入原有的全球供应链的最佳方式。

2) 全球采购中的风险

(1) 语言、文化的差异。由于不同国家之间的贸易术语、技术词汇所含意思不同都会造成一定的问题，从而带来合同执行的不便，增加交易成本。即便使用共同语言，也有可能出现对意思表达或合同条款的不同理解；即便处于共同文化氛围，也有可能因为第三方转述而造成曲解，更何况是在不同的语言和文化环境下。

(2) 使用的货币不同——外汇风险。政治、经济和社会因素都会对汇率的变化造成影响，从而有可能会对买卖双方造成损失。因此采购部门应该掌握这一方面的相关知识。

(3) 贸易手续复杂，限制多。不同国家之间进行贸易往来时，会存在许多繁杂的手续，如报关、通关、检验等，这些手续可能会影响采购成本。

(4) 供应商的选择。由于跨国交易的特殊性，还需要花费大量的时间来调研有关国家的政治、经济、对外贸易、运输等情况，有关商品国际市场的生产、销售、价格以及主要进出口国家等情况。采购方要寻找自己所需商品的相关信息，以获得最佳货源和最低价格，达到用合理的交易条件进货的目的。

(5) 催单问题。由于距离的原因，为了加快国外供应商的生产或运输，以尽快完成供货，就需要不断地催单，这本身也是一笔不小的成本。

(6) 政治问题。受供应商所在国家政府问题的影响，例如，供应商所在国家发生暴乱或战争，很可能造成供应中断。因此，需要采购商对这一风险进行估计，以便在最大范围内控制风险或及时处理发生的风险。

(7) 公司所在地与供应商所在地的时差。现在得益于通信技术的发展，传真、录音电话、电子邮件可以大大减少时差的影响，与此同时，可以缩短人们对不同国家市场的心理距离。

(8) 付款方式。全球采购在付款方式上有着自身的独特性。国际贸易中存在多种付款方式，最常用的是信用证付款方式。不同的付款方式会带来不同的风险和费用，需要灵活掌握。

(9) 质量问题。随着国际质量标准的建立，这一方面的问题已经变得比较简单。采购双方进行协商，达成一致即可。

(10) 法律问题。进行全球采购时，法律问题存在的潜在风险要比国内采购大得多。

3) 全球采购的实施

全球采购是一个多部门协作的系统工程，它涉及采购部、物流部、生产部、工程部、质量部、研发部等几乎所有部门。全球采购的核心是开发国外供应商，它的一般流程是：

(1) 采购部门根据研发部门的技术要求寻找符合企业需求的供应商。

(2) 采购部门确定候选供应商后提供相应的开发进度，同时供应商需根据实际情况做出反馈。

(3) 供应商开发成功后需提交样件，并进行小批量供货以验证其产品质量的稳定性和一致性。

(4) 小批量供货成功后，采购部门与供应商签订供货合同，并跟踪生产中的一些日常问题，如质量、交货、服务等，以确保其能够满足企业的长期使用需求。

案例 9.1

JIT 采购过时了吗？①

有人认为 JIT 采购是一把双刃剑，供应链成员在享有 JIT 采购带来的效益同时，也承受着巨大的风险。丰田“质量门”、日本大地震所引起的全球汽车制造业与电子制造业供应链中断都向 JIT 采购策略提出了质疑。难道 JIT 采购过时了吗？怎样才能更好地发挥 JIT 采购的效率呢？

一、丰田质量门

2009～2010 年，丰田公司已在全球召回十余次，涉及问题车辆 1000 万辆以上，这一数字已远远超过其 2009 年在全球汽车和卡车销售量的总和。而导致这一召回的主要原因是这些车辆的油门踏板和脚垫不符合质量要求，导致车辆存在严重的安全隐患。

根据丰田公司向美国国家公路交通安全管理局提交的召回报告，存在隐患的油门踏板由加拿大安大略省斯特里维尔（Streetsville）的一家名为 CTS 的供货商生产。

由于 JIT 采购下供应商少而精、产品又是模块化设计，一些通用部件应用于多个产品线，只要一家供应商的通用部件出现质量问题，最终将导致核心企业数量众多的产品线都出现质量问题。

二、日本大地震引发的全球制造业震荡

1. 车企减产

2011 年 3 月 11 日，日本宫城县以东太平洋海域发生 9.0 级大地震，地震引发的巨大海啸对日本东北部岩手县、宫城县、福岛县等地造成毁灭性破坏，并引发福岛第一核电站核泄漏。地震发生后，在日本的汽车产量占其全球产量 20%的日本本田汽车公司宣布，延长日本工厂停产时间 3 天，至 23 日，其先前宣布停产至 20 日。

欧洲方面，法国雷诺汽车公司和美国通用汽车公司在欧洲的子公司欧宝表示，减产在所难免。雷诺汽车公司说，雷诺三星 SM7 汽车在日本的供应商受到影响，公司将削减在韩国釜山工厂的汽车产量。

2. 牵动 IT

韩国未来资产证券公司数据显示，日本 2010 年电子元器件出口值达到 913 亿美元。大宇证券公司分析师詹姆斯·宋说，日本供应全球过半生产芯片用的硅晶圆。如果现状持续，电子元器件市场第二季度将出现供应短缺。

东芝公司为苹果 iPad2 制造 NAND 闪存。地震发生后，东芝宣布关闭日本一处闪存

① http://wenku.baidu.com/view/eodcqba16bec0975f465e2d6.html.

工厂，称公司可能面临原材料短缺威胁。

电子市场调研机构 DRAMeXchange 表示，NAND 闪存现货交易价格猛涨，合同价格也上涨 5%～15%。

JIT 采购策略下倡导企业零库存或少量库存，从积极的角度看，这有利于企业节约库存成本，加快对市场需求的响应能力；但从消极的角度看，一旦供给市场出现大的波动，少量的企业库存将不足以使企业度过市场危机，并且如果供给市场不能够在短时间内(3～6 月)恢复正常水平，这些企业将可能面临灭顶之灾。

案例 9.2

宝钢基于供应链的电子采购

电子商务就像是一座桥，一头连接着供应链上游的供应商，另一头连接着下游的客户。宝钢建立以自身及上下游重点企业为龙头的供应链服务体系，以解决单据电子化、数据交换标准和战略服务模式等关键问题，形成了极具竞争力的跨流程数字供应链。这样做一方面大幅度降低了采购成本；另一方面建立了一个全球化、零距离的钢材销售模式。

从 2001 年 1 月首次对铁合金、耐火材料等冶金辅料实施网上招标采购以来，宝钢为采购业务探索和应用了网上招标、网上竞价等多种标准电子采购模式。原先，在宝钢与客户和供应商的业务过程中，外部协作单元(如供应商、仓库等)存在着信息化水平落后、标准不统一的问题，通过电子商务系统的整合以及物流跟踪等系统的应用，统一了服务标准，消除了供应链上的“短板”。2009 年 6 月，宝钢采购电子商务平台门户改版上线，新门户在原采购业务公开、采购业务协同、电子招投标等功能的基础上，提供供应商自荐、网上咨询、三级救助、互动讨论等功能与服务，网上采购物料品种涵盖通用设备、备品备件、工程类物资、化工原料、铁合金、废钢以及服务采购等。2010 年 5 月，宝钢集团公司进一步推进网上采购，要求各业务单元进一步完善网上采购推进计划，进一步规范网上采购行为，切实保障交易过程的透明可控，不断提高采购执行效率。目前，集团公司应用网上采购的单位有 20 余家，宝钢股份已实现 100%全覆盖，已有供应商数量 5000 多家。基于统一的供应商门户，供应商可一站式登录采购平台，对采购单元发布的采购需求、采购动态等实时查看，与宝钢各采购单元开展业务。

大客户通道是宝钢建立的与战略客户采购模式相适应的供应链管理体系和营销服务体系。从 2003 年起，宝钢就开始启动与行业战略客户的大客户通道建设，大客户通道在功能上实现了战略客户与宝钢的紧密协同。在计划协同上，大客户通道支持宝钢与战略客户在计划层面的深层次协同以便对战略客户实现供货保障。在订货协同方面，大客户通道通过全程的订货卡管理流程，实现战略客户的采购合同与宝钢的销售合同的无缝连接。在生产和物流跟踪协同上，实现战略客户对宝钢各生产单元的生产进程和对产成品出厂物流、在途物流的跟踪和业务协同。通过大客户通道，战略客户还能实时了解库存情况，根据供需变化调整合同的订货量以及交货期，实现供应链的敏捷反应，为压缩库存、降低成本、改善资金流等发挥积极有效的作用。目前，宝钢已在汽车、造船、能源、锅炉等多个行业为 25 家战略客户实施了基于供应链协同模式的大客户通道服务。

2007 年，围绕新一轮发展战略，配合一体化销售系统及物流管控系统的建设，宝钢大力推进电子商务平台的建设及应用，对宝钢在线电子销售系统进行了适应一体化需求的配套升级改造，与碳钢、不锈钢、特钢等生产制造单元的销售管理系统相匹配，为生产组织和产品销售提供了有力的网上支持，提高了宝钢营销体系整体电子商务应用水平和在线客户服务能力。宝钢国际东方钢铁以产业链为基础、供应链管理为重点，在总结多年来探索电子商务实践经验的基础上，吸取各家优点，整合相关资源，开发出电子商务标准版，实现了与宝钢国际各贸易公司 ERP 标准版的对接。同时，新建第三方物流应用系统，实现了与物流管控系统的高效集成，支撑了宝钢与仓储运输等业务的协同运作。用户通过宝钢电子商务平台，高效便捷地得到从产品需求申报、在线订货、合同跟踪、仓储提单到财务结算等的全流程服务。

2008 年，面对金融危机的强烈冲击，宝钢电子商务发挥特有的优势，推进业务模式创新、平台建设、基础服务能力提升、全面风险管理、外部市场开拓等，一体化电子商务门户及统一现货系统进一步完善，业务运作效率显著增强，营销成本明显改善，充分体现了“信心、理性、快速、坚决”的危机应对方针。去年 5 月，随着“一体化销售及物流管控系统二期项目特殊钢子项”的正式上线，电子商务平台实现了对宝钢钢材品种的全覆盖。宝钢电子商务完善大客户通道标准解决方案，进一步强化宝钢与重点客户间的战略合作关系，提升宝钢供应链协同。在客户需求、订货、执行跟踪、质保书查询、质量反馈、物流仓储、个性化财务对账等标准功能推广的基础上，为用户提供计划协同、断点预警、财务结算、委外物流等个性化服务。

在金融危机中，融资难是中小客户面临的共同问题。以前通常的处理方式是由宝钢向这些企业提供定金订货和贷款融资这种方式。然而，这种方式增加了宝钢的资金压力和实际运行过程中的市场风险。2009 年，宝钢在电子商务平台的基础上，创新并成功开发了供应链融资平台，既为上下游中小企业提供了低成本高效率的融资平台，也为银行提供了针对中小企业集成化服务的电子化平台，还解决了宝钢在经营过程中扩大销售与运营资本紧张之间的两难问题。

电子商务帮助企业实现自动化的流程，利用数据集中、服务整合的优势，建立共享的电子单据服务中心、自助服务中心和呼叫中心，使企业与整个产业链上更多的贸易伙伴实现自动化合作，网上订货、物流跟踪等均可在电子商务平台上操作完成。其中，电子提货单是宝钢针对用户提货环节，运用自主产权的加密防伪技术进行用户自助服务创新的一种电子单据，得到授权的用户使用自己的电脑就可以打印出防篡改、防复印的提单，仓库对提单验密后就可直接发货，改变了“跑马传单”的传统业务形态，大大简化了单据处理流程，钢厂出厂物流周期也因此平均缩减 0.8 天。

电子商务拉近了宝钢与供应商、客户之间协同合作的距离，实现了交易过程的低成本、高效率，成为供应链的有力驱动因素。

9.2　供应链环境下的补货策略

到货满足率低和库存量高是目前整个供应体系所面临的一对矛盾，涉及整个供应链的各个环节。为了实现对供应链的有效运作和管理，以及对市场变化的科学预测和快速响应，一系列面向供应链的补货策略应运而生——快速响应(quick response，QR)，有效客户响应(efficient consumer response，ECR)，协同计划、预测与补货(collaborative planning forecasting and replenishment，CPFR)。

QR 原是美国纺织服装业发展起来的供应链管理方法。ECR 是 QR 在食品行业中的创新，是快速响应发展的第二阶段。目前 QR 已发展至第三阶段，即 CPFR，它适用于所有的行业，覆盖整个供应链的合作过程。

9.2.1　快速响应(QR)

1. QR 的产生及其概念

QR 是美国零售商、服装制造商以及纺织品供应商于 20 世纪 60 年代开发的整体业务概念，目的是减少原材料到销售点的时间和整个供应链上的库存，最大限度地提高供应链管理的运作效率。快速响应现已应用到商业的各个领域，企业快速响应时间越短，越能把握更多商机，从而给企业带来更大的利润。快速响应以条形码扫描和电子数据交换器(electronic data interchange，EDI)为基础，其目的是在供应商和零售商之间建立一个准时的供应补货系统。

对于制造商来说，QR 改善了它的客户服务，从根本上说来，这种改善自同零售商良好的合作关系。首先，长期、良好的客户服务会增加制造商的市场份额；其次，快速响应还能降低流通费用——制造商将客户需求预测和生产计划集成到一起，可以缩短库存周转时间，减少需要处理和盘点的存货，从而降低流通费用；再次，管理费用可以从三个方面得到降低：因为不需要手工输入订单，所以提高了采购订单的准确率，减少了额外的发票，货物发出之前，仓库扫描运输标签并向零售商发出提前运输通知；最后，可以制定出更好的生产计划，由于可以对销售进行预测并能够得到准确的销售信息，制造商可以准确地安排生产计划。

对于零售商而言，QR 的意义主要表现在顾客服务水平和获利能力的显著提高。快速响应利用条形码和销售终端扫描，使零售商能够跟踪各种商品的销售和库存情况，这样就能准确地跟踪存货情况，在库存真正降低时才订货。它们还可以降低订货周期，实施自动补货系统，运用存货模型来确定何时需要采购，最终提高销售额。商品采购成本是企业完成采购职能时发生的费用，其中包括订单准备、订单创建、订单发送及订单跟踪等。快速响应使这些业务流程大大简化，从而降低了采购成本。制造商使用运输标签后，零售商可以扫描这个标签，这样就减少了手工检查到货所发生的成本。总之，采用快速响应的方法，虽然单位商品的采购成本会增加很多，但通过频繁地小批量采购商品，顾客服务水平就会提高，零售商就更能适应市场的变化，同时，其他成本也会降低，如库存成本和清仓削价成本等，最终提高利润。

2. QR 的实施步骤

实施 QR 需要 6 个步骤，每一个步骤都以前一个步骤为基础，都比前一个步骤回报更高，但是需要的投资也更高。这 6 个步骤分别为：

1) 条形码和 EDI

零售商首先必须安装条形码、POS 扫描和 EDI 等技术设备，以加快 POS 机收款速度，获得更准确的销售数据并使信息沟通更加通畅。POS 扫描用于数据输入和数据采集，它是指在收款检查时用光学方式阅读条形码，然后将条形码转换成相应的商品代码。EDI 是在计算机间交换商业单证。公司将其业务单证转换成行业标准格式，并传输到某个增值网（value added network，VAN），贸易伙伴从 VAN 上接收到这些单证，然后将其从标准格式转换为自己系统可识别的格式。EDI 可传输的单证包括订单、发票、订单确认、销售和存货数据及提前运输通知等。

2) 固定周期补货

自动补货是指基于商品销售预测的自动化。自动补货基于过去和目前销售数据及其可能的变化，运用软件进行定期预测，同时考虑目前的存货情况和其他因素，确定订货量。基本商品每年的销售模式一般不会受流行趋势的影响，它们的销售量是可以预测的，所以不需要对商品进行考查就可确定重新订货的数量。自动补货由零售商、批发商在仓库或店内进行。

3) 先进的补货联盟

先进的补货联盟是为了保证补货业务的流畅。零售商和消费品制造商联合起来检查销售数据，制定关于未来需求的计划和预测，在保证现货和减少缺货的情况下降低库存水平。还可以进一步由制造商管理零售商的存货和补货，以加快库存周转速度。

4) 零售空间管理

零售空间管理这是指根据每个店铺的需求模式，规定其经营商品的花色品种和补货业务。一般来说，对于花色品种、数量、店内陈列及培训或激励售货员等决策，制造商也可以参与甚至制定决策。

5）联合产品开发

这一步的重点不再是一般商品和季节商品，而是服装等生命周期很短的商品。制造商和零售商联合开发新产品，其关系的密切程度超过了购买与销售的业务关系，这样不但可以缩短从新产品概念到新产品上市的时间，而且可经常在店内对新产品进行试销。

6）QR 的集成

通过重新设计业务流程，将前 5 步的工作和公司的整体业务集成起来，以支持公司的整体战略。前 5 步使配送中心得以改进，可以适应大量的小批量运输，使配送业务更加流畅。最后一步要求零售商和消费品制造商重新设计其整个组织、业绩评估系统、业务流程和信息系统，设计的中心是围绕消费者而不是传统的公司职能。有时可以先完成最后一步工作，至少是先设计整体体系结构，这样补货的改进和新产品的开发就会尽可能地吻合。在确定公司核心业务及其发展方向时，应有战略眼光。

9.2.2　有效客户响应（ECR）

1. ECR 的产生及其概念

与 QR 相似，1992 年美国食品杂货业发展起一种称为 ECR 的供应链管理战略，旨在通过分销商与供应商的密切合作，消除系统中不必要的成本和费用并给客户带来更大效益。

20 世纪 80 年代末，由于食品种类和品种日益增多，食品生产和流通企业适应消费者需求越来越困难，传统的商品供应体制很难适应现代流通市场的需求，销售额日益减少。美国食品杂货业要迅速提高竞争力，不仅要解决流通各阶段的效率性，还要在基于消费者需求的基础上，通过供应链体系的构筑，发挥整个流通产业链的效率，实现综合优势。通过有效、连续的商品补货和促销降低成本。为此，美国食品市场营销协会（food marketing institute，FMI）联合可口可乐、宝洁、嘉思明（Kurt Salmon Associates，KSA）公司对供应链进行调查、总结、分析，得到改进供应链管理的详细报告，提出了 ECR 的概念体系。

ECR 是一种观念，不是一种新技术。ECR 在超市行业作为一种经营战略被采用，通过它使得批发商、供应商和杂货店店主紧密地联系在一起，共同把产品送到消费者面前。ECR 要求重新审视供应链企业间生产、物流、销售的流程，其目的在于消除整个供应链运作流程中没有为消费者增值的成本，将由供应推动的推式系统，转变成更有效率的需求拉动的拉式系统，并将这些效率化的成果回馈给消费者，期望能以更快、更好、更经济的方式把商品送到消费者的手中，满足消费者的需求。在 20 世纪 90 年代，ECR 的应用使美国干货供应链上的平均库存从 104 天下降到 61 天。

2. QR 与 ECR 的差异

QR 与 ECR 的差异在于商品的特征，不是指商品表明的物理差异，而是指商品的价值、周转率和品种上的本质差异。服装业经营的产品多属创新型产品，QR 所实施的对象是创新型产品，如服装的单品数量非常多，产品生命周期短、季节性强、库存周转慢、存货削价幅度大、毛利高；杂货业和食品行业经营的产品多数是功能性产品，ECR 所实施的对象是功能性产品，如食品的单品数量少、单价低、周转快、毛利低。

3. ECR 的构成要素

(1) 有效产品引进(efficient product introductions)。最有效地开发新产品，进行产品的生产计划，以降低成本。

(2) 快速商店分类(efficient store assortment)。通过第二次包装等手段，提高货物的分销效率，使库存及商店空间的使用率最优化。

(3) 快速促销(efficient promotion)。提高仓储、运输、管理和生产效率，减少预先购买，降低供应商库存及仓储费用，使贸易和促销的整个系统效率最高。

(4) 快速补充(efficient replenishment)。包括电子数据交换(EDI)，以需求为导向的自动连续补充和计算机辅助订货，使补充系统的时间和成本最优。

9.2.3　协同计划、预测与补货(CPFR)

1. CPFR 的产生及其概念

1995 年，国际著名的商业零售连锁店沃尔玛及其供应商 Warner-Lambert、世界最大的企业管理软件商 SAP、国际著名的供应链软件商 Manugistics、美国著名的咨询公司 Benchmarking Partners 等 5 家公司联合成立了零售供应和需求链工作组(retail supply and demand chain working group)，进行 CPFR 研究和探索，其目的是开发一组业务过程，使供应链中的成员利用它能够实现从零售商到制造企业之间的功能合作，显著改善预测准确度，降低成本、库存总量和现货百分比，发挥出供应链的全部效率。在实施 CPFR 后，Warner-Lambert 公司的零售商品满足率从 87%增加到 98%，新增销售收入 800 万美元。在 CPFR 取得初步成功后，组成了由 30 多个单位参加的 CPFR 理事会，与自愿行业间商业标准(Voluntary Interindustry Commerce Standards，VICS)理事会一起致力于 CPFR 的研究、标准制定、软件开发和推广应用工作。美国商业部资料表明，1997 年美国零售商品供应链中的库存约为 1 万亿美元，CPFR 理事会估计，通过全面成功实施 CPFR 可以减少这些库存中的 15%～25%，即 1500 亿～2500 亿美元。由于 CPFR 巨大的潜在效益和市场前景，一些著名的企业软件商，如 SAP、Manugistics、PeopleSoft、i2 Technologies、Logility 和 Syncra Software 等公司正在开发 CPFR 软件系统和从事相关的服务。

CPFR是一种供应链管理策略，它应用一系列的技术处理和模型，提供覆盖整个供应链的合作过程，通过共同管理业务过程和共享信息，改善零售商和供应商的伙伴关系、提高预测的准确度，最终达到提高供应链效率、减少库存和提高消费者满意程度的目的。CPFR有三条指导性原则：

(1)合作伙伴框架结构和运作过程以消费者为中心，面向供应链。

(2)合作伙伴共同负责开发单一、共享的消费者需求预测系统，这个系统驱动整个供应链计划。

(3)合作伙伴均承诺共享预测并在消除供应过程约束上共担风险。CPFR针对合作伙伴的战略和投资能力不同、市场信息来源不同的特点，构建成一个方案组，方案组通过确认合作伙伴从事关键业务的能力，决定哪家公司主持核心业务活动，合作伙伴可选用多种方案实现其业务过程。零售商和制造商从不同的角度收集不同层次的数据，通过反复交换数据和业务情报改善制定需求计划的能力，最后得到基于POS的消费者需求的单一共享预测。这个单一共享需求计划可以作为零售商和制造商的与产品有关的所有内部计划活动的基础，换句话说，它能使供应链集成得以实现。以单一共享需求计划为基础能够发现和利用许多商业机会、优化供应链库存和改善客户服务，最终为供应链伙伴带来丰厚的收益。

2. CPFR与其他合作补货模式的关系

在CPFR提出之前，关于供应链伙伴的合作补货模式主要有合计预测与补货(aggregate forecasting and replenishment，AFR)、VMI和JMI等。AFR是商业贸易伙伴交互作用中应用最广泛的方法，用于预测的核心数据来自辛迪加的数据和销售历史数据，采用制造商推动供应链的方法。AFR缺乏集成的供应链计划，可能会导致高库存或低订单满足率。VMI可以避免AFR的一些问题，VMI的一个关键技术是应用供应链的能力管理库存，这样需求和供应就能结合在一起，使制造商能够得到零售分销中心仓库返回数据和POS数据，利用这些信息规划整个供应链的库存配置。VMI方法虽然有诸多优点，但却缺乏系统集成。JMI预测与补货方法相对较新，这种方法以消费者为中心，着眼于计划和执行更详细的业务，供应链伙伴经常应用工作组技术进行关键问题处理，使其在了解对方的运作和增强相互作用等方面得到改善，其结果有助于发展贸易伙伴的信任关系。JMI在每个公司内增强了计划和执行的集成，并在消费者服务水平、库存和成本管理方面取得了显著的效果，但JMI的建立和维护成本高。上述方法均未实现供应链的集成。

CPFR建立在JMI和VMI的最佳分级实践基础上，同时摒弃了JMI和VMI中的主要缺点，如没有一个适合所有贸易伙伴的业务过程，未实现供应链的集成等。针对贸易伙伴的战略和投资能力不同、市场信息来源不同的特点，将CPFR构建成一个方案组，方案组通过确认贸易伙伴从事关键业务的能力来决定哪家公司主持核心业务活动，贸易伙伴可选用多种方案实现其业务过程。零售商和制造商从不同的角度收集不同层次的数据，通过反复交换数据和业务情报改善制定需求计划的能力，最后得到基于POS的消费者需求的单一共享预测。这个单一共享需求计划可以作为零售商和制造商与产品有关的所有内部计划活动的基础，换句话说，它能使价值链集成得以实现。以单一共享需求计划为基础能够发现和利用许多商业机会、优化供应链库存和改善客户服务，最终为供应链伙伴带来丰厚的收益。

3. CPFR 的业务模型

CPFR 的业务模型如图 9.5 所示，其业务活动可划分为计划阶段、预测阶段和补货阶段的，包括 9 个主要流程活动。第 1 个阶段为计划阶段，包括第 1 步、第 2 步；第 2 个阶段为预测阶段，包括步骤第 3 步～第 8 步；第 3 个阶段为补货阶段，包括第 9 步。

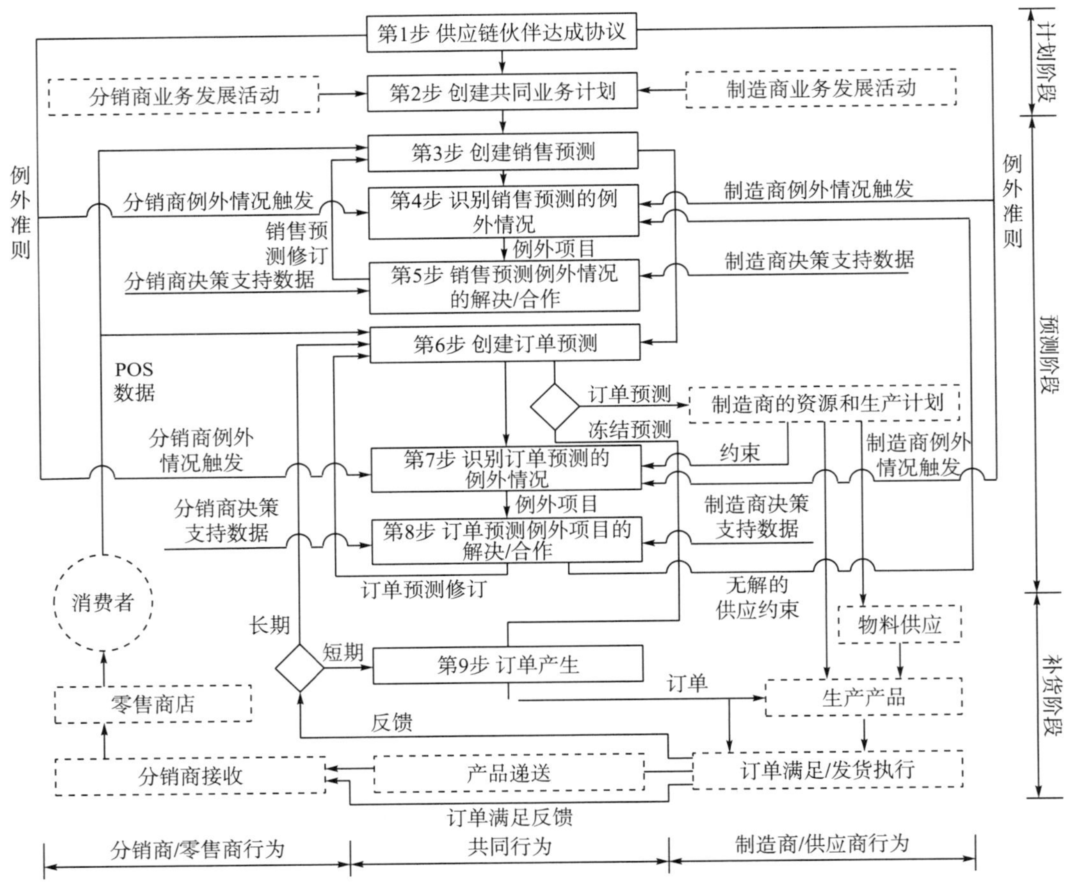

图 9.5　CPFR 的业务模型

第 1 步　供应链伙伴达成协议。这一步是供应链合作伙伴，包括零售商、分销商和制造商等为合作关系建立指南和规则，共同达成一个通用业务协议，包括合作的全面认识、合作目标、机密协议、资源授权、合作伙伴的任务和成绩的检测。

第 2 步　创建共同业务计划。供应链合作伙伴相互交换战略和业务计划信息，发展联合业务计划。合作伙伴通过建立合作伙伴关系战略，定义分类任务、目标和策略，并建立合作项目的项目管理简况(如订单最小批量、交货期、订单间隔等)。

第 3 步　创建销售预测。利用零售商 POS 数据、因果关系信息、已计划事件信息创建一个支持共同业务计划的销售预测。

第 4 步　识别销售预测的例外情况。识别分布在销售预测约束之外的项目，每个项目的例外准则需在第 1 步中得到认同。

第 5 步　销售预测例外项目的解决/合作。通过查询共享数据、E-mail、电话、交谈、会议等解决销售预测例外情况，并将产生的变化提交给销售预测(第 3 步)。

第 6 步　创建订单预测。合并 POS 数据、因果关系信息和库存策略，产生一个支持共享销售预测和共同业务计划的订单预测，提出分时间段的实际需求数量，并通过产品及接收地点反映库存目标。订单预测在冻结预测周期内的短期部分用于产生订单，在冻结预测周期外的长期部分用于计划。

第 7 步　识别订单预测的例外情况。识别分布在订单预测约束之外的项目，例外准则在第 1 步已建立。

第 8 步　订单预测例外项目的解决/合作。通过查询共享数据、E-mail、电话、交谈、会议等调查研究订单预测例外情况，并将产生的变化提交给订单预测(第 6 步)。

第 9 步　订单产生。将订单预测转换为已承诺的订单，订单产生可由制造厂或分销商根据能力、系统和资源来完成。

上面建立了一个贸易伙伴框架结构，可用于创建一个消费者需求的单一预测，协同制造厂和零售商的订单周期，最终建立一个企业间的价值链环境，在获得最大赢利和消费者满意度的同时减少浪费和成本。

案例 9.3

宝洁(中国)公司的 ECR 战略

宝洁(中国)公司在供应链上的卓越表现的主要原因之一在于宝洁对 ECR 的贯彻执行。最值得一提的有两个方面：

一是保证基本环节正常运作。宝洁公司拥有完善的订单管理系统，能完全按时按量交货，负责损失赔偿，并正确开具发票。自从宝洁公司启动了 ECR 以后，在上述各方面的效率从起初的 65%提高到 90%以上。在这之前，宝洁公司每个月需要人工处理 27000 多份订单的错误。而现在，订单错误率已经降低了 80%，每年节省 2000 万美元。

在宝洁公司看来，关注过程的基本环节不仅是制造商的事情，同时也涉及客户和与其共同工作的方式。每年，宝洁公司都会花费成千上万的资金及大量的资源来和客户一起制定计划以挖掘消费者需求。由于宝洁公司认为得不到有力执行的计划往往会以失败而告终，所以一旦宝洁公司销量预测系统、产品推广模型不可靠，或者分销商没有选择正确的品类组合、客户的库存无法满足要求、确认计划执行的系统或活动遭到破坏，就会停下手头的工作直到所有的基本环节都各司其职。对宝洁公司而言最重要的是大家要有这样的信念：确保基本环节的正常运行，这不是别人的事而是宝洁公司自己的事。

二是团结合作的精神。在宝洁公司，大家相信团结协作是 ECR 能够成功的关键。为了推进自己和零售商的事业共同前进，宝洁公司建立了一个彼此信任、责任和机会共享的环境。

为了营造团结协作的气氛，宝洁公司主要从以下三个方面着手：

(1) 确定囊括各部分利益的共同目标(如快速发展、利润、投资回报、市场份额、成功导入新产品)。

(2) 制定大家都认可的计划。

(3) 在中肯而非挑剔的气氛中执行计划。在良好的合作气氛中，宝洁公司的 ECR 利用 EDI 通信标准，帮助其从零售商的分销系统获取大量的信息，尤其是产品存储信息。

由于宝洁数年来一直坚持上述两条基本原则，ECR 无时无刻不在为宝洁公司、宝洁公司的客户及全球的消费者工作，自从宝洁公司采用了 ECR 后，产品减少了近 20%，通过提供更加透明的购买环境，简化了客户和消费者对产品的选择，而且使其单位产品成本平均节省 2 美元，使其和经销商的库存共降低了 10%，从而促进宝洁产品的销量和市场份额加速增长。

案例 9.4

沃尔玛的 CPFR

沃尔玛是最早采用协同计划、预测和补货(CPFR)的企业，通过全盘管理、网络化运营的方式来管理供应链中的贸易伙伴，CPFR 帮助沃尔玛建立起一套针对每件商品的短期预测方法，用来指导订货。这种由相互协商确立的短期预测成为改进需求管理的动力，实现了对供给和库存水平的更好控制。CPFR 项目的实施帮助沃尔玛和供应商节约了大量的库存维护成本，并促使沃尔玛逐步成为一个准时制系统。

沃尔玛和 Sara Lee Branded Apparel 公司的案例是沃尔玛与供应商共同实施 CPFR 成功的主要案例之一，以下是其实施过程。

1. 建立 CPFR 流程

两家公司应用 CPFR 主要包括以下三个步骤：

(1) 制定销售预测。

(2) 识别有关销售预测的例外情况。

(3) 销售预测例外情况的协作。

两家公司没有正式的协议，通过共同商务计划的讨论，确认了主要的输入数据以及数据技术格式要求。协作架构从 1998 年 7 月开始，直到现在还在积极地执行。协作目标的重点是制定销售预测、识别例外情况和解决问题(销售预测按照原来的制定过程，制定销售预测的方法没有因为引入 CPFR 而改变)。共享信息和识别例外情况，更新了销售预测并持续完善。协作架构讨论的有关成员职位是“门店补货的主管”“销售部长”“销售分析师”“预测主管”“销售系统、物流主管”。职务常常有重复，讨论的结果是调整了两家公司组织内部的人员配置。

2. 对象范围(实施阶段)确定

为了实验，选定了 23 款女性内衣品牌商品。其中，有 5 款是新产品，在小规模类型的门店配货，剩下的款式在全部 2400 家连锁店和除了小规模类型的门店配货。

3. 协同系统

两家公司的协同系统设置在沃尔玛的原有因特网平台的供应商通信系统内，两家公司使用原来的 VICS-EDI830 处理单元(ANSI X.12 标准的子集)传送销售预测，这样能够迅速地确定协作体制，不需要花费太多的系统开发时间，能够管理多数的数据交换结构。

4. 评价标准

两家公司在案例中采用了以下评价标准：

(1) 库存满足率。

(2) 门店的库存天数。

(3) 预测的精度。

(4) 销售的机会损失

开始实施的 24 周后，两家公司目标对象项目的销售额提高了 32%。随着门店库存周转率提高 17%，门店的库存满足率提高了 2%，门店的库存减少了 14%。

5. 投入的经营资源

两家公司各个部门的成员都参加了案例讨论，其中包含两家公司的“信息系统”部门、“销售/商品补充”部门的上级管理人员。最初的案例中需要的工作人员是 “信息系统(多个应用开发团队)”“预测/商品补充”“物流”“市场”“供应链”“销售”的各部门成员。两家公司并没有为了上马该项目而增加人员。

6. 实施效果

实施是有效的，达到了当初的目标。能够设计和开发实现目标的系统。从最终利益改善判断，可以说是十分有效的。经过 24 周，成功地改善了下列指标：

(1) 库存量：改善 2%的店内库存。

(2) 每周持有库存水准：改善 14%店内库存水准。

(3) 更准确的预测：反映在库存与销售的改善上。

(4) 降低缺货率：提升 32%的销售量，增加 17%的商品周转率。

【复习思考题】

1. 什么是 JIT 采购？JIT 采购的实施步骤有哪些？
2. 电子采购有哪几种具体的模式？
3. 全球采购的基本模式有哪些？
4. QR 系统应该如何实施？
5. QR、ECR 和 CPFR 的差别在哪里？
6. CPFR 的产生对供应链管理有何影响？

【案例讨论】

IBM 公司 40 亿的采购成本是怎样降低的?

全球 IT 业巨擘 IBM 公司过去也是用“土办法”采购的：员工填单子、领导审批、投入采购收集箱、采购部定期取单子。企业的管理层惊讶地发现，这是一个巨大的漏洞——烦琐的环节、不确定的流程、质量和速度无法衡量和提高，采购的准备环节已经完全失控了，甚至要降低成本，都不知如何下手！

1. 剖析 1 元钱的成本

摆在 IBM 公司面前的问题是运营成本如何减少，可能降低哪部分成本？于是公司切开每 1 元钱的成本，看看它到底是如何构成的。这一任务经过 IBM 公司全球各机构的统计调查和研究分析，在采购、人力资源、广告宣传等各项运营开支中，采购成本凸现出来。

管理层不得不反思，IBM 公司到底是如何采购的呢？那时，IBM 不同地区的分公司、不同的业务部门的采购大都各自为政，实施采购的主体分散，重复采购现象普遍。以生产资料为例，各分公司的键盘、鼠标、显示器以及包装材料大同小异，但采购流程自成体系，权限、环节各不相同，合同形式也五花八门。

自办采购的问题很明显，对外缺少统一的形象。由于地区的局限，采购人员不一定找到最优的供应商，而且失去了大批量购买的价格优势。

2. 由专家做专业的事

在深入挖掘出采购存在的问题后，IBM 公司随即开始了变革行动。变化首先发生在组织结构。IBM 公司成立了“全球采购部”，其内部结构按照国家和地区划分，开设了首席采购官(chief product officer，CPO)的职位。组织结构的确立，意味着权力的确认。全球采购部集中了全球范围的生产和非生产性的采购权力，掌管全球的采购流程的制定，统一订单出口，并负责统一订单版本。

全球采购部专家仔细研究后，把 IBM 公司全部采购物资按照不同的性质分类，生产性的分为 17 个大类，非生产性的分为 12 个大类。每一类成立一个专家小组，由工程师组成采购员，他们精通该类产品的情况，了解每类物资的最新产品、价格波动、相应的供应商资信和服务。在具体运作中，全球采购部统一全球的需求，形成大订单，寻找最优的供应商，谈判和压价并形成统一的合同条款。以后的采购只需按合同“照章办事”就可以了，这种集中采购的本质就是“由专家做专业的事”。

3. 工程师、律师和财务总监审定流程

貌似简单的采购流程，前期准备工作异常复杂。IBM 公司采购变革不在于订单的介质从纸张变为电子，人工传输变为网络，而在于采购流程的梳理。

制定流程首先遇到的一个问题是采购物资如何分类，才能形成一张完整而清晰的查询目录？于是，通过调查反馈，IBM 公司汇总全球各地所有采购物资，林林总总上万种。采购工程师们坐在一起，进行长时间的细致工作。听起来有些可笑：螺丝钉，在类目中的名称到底是什么？分为平头、一字、十字，共多少种？这一步工作的目标是使来自不同地区、具有不同习惯、使用不同语言员工能够方便、快捷地查找到所需要的“螺丝钉”。依靠专家们才智、经验和耐心才形成“17 类生产性和 12 类非生产性”详尽的目录。

工程师们讨论过后，律师们也要“碰头”。如何统一合同及全球流程？从法律角度审查，怎样设计流程更可靠而且合法，怎样制定合同才能既最大限度保护 IBM 公司的利益，又对供应商公平？还要对不同国家的法律和税收制度留有足够的空间，适应本地化的工作。之后，全球的财务总监还要商计，采购的审批权限如何分割，财务流程与采购流程如何衔接？

4. 突破顽固势力

目前 IBM 公司采购主要由 4 大系统构成，即采购订单申请系统、订单中心系统、订单传送系统(与供应商网上沟通)和询价系统，以及一个相对完善的“中央采购系统”。但系统在推广过程中并不是一帆风顺。特别是在 IBM 公司全球采购变革刚刚开始阶段，据 IDC 的调查，60%的员工不满意现存的采购流程，原因是平均长达 40 页的订单合同，30 天时间的处理。低效率的结果是，IBM 公司有 1/3 的员工忙于“独立采购”，以绕过所谓标准的采购流程。

推广中难度在于地区和部门之间的协调。制定的订单新标准与老系统冲突怎么办？于是各地区的财务总监、系统总监和采购总监又坐到一起来列单子，各地区正在使用的“土”系统有哪些？与新系统相比，数据的输入、输出是怎样的？然后逐一处理，形成统一的标准，最后，CPO 手里握着一张“时间表”，左边一栏是老系统退出历史舞台，右边一栏是新系统登场，CPO 不停地追着生产总监问：“为什么老系统还不下线？”

在新旧系统更替过程中，“传统势力很顽固”，因为他们毕竟面临着新的采购系统与原有生产系统衔接的问题。如何保障生产正常运转？如何更新原有的数据？公司认为提供过渡方案，帮助解决具体问题，才能稳定、平滑地过渡。IBM 公司普通员工的感受很能说明问题，“不知不觉中发生了变化，没有引起内部任何动荡”。

就技术而言，IBM 公司的全球采购系统已经到了能在国内广泛推行的地步，IBM 中国公司已经与供应商开始了订单的网上交易。但由于国家法律及相关流程的限制，电子发票却尚未实施。为此，IBM 公司已经与国家相关部门在探讨如何就此推行初步试点。

5. 一个季度成本降低 2 亿多美元

当“全球采购系统”随风潜入 IBM 公司内部，并平稳运转后，效果立竿见影。以 2000 年第 3 季度为例，IBM 公司通过全球采购系统，采购了价值 277 亿美元的物资和服务，降低成本 2.66 亿美元。大约有近 2 万家 IBM 供应商通过网络满足 IBM 公司的全球采购。基于全球采购，IBM 公司降低了采购的复杂程度，采购订单的处理时间已经降低到 1 天，合同的平均长度减少到 6 页，内部员工的满意度提升了 45%，“独立采购”也减少到 2%。全球采购在 IBM 公司内部产生了效率的飞跃。

与此同时，供应商最大的感受之一是更容易与 IBM 公司做生意了。统一的流程、标准的单据，意味着更公平的竞争。集中化的采购方式更便于发展战略性合作伙伴关系，这一点对生产性采购尤为重要。从全球采购系统的推广角度而言，供应商更欢迎简便快捷的网络方式与 IBM 公司进行商务往来，与 IBM 公司一起分享电子商务的优越性，从而达到一起降低成本、一起增强竞争力的双赢战略效果。

简化业务流程方案实施后，在 5 年的时间里，总共节约资金超过了 90 亿美元，其中 40 多亿美元得益于采购流程方案的重新设计。现在 IBM 公司全球的采购都集中在该中央系统之中，而该部门只有 300 人。IBM 公司采购部人员总体成本降低了，员工出现了分流：负责供应商管理、合同谈判的高级采购的员工逐渐增多，而执行采购人员逐渐采用电子化、集中化办公，人数逐渐减少。新的采购需求不断出现，改革也将持续下去。

【问题讨论】

1. 通过本章的学习，分析 IBM 是如何降低采购成本的。
2. IBM 全球采购给 IBM 和供应商带来了什么好处？对我国企业有什么启示？

本 章 小 结

本章介绍了供应链环境下主要的采购与补货策略。其中在采购策略部分，分别介绍了JIT 采购、电子采购和全球采购。在补货策略部分，分别介绍了快速响应(QR)、有效客户响应(ECR)和协同计划、预测和补货(CPFR)。

在案例方面，首先以“海尔集团的全球采购”引出供应链环境下的采购与补货策略选择问题；其次分别用“JIT 采购过时了吗”、“宝钢基于供应链的电子采购”案例介绍供应链环境下的三种采购模式；再次用“宝洁(中国)公司的 ECR 战略”和“沃尔玛的 CPFR”案例介绍供应链环境下的补货策略；最后以“IBM 公司 40 亿的采购成本是怎样降低的”作为降低采购成本的讨论案例。

参 考 文 献

[1] 但斌，李宇雨，邱晗光，等. 供应链管理[M]. 北京：科学出版社，2017.

[2] 曹翠珍. 供应链管理[M]. 2 版. 北京：北京大学出版社，2016.

[3] 韩小霞，王钢，马建国，等. 供应链管理[M]. 北京：清华大学出版社，2016.

[4] 李耀华，林玲玲，孙红霞，等. 供应链管理[M]. 3 版. 北京：清华大学出版社，2018.

[5] 马士华，林勇. 供应链管理[M]. 5 版. 北京： 机械工业出版社，2016.

[6] 张晓华，魏晓安，陶水莲. 采购与库存控制[M]. 武汉：华中科技大学出版社，2017.

[7] Chopra S， Meindl P. 供应链管理[M]. 3 版. 陈荣秋，译. 北京： 中国人民大学出版社， 2008.

[8] 赵予新. 采购与供应管理[M]. 北京：中国财富出版社，2017.

[9] 霍红，华蕊. 采购与供应链管理[M]. 2 版. 北京：中国财富出版社，2014.

[10] 马佳. 采购管理实务[M]. 北京：清华大学出版社，2015.

[11] 徐杰，鞠颂东. 采购管理[M]. 3 版. 北京：机械工业出版社，2014.

[12] 王道平，候美玲. 供应链库存管理与控制[M]. 北京：北京大学出版社，2012.

[13] 松阳汉. 浅谈供应链环境下的采购策略[J]. 现代商业，2007，24：7.

[14] 何向军. 供应链环境下 JIT 采购研究[J]. 中国物流与采购，2012，2：74-75.

[15] 王力. CPFR 在快速长型企业的供应链管理中的应用[J]. 物流工程与管理，2011，1：58-60，63.

[16] Lowson B，King R，Hunter A. 快速响应——供应链满足客户需求之道[M]. 许国兵，杨绪红，琚泽钧，等译. 机械工业出版社，2006.

[17] 但斌，张旭梅，刘飞，等. 基于 CPFR 的供应链体系结构和运作研究[M]. 计算机集成制造系统，2000，6(4)：41-44.

[18] 牛东来. 新型供应链管理模型 CPFR 的案例比较与分析[J]. 物流技术与应用，2005(4)：73-76.

[19] 罗乔欣. 40 亿的采购成本是怎样降低的[J]. 电子商务，2001(10)：44-47.

李海燕个人简介

李海燕，女，重庆理工大学物流管理系副教授。重庆大学经济与工商管理学院管理科学与工程专业博士，电子科技大学工商管理博士后，美国宾夕法尼亚州立大学工程学院访问学者。从事物流与供应链管理领域的教学与科研工作。主要讲授采购与库存管理、供应链管理等相关课程。

翟佳个人简介

翟佳，女，重庆理工大学物流管理系讲师。重庆大学经济与工商管理学院管理科学与工程专业博士。从事物流与供应链管理领域的教学与科研工作。主要讲授采购管理、库存管理等相关课程。

赵宏个人简介

赵宏，女，重庆理工大学物流管理系讲师。澳大利亚卧龙岗大学国际商务与物流管理双硕士，现在上海大学管理学院管理科学与工程专业攻读博士学位。从事物流与供应链管理领域的教学与科研工作。主要讲授现代物流管理、库存管理等相关课程。